Weitere BLV Ratgeber:

| | |
|---|---|
| Hedwig Maria Stuber | Ich helf dir kochen |
| Erna Horn | Fisch in der Küche |
| Erna Horn | Wildfrüchte und Pilze in der Küche |
| Erna Horn | Gemüsegerichte und Obstspeisen |
| Marlene Große Berg | Selbstgebackenes |
| Ursula Grüninger | Das Käsebuch |
| Annette Sander | Vorräte selbst gemacht zu jeder Zeit |
| Sybille Schall | Neue Kalte Küche |
| Dorothea Greven<br>Vera Kent | Geschenke selbst gemacht |
| Birte Pröttel | Stricken und Häkeln von A–Z |
| Horst Scharfenberg | Das praktische Buch vom Wein |
| Margot Schubert | Im Garten zu Hause |
| Margot Schubert<br>Rob Herwig | Wohnen mit Blumen |
| Margot Schubert | Mehr Blumenfreude durch Hydrokultur |
| Petra Michaeli-Achmühle | Gartenpraxis A–Z |
| Marie-Luise Kreuter | Der Bio-Garten |

Erna Horn

# Wild in der Küche

Zehnte, überarbeitete Auflage

BLV Verlagsgesellschaft
München Wien Zürich

CIP-Kurztitelaufnahme der Deutschen Bibliothek

**Horn, Erna:**
Wild in der Küche / Erna Horn. – 10., überarb. Aufl. –
München; Wien; Zürich: BLV Verlagsgesellschaft, 1981.
ISBN 3-405-12472-7



Zeichnungen: Anina Westphalen
Farbfotos: S. 52, 70, 87, 158
Norbert Amann, Deisenhofen;
alle anderen und Titelbild
Studio Teubner, Füssen

Satz: IBV Lichtsatz KG, Berlin
Druck des Textes: Rombach + Co., Freiburg i. Br.
Buchbinder: Conzella, Urban Meister, München

Printed in Germany · ISBN 3-405-12472-7

# Inhalt

# Zum Geleit

»Jagd vorbei« und »Halali« erklingen draußen – und drinnen steht die Jägersfrau vor den aufgehängten Fasanen- und Hasenreihen und dem aufgebrochenen Hirsch. Das frohe Waidwerk hat ihr Arbeit in Fülle gebracht und damit die Sorge, wie sie die oft große Jagdbeute nun abwechslungsreich auf den Tisch bringen kann. Vielfach sind schon seit alten Zeiten bewährte und spezielle Rezepte im Hause; wo aber eine junge Frau ohne solche fertig werden muß, sind die Anweisungen dieses Buches sicherlich willkommen.

Auch wer keinen Jäger zum Mann hat, sondern seinen Wildbraten im Laden kauft, braucht oft ein gutes Rezept dafür, und das soll hier geboten sein. In halbwildem Zustand gehaltene Tiere, die ihrer Art nach zum Wild gehören, aber nicht mehr wild leben, bilden ein Problem. Einerseits sind sie geschmacklich in der Regel nicht von ihren wildlebenden Artgenossen zu unterscheiden, andererseits fehlt ihnen, was ihre wilden Brüder und Schwestern auszeichnet (je nach Haltung mehr oder weniger): daß sie sich ihrer Lebtag ihr Futter selbst zusammengesucht haben und daß es dadurch besonders abwechslungsreich war, daß sie nicht übermäßig feist (fett) sind, weil sie immer auf der Hut und in Bewegung waren, daß ihnen nie (wie Haustieren) Impfstoffe oder Medikamente unter die Haut gespritzt oder sonst verabreicht wurden usw.

Wenn man über die Herkunft des zum Verzehr anstehenden Stückes etwas in Erfahrung bringen kann, kann man sich etwa nach folgenden Faustregeln richten. Tiere aus gut geführten, großen Jagdgattern kann man wildem Wild (fast) gleichstellen; »Damhirschfleisch« (o. ä.) aus Intensivhaltung auf kleinem Raum hat mit »Wildpret« nichts mehr zu tun.

Es handelt sich bei der vorliegenden Sammlung durchwegs um moderne und auch zeitgemäße Rezepte, die alle genauestens erprobt sind. Wild entspricht, weil es mager, eiweißreich und leicht verdaulich ist, von Natur aus der modernen Küche. Richtig, also nach neuzeitlichen Gesichtspunkten zubereitet, vermittelt es Gesundheit und Genuß. Um aber dem alten Herkommen zu entsprechen, sind eine Reihe von Rezepten nach der klassischen Art zusammengestellt, denn viele Leser wollen nicht gerne abgehen von der Vorstellung des festlichen Wildgerichts, die es von der Seltenheit, wie von der Köstlichkeit, nicht zuletzt auch vom Preis her, nun einmal vermittelt. Man kann also der Nouvelle Cuisine ebenso huldigen wie Großmutters Edelküche.

*Erna Horn*

# Wenn das Wild in die Küche kommt

*Behandlung von frisch erlegtem Wild*

Wildpret ist wertmäßig dem Fleisch der Haustiere gleich; es besitzt aber mehr Eiweiß und weniger Fett, ist also leichter verdaulich. Deshalb wird es mit Vorteil in die Diät-, Kranken- und Schlankheitskost einbezogen. Der durch die andere Lebensweise und Ernährung des Wildes bedingte aparte Geschmack macht es gerade so beliebt, denn es bringt willkommene Abwechslung in den gewohnten Küchenzettel.
Bei der ausgesprochenen Jägersfrau allerdings kann das Wild leicht einen allzu großen Anteil an der Fleischnahrung einnehmen, so daß sich seine sonst so begehrte Seltenheit ins Gegenteil wandelt. Um aber auch in diesem Fall Hilfe zu bringen, wurden die Rezepte im vorliegenden Buch besonders abwechslungsreich gestaltet und es werden auch die modernsten Methoden der Konservierung und des Tiefkühlens behandelt.
Frisch geschossenes Wild muß, bevor es in die Küche kommt, sachgemäß behandelt werden. Die Hausfrau selbst ist daran wenig beteiligt; sie kann nur noch bereits gemachte Fehler oder Unterlassungssünden einigermaßen mildern oder korrigieren.

*Schalenwild*

*Schalenwild* soll, sobald es erlegt ist, sofort aufgebrochen werden. Hat man keine Gelegenheit dazu, so luftet man es, d. h. man schärft das Stück auf und sperrt die Schnitte, damit die Gase entweichen können. Man entfernt das Geräusch und das Gescheide (Innereien); ebenso sollten Brandadern, also die großen Venen, die auf der Innenseite des Rückens am Becken liegen, aufgeschärft (aufgeschnitten) werden. Nur dadurch ist es möglich, daß das Tier ordentlich ausschweißt (ausblutet). Große Stücke mussen auch ordentlich auskühlen können, bevor sie im Rucksack oder im Kofferraum des Autos nach Hause transportiert werden. Wenn also beispielsweise die Keulen von Rotwild, und vor allem Schwarzwild, nicht auseinandergespreizt werden, bleibt das Wildpret an den Dünnungen zu lange Zeit warm und verfärbt sich dadurch grün.

Wenn ein Stück abends krankgeschossen und erst am Morgen nach einer warmen Sommernacht gefunden wurde, sind sehr oft alle bereits grünen Teile für den menschlichen Genuß untauglich geworden. Ein solches Stück darf man, wenn man es überhaupt noch verwenden kann, nicht mehr hängen lassen, sondern muß es sehr rasch aus der Decke schlagen oder abschwarten und zerwirken, also in küchenfertige Stücke zerlegen, sachgemäß einbeizen und möglichst rasch verwerten.

*Schmieriges Wildpret*

Wenn das Wildpret schon schmierig zu werden beginnt und nicht mehr frisch riecht, so wäscht man die zerwirkten Teile mit einer Lösung von übermangansaurem Kali oder mit einem Aufguß von Salbeitee. Die Kali-Lösung soll lilarot sein; der Tee darf ziemlich kräftig aufgegossen werden. Die Stücke läßt man in dem gut heißen Wasser eine Weile liegen und knetet sie darin durch. Dies darf aber erst unmittelbar vor dem Einbeizen oder der Zubereitung des Wildprets geschehen.

Man entfernt dann auch noch alle Hautteile und grün angelaufenen Stellen, denn diese verursachen in erster Linie den unangenehmen Geruch.

Auch wenn Fliegenmaden an das Fleisch gekommen sind, wäscht man es mit einer Kali-Lösung oder mit Salbeitee. Dieser hat den Vorteil, daß er das Wildpret auf eine natürliche Weise desinfiziert und geruchfrei macht und keinerlei Flecken oder Geschmack zurückbleiben. Soll Wildpret aber noch trocken hängen bleiben, so darf man es nicht mit Wasser in Berührung bringen. Man wischt es dann nur mit einem sauberen Tuch trocken ab. Dabei entfernt man auch gleich die letzten Feder- oder Haarteilchen sowie Blutgerinnsel, Tannennadeln und nach Möglichkeit auch die Schrotkörner.

*Verludertes Wild*

Verludertes Wild, also solches, das angeschossen und nicht gleich gefunden wurde und schon einen unangenehmen Geruch hat, sollte nicht mehr in die Küche kommen. Dieser Geruch, der sogenannte »Hautgout«, war eine absolute Geschmacksverirrung in früherer Zeit. Man hat inzwischen auch festgestellt, daß derartiges Wildpret in keiner Weise verdaulicher ist als frisches, sondern daß sich in ihm im Gegenteil eine Menge von Giftstoffen entwikkelt hat, die schließlich auch schädlich sein können. Der starke Geruch wird in erster Linie durch die Entwicklung von Schwefelwasserstoff verursacht, also durch das gleiche Gas, das uns bei einem faulen Ei veranlaßt, es sofort wegzuwerfen. Solches schon zu stark in »Mortifikation«, das heißt, in einem beginnenden Verwesungsprozeß befindliches Wildpret ist keineswegs mehr appetitlich oder ansehnlich.

Andererseits aber entwickelt zu kurz abgehangenes Wild nicht seinen vollen Wohlgeschmack und erreicht nicht den notwendigen mürben Zustand. Man muß infolgedessen gerade den richtigen Zeitpunkt zwischen gutem Abgelagertsein und der Bildung von Hautgout finden, um das beste Wildpret auf den Tisch bringen zu können.

*Konservieren*

Wenn während einer Jagdperiode viel Wild angeliefert wird, ist es wichtig, dasselbe zweckmäßig und rasch konservieren zu können, damit nichts verdirbt. Die Frischhaltung beginnt aber, wie oben erwähnt, bereits beim rechtzeitigen Aufbrechen und vollständigen Auskühlen des erlegten Stückes. Frost schadet dem Wild nichts; im Gegenteil, er macht es zart, nur darf man es nicht einen Tag frieren und am anderen Tag auftauen lassen, weil es sich nur um so rascher zersetzt. Wärme und Feuchtigkeit sind ihm ebenso schädlich.

Über die verschiedenen Konservierungsmethoden für Tage und Wochen oder noch längere Zeit ist auf S. 186 ff. Näheres zu finden.

Sobald ein Stück Wild in die Küche kommt, muß die Hausfrau es genau untersuchen, ob es genügend ausgetrocknet und ausgekühlt ist. Sie entfernt unverzüglich die Drossel und den Schlund (Luft- und Speiseröhre) und untersucht es, ob es noch in der Decke, in der Schwarte oder im Federkleid hängen bleiben kann oder sofort aus der Decke geschlagen bzw. abgeschwartet oder abgebalgt und zerwirkt werden muß. Je nach dem Zustand des Tieres, der Witterung und vor allem der Aufbewahrungsmöglichkeit kann man Großwild, also Schalenwild, sogar 2–3 Wochen, Hasen und Federwild 10–12 Tage hängen lassen. Der Raum muß aber kühl, trocken und vor allem luftig sein und es dürfen sich keine Fliegen darin aufhalten.

Aus der Decke geschlagenes Schalenwild zerwirkt man, indem man zuerst die Keulen (Schlegel) und die Blätter (Schultern) auslöst. Die Bauchlappen und die dunnen Rippen (Dünnungen) schneidet man weg und legt sie zum Kochen beiseite. Der Rükken wird bei großen Tieren in einen Vorder-, einen Mittel- und den Hinterziemer geteilt. Bei Reh, Hasen und Frischlingen (jun-

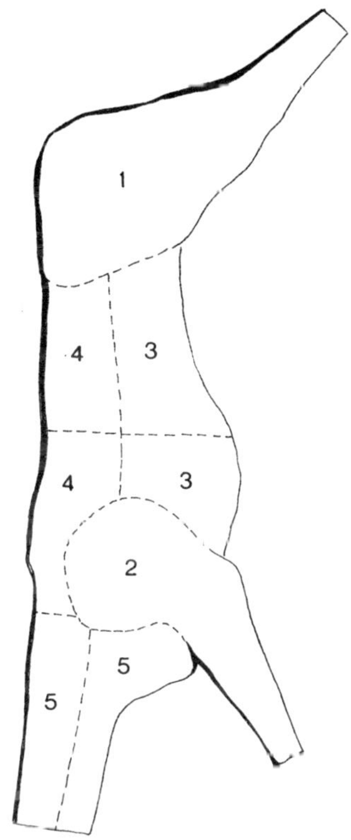


1 Keule (Schlegel)
2 Blatt (Schulter)
3 Bauchlappen
4 Rücken
5 Hals (Träger)

gen Wildschweinen) bleibt er ganz. Man entfernt bei dieser Gelegenheit die Einschußstellen, die meist grün angelaufen oder blutig sind.

Soweit die großen Wildpretstücke, wie Rücken, Blatt und Keulen nicht sofort eingebeizt werden, weil man sie trocken ablagern und frisch essen oder tiefkühlen möchte, hängt man sie an Haken kühl und luftig auf. Das Wildpret darf auf keinen Fall liegen oder gar übereinander gelagert werden.

Am besten sind natürlich eine große Kühlanlage oder eine Tiefkühltruhe, denn darin läßt sich das Wildpret gefahrlos wesentlich länger frisch aufbewahren.

Man muß stets beachten, daß alles Tiefkühlgut qualitativ so gut oder schlecht bleibt, wie man es eingelagert hat, denn auch die tiefste Temperatur verändert es nicht. Ungenügend abgelagertes oder älteres Wild wird also im Tiefkühlfach nicht mürber und Brunfthirsche oder rauschige Keiler behalten ihren oft penetranten Geruch. Bei durchwegs guter Lagerung, also bei konstant tiefer Kälte verändert sich aber gutes Fleisch auch nicht nach der schlechten Seite hin. Man kann ungespickte Stücke bis zu 2 Jahren ohne jegliche Qualitätsminderung aufbewahren.

Frisch oder nur kurz gelagert, lassen sich Brunfthirsche, rauschige Keiler, alte Bachen, Gamsböcke usw., nicht verwenden. Was bereits über den Hautgout hinausgeht, gehört auf den Luderplatz und nicht in die Bratpfanne!

Wenn Kühltruhe oder Eiskeller nicht zur Verfügung stehen, muß man mit dem Frisch-Hängenlassen sehr vorsichtig sein und das Wildpret lieber einbeizen. Näheres darüber findet man auf Seite 186f.

Bei dem übrigen Haarwild, vor allem bei *Hasen* und *Kaninchen*, gibt es über die Entfernung des Gescheides, das Auswerfen, verschiedene Ansichten. Gegner des Auswerfens lassen das Wild bis zur Verwertung unausgezogen im Balg hängen und glauben, damit dem Austrocknen vorzubeugen. Wichtig ist vor allem für die Hausfrau, sich davon zu überzeugen, ob der angelieferte Hase oder das Kaninchen eine ausgedrückte Blase hat. Zu diesem Zweck hält man das Stück mit der Brustseite nach vorn stark abwärts geneigt und drückt leicht mit Daumen und Zeigefinger massierend von oben nach unten über den Bauch. Sind die Hasen oder Kaninchen ordnungsgemäß behandelt, so darf jetzt kein Urin mehr auslaufen. Ist dies aber der Fall, so wird die Blase entleert und das Stück so rasch wie möglich verwendet, um noch etwas zu retten. Ist der Urin bereits in Zersetzung übergegangen, so sind die Tiere nicht mehr verwertbar!

*Trichinen*

*Dachs* und *Wildschwein* müssen auf Trichinen untersucht werden. Man muß sie sobald wie möglich aufbrechen, den Dachs gut wässern und einbeizen. Näheres darüber ist auch noch im Vorwort zu den betreffenden Rezepten zu lesen.

*Federwild* muß nach Schuß so rasch wie möglich, am besten sofort, ausgezogen oder ausgehakelt werden, das heißt, man zieht das Gescheide mit Hilfe eines Hakens aus der Kloake (After). Beim Auerhahn nennt man das Ausnehmen »aufbrechen«, weil er zur hohen Jagd gehört. Schnepfen und Krammetsvögel werden nicht ausgenommen, denn man brät sie ja mitsamt den Eingeweiden. Weiteres darüber findet man bei den einschlägigen Rezepten. Federwild darf man beim Rupfen und Ausnehmen nicht mit heißem Wasser in Berührung bringen, da es sonst einen unangenehmen Federgeschmack bekommt. Bei einigen Federwildarten (Ringeltauben!) ist es besonders wichtig, den Kropf zu entfernen, weil sein Inhalt unter Umständen den Geschmack stark beeinflussen kann (Kohl, Rapsblätterspitzen!); bei anderen ist es unwesentlich.

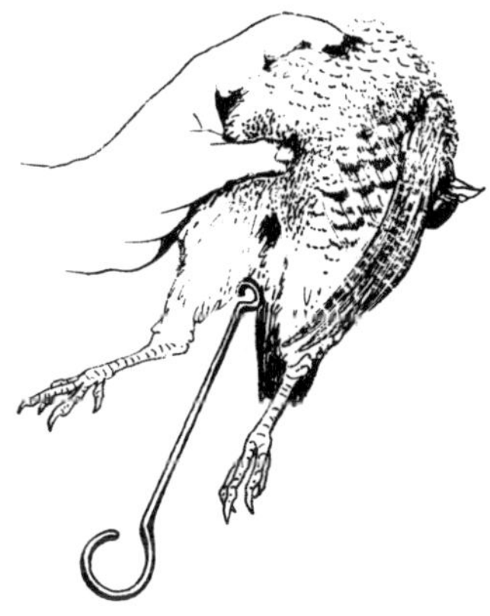

*Wasserwild,* wie Säger, Tauchenten, Bläßhühner, aber zum Beispiel auch junge Krähen (kein Wasserwild), wird nicht gerupft, sondern gehäutet. Man schärft (schneidet) die Tiere vorsichtig bis zum Brustbein auf und zieht dann die Haut wie eine Jacke ab. Das Abziehen erfolgt zweckmäßig vor dem Ausnehmen; die Dünnungen sollten nicht eingerissen werden.

Leichten Hautgout bei Wasserwild oder den häufig zu findenden tranigen Geruch stellt man mit der Nase fest. Man fährt mit der Hand gegen den Balg; der sofort spürbare tranige Geruch erfordert Gegenmaßnahmen. Diese bestehen darin, daß man das abgebalgte und trocken abgeriebene Tier dicht mit zerschlagener Holzkohle oder Filterkohle einreibt und sie über Nacht einwirken läßt. Holzkohle neutralisiert sehr stark. Auch während des Bratens steckt man einige gewaschene Holzkohlen oder große Gelbe Rüben in die Bauchhöhle; sie nehmen den großten Teil des Geruches an sich und werden beim Tranchieren natürlich entfernt. Auch das Waschen unmittelbar vor der Zubereitung in starkem Salbeitee hilft wesentlich. Man kann es zusätzlich anwenden.

*Häuten*

Vor der Zubereitung des Wildes, gleichgültig, ob es frisch, tiefgekühlt oder eingebeizt war, muß man es selbstverständlich gründlich reinigen. Einige Jäger sind gegen jede Berührung von Wasser und lassen nur zu, daß man die Stücke mit einem Tuch trocken abreibt, denn sie müssen ja sowieso gehäutet werden. Naß eingebeiztes Wildpret aber wird zweckmäßig noch rasch unter dem Wasserstrahl abgespült und erst dann getrocknet. Wenn man es nämlich naß in die Bratpfanne gibt, wird es nicht schön braun. Sollte sich von einer zu langen Lagerung in der Beize oder aufgrund verspäteten Einbeizens schon ein leichter Geruch bemerkbar machen oder sollte der starke Wildpretgeruch unangenehm empfunden werden und man hat lieber ein neutrales Wildpret, so wäscht man es, wie schon erwähnt, in einer Lösung aus Kali oder in Salbeitee.

Bei einer Reihe von Wildarten ist das Häuten sehr wichtig, nicht nur, damit der Braten schön dunkel aussieht, sondern damit er vor allen Dingen mürb werden kann und nicht von der straffen Haut zusammengezogen wird. Man hält dabei die losgelösten Hautteile mit der linken Hand hoch und schabt mit der rechten das Wildpret mit Hilfe eines scharfen, kleinen Messers fortlaufend davon ab, damit die Oberfläche des Bratens möglichst wenig verletzt wird. Nach dem Häuten streift man die etwas angerauhten Wildpretfasern wieder in der entsprechenden Richtung glatt.

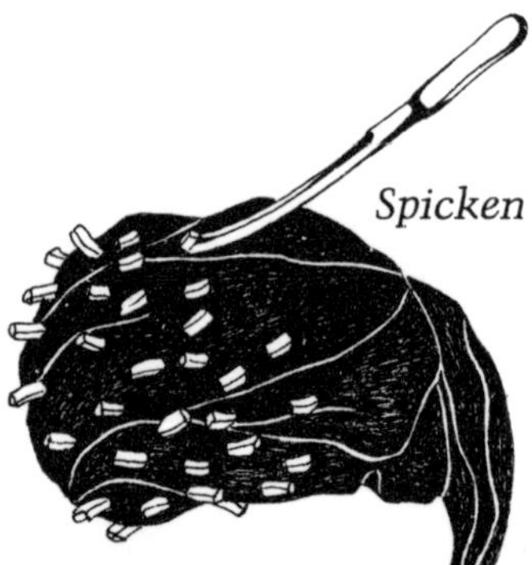

*Spicken*

Nun folgt das Spicken. Dieses soll, wo gewünscht, die Fettarmut des Wildprets ausgleichen. Man verwendet frischen, geräucherten oder Paprikaspeck in möglichst gleichlangen Streifen. Gut vorgekühlt, also steif, lassen sich die Speckstreifen gut einziehen, am besten mit einer Spicknadel. Je länger die Streifen, desto tiefer müssen sie eingezogen werden. Man spickt in gleichmäßigen Reihen. Sehr wichtig ist, daß man *mit* dem Faserlauf, also den Rükken entlang oder zumindest schräg dazu spickt, das vermeidet Saftverlust und nach dem Aufschneiden bleiben die Speckstreifen als kleine, runde Flöckchen sichtbar.

Wer Saftverlust befürchtet, kann statt zu spicken das Wildpret auch bardieren, d. h. mit dünnen Speckscheiben umwickeln. Auch kann man um der schlanken Linie Willen auf das Spicken ganz verzichten. Dies ist reine Geschmacksache; bei klassischen Wildrezepten jedoch gehört das Spicken nun einmal dazu.

Für kleineres Wild, wie Hasen und vor allem für Federwild, bevorzugt man das Bardieren, d. h. man verwendet ein »Speckhemd«. Es handelt sich dabei um große, dünne Speckscheiben oder um kleinere Speckstreifen, die schuppenartig über das ganze Tier oder jedenfalls über die Brust gelegt und dann festgebunden werden.

*Speckhemd*

Eine weitere gute Hilfe, um einen saftigen und zarten Braten zu bekommen, ist das Garen in Folie. Der Braten wird dabei nach Belieben vorher entweder gespickt oder bardiert und dann während der ersten Hälfte der Bratzeit in die Folie gehüllt. Man nimmt sie und den Speck nach Ablauf derselben ab und läßt den Braten jetzt erst bräunen. Er wird dadurch besonders zart. Dieses Verfahren eignet sich vor allem für Fasane, Perlhühner und anderes Großgeflügel.

*Mürbmacher*

Über Fernost und Amerika kamen nun auch zu uns Mürbmacher für jegliche Art von Fleisch, die insbesondere für die Zubereitung von Wildpret große Vorzüge bieten. Es handelt sich um ein reines Naturprodukt, um ein Pulver, das aus der tropischen Papaya-Frucht hergestellt und mit Würzstoffen und Glutaminat angereichert wird. Seit Urzeiten bei den Eingeborenen der Südsee bekannt, ist es nunmehr auch bei uns unter verschiedenen Namen im Handel. Diese Mittel enthalten ein verdauungsförderndes Enzym, das die gleiche eiweißspaltende Wirkung wie der Magensaft besitzt. Ein Mürbmacher wird für große Braten wie für kleine Fleischstücke, für Großwild, aber auch für jedes andere Fleisch verwendet. Er macht zähes und altes oder nicht ausgereiftes Wildpret in kürzester Zeit durch und durch mürb und muß je nach Fleischdicke 30–60 Minuten bei Zimmertemperatur einwirken. Man wendet ihn an Stelle von Salz an. Das Fleisch wird auf allen Seiten ringsum, wie sonst auch mit Salz, mit der gleichen Menge eines Mürbmachers bestreut. Dabei stichelt man mit der Gabel das Fleisch leicht an, damit das Pulver um so besser und möglichst tief eindringt. Das so behandelte Wildpret muß dann sofort zubereitet werden, darf also nicht mehr herumliegen. Man kann es allerdings noch für kürzere Zeit in den Kühlschrank legen, soll es aber dann doch bald verbrauchen.

Mürbmacher, manchmal auch Zartmacher genannt, haben keinen Eigengeschmack und Geruch. Da sie organische Produkte ohne synthetische Beimischung sind, können sie unbedenklich verwendet werden. Besonders bei Wild, das zu wenig Lagerzeit hatte, sind sie eine große Hilfe.

*Garzeiten*

Die im Buch angegebenen Garzeiten beziehen sich natürlich jeweils nur auf das Fleisch und nicht auf die übrigen Zutaten, Beilagen, Soßen usw. Wenn die Zubereitung von Beilagen länger dauert als z. B. das Braten von Steaks oder Schnitzel, so müssen sie entsprechend vorher zubereitet werden, damit das Fleisch erst ganz zuletzt in die Pfanne kommt und zart bleibt.
Überdies richtet sich die Bratzeit noch nach der Qualität des Wildprets. Zarte junge Tiere oder gut abgelagertes Fleisch ist selbstverständlich rascher gar und bleibt auch zarter als ältere Tiere oder zu frisches Fleisch. Es ist auch ein Unterschied zwischen dem Garen von zartem Filet oder einem Schnitzel aus der Keule.
Die Mengen bei Wildrezepten lassen sich nur schwer angeben. Im allgemeinen wird ja Wild nicht nach Kilogramm gekauft, sondern es werden die vorhandenen Tiere bzw. größere Stücke verwertet.

*Mengen*

Da Wildpret zumeist wesentlich magerer als Schlachtvieh ist und man im Verhältnis mehr Knochen hat, muß man etwas mehr Gewicht je Person rechnen, als sonst bei Fleisch üblich ist. Anschließend eine Tabelle mit ungefähren Mengenangaben:

| | | |
|---|---|---|
| Kleine Wildvögel (Wildtauben, Wachteln, Krammetsvögel, Schnepfen) | | 1–2 je Person |
| Rebhühner | | 1/2–1 je Person |
| Fasan | für | 3–4 Personen |
| Perlhuhn | für | 5–6 Personen |
| Wildente | für | 2–3 Personen |
| Wildgans | für | 2–4 Personen |
| 1 kg Wildpret (mit Knochen) | für | 3–4 Personen |
| Rehziemer | für | 4–6 Personen |
| 2 Rehfilets | für | 3–4 Personen |
| Hirschziemer | für | 4–5 Personen |
| Hirschkeule | bis | 12 Personen |
| Hase | für | 4–6 Personen |
| Wildkaninchen | für | 4–5 Personen |

# Haarwild

# Rehwild

Die besten Teile des Rehes sind Ziemer (Rücken) und Schlegel (Keulen). Aber auch aus den Schultern lassen sich noch recht schöne Wickelbraten und andere pikante Speisen bereiten. Alles übrige ergibt Ragouts und andere Kleinwildpretgerichte.
Das zarte Rehwildpret wird zweckmäßig nicht in eine Beize gelegt, sondern nur in ein Essigtuch gewickelt, denn die nasse Beize macht es trocken und nimmt ihm viel von seinem spezifischen Wohlgeschmack.
Noch feiner ist es, das Wildpret nur in Milch zu legen (siehe Seite 188). Die Milchbeize darf man allerdings nur für kurze Zeit, also höchstens 4–6 Tage, und nicht während zu großer Hitze und auch nicht an gewitterschwülen Tagen anwenden.
Mehr Haltbarkeit verspricht das Essigtuch, das alle 2–3 Tage wieder frisch in Essig getränkt wird.
Die feinste und modernste Beize besteht aus gleichviel starkem Rotwein und einem guten Speiseöl. Das Beizgefäß wird möglichst klein gewählt, damit man nur wenig Beizflüssigkeit benötigt. Meist genügt je eine halbe bis eine ganze Tasse Wein und Öl. Weiteres darüber Seite 187.
Man sei mit dem Würzen von Rehwildpret vorsichtig, um seinen feinen Eigengeschmack nicht zu übertönen. Sehr geeignet sind vor allem frische Kräuter aus dem Garten, wie Majoran und Thymian, Rosmarin, Wacholder und Salbei. Auch Wein, saurer Rahm und Zitrone sind dazu sehr geeignet, während Pfeffer, jedenfalls mit Vorbehalt, Paprika, Kümmel und dergleichen oft zu kräftig und eigenwillig in ihrer Geschmacksrichtung sind.
Rehwildpret wird, besonders wenn es gut abgelagert war, sehr rasch weich und darf daher nicht zu lange gebraten, gedämpft oder gekocht werden, denn sonst hat man nur noch ein trockenes Stück.
Das »Jägerrecht« (Aufbruch) besteht aus Leber, Herz, Lunge, Nieren, Milz, Hirn und Zunge. Diese Teile werden sofort frisch ver-

braucht. Sie kommen eigentlich nur in die Küche des Jägers, denn das Jägerrecht gehört ihm und wird im Handel nicht geliefert. Aus diesem Grunde erhält die Hausfrau sehr oft die Leber, diese besondere Delikatesse, gar nicht. Näheres über ihre Vorbehandlung siehe Seite 40.

## Rehrücken (Rehziemer) 1

Das einige Tage kühl gelagerte oder, wenn man es liebt, eingebeizte oder das aus Essigtuch oder Öl-Wein-Beize genommene, reife Wildpret wird sorgfältig enthäutet. Man spickt den Rücken nach Belieben und salzt ihn leicht ein. Dann gibt man ihn in gut vorgehitztes Fett, am besten in Butter, und wendet ihn darin rasch um, damit sich die Poren außen schließen und der Saft erhalten bleibt. Man fügt reichlich zerkleinerte Gelbe Rüben, Sellerie, Petersilienwurzeln, Lauch und grobgehackte Zwiebeln hinzu. Damit die Soße schön sämig und braun wird, gibt man auch noch Schwarzbrotrinde oder Soßenlebkuchen daran und gießt, sobald das Ganze braun angeschmort ist, den Rotwein darüber; es genügt auch Essig aus der Beize, aber Wein oder Ölweinbeize geben ein feineres Aroma. Einige zerdrückte Wacholderbeeren verleihen dem Wildgeschmack eine besonders pikante Note.
Während des Bratens gießt man dicken, sauren Rahm über das Wildpret und läßt ihn bräunen; erst dann gießt man jeweils neu mit Rahm auf, so daß die Soße allmählich immer dunkler und voller wird. Nach 45–90 Minuten, je nach Größe und Zartheit des Wildprets, ist der Braten gar. Die mit etwas Zucker, Preiselbeer- oder Himbeersaft und Suppenwürze abgeschmeckte Soße wird zuletzt nochmals mit Rotwein aufgegossen, leicht süß abgeschmeckt und durch ein Sieb gestrichen.
Beim Anrichten kann man den Rehrücken querdurch in etwa 2 cm dicke Stücke schneiden, wobei man ein scharfes Beil und einen Holzhammer zu Hilfe nimmt. Man gibt diese Stücke dann schuppenartig oder wieder als Ziemer zusammengelegt auf die Platte. Bequemer ist es, beim Tranchieren die rechts und links des Rückens entlang liegenden Filets auszulösen und sie in dicke, schräge Scheiben zu schneiden. Man kann auch die unteren, kleinen Filets auslösen und wieder in die alte Lage bringen, so daß der Ziemer auf der Platte aussieht, als wäre er noch im Ganzen. Zum Schluß gießt man etwas Soße darüber.
Als Beilage passen Kartoffelnudeln, Kartoffelbrei, Teigwaren, Polenta oder Semmelknödel und Sauerkraut oder Blaukraut sowie Preiselbeeren oder Apfelmus oder mit Preiselbeeren gefüllte Schmoräpfel.

Rehrücken, Spickspeck,
100–150 g Fett (Butter),
Suppenwurzeln, Zwiebel, Salz,
etwas Brot oder Soßenlebkuchen,
1 Glas Rotwein
oder Öl-Wein-Beize,
2–3 Wacholderbeeren,
1 Tasse saurer Rahm,
Zucker, Suppenwürze.
Garzeit: je nach Qualität
45–90 Min.
4–6 Personen

## 2 Rehrücken in brauner Butter

1 Rehrücken, Salz,
250–300 g Butter, Petersilie
Garzeit: 45–60 Min.

Der einige Tage gelagerte, also nicht gebeizte, zarte Rücken eines Rehes wird gehäutet, gesalzen und in brauner Butter zugesetzt. Man brät ihn darin unter häufigem Wenden gar, wobei immer wieder Butter zugegeben wird, damit der Braten schön saftig und aromatisch wird, weil er ja nicht gespickt wurde. Zuletzt wird die mit ganz wenig Wasser aufgegossene Soße noch mit frischer, gehackter Petersilie abgeschmeckt; sie wird gesondert zum tranchierten Rehrücken aufgetragen. Er schmeckt, völlig unbeeinflußt von jeglichem Gewürz, nur mit dem Aroma der braunen Butter versehen, besonders fein. Der Rücken soll innen noch zartrosa sein. Notfalls wird die Soße nochmals mit frischer Butter verlängert.

## 3 Rehrücken natur

Beize, Rehrücken,
100–150 g Speck, Salz,
Pfeffer, Butter oder
Öl, Suppenwurzeln,
1/2 Lorbeerblatt,
2 Wacholderbeeren, 1 Nelke.
etwas Zitronen- und
Orangenschale,
1/2 Glas Madeira,
1 Eßl. Johannisbeer-Gelee,
Butter
Garzeit: 30–45 Min.

Der nach Belieben in Öl und Rotwein eingebeizte oder in ein Essigtuch gewickelte Rehrücken wird gehäutet, mit Räucher- oder Paprikaspeck gespickt, mit Salz und Pfeffer gewürzt und dann mit reichlich Butter oder Olivenöl angebraten. Man fügt kleingeschnittene Wurzeln, Lorbeerblatt, zerdrückte Wacholderbeeren, Gewürznelke und dünne Stücke von Zitronen- und Orangenschalen hinzu. Der Rücken wird gebraten und dann gefällig tranchiert. In die Soße gibt man Madeira, Johannisbeer-Gelee und zuletzt noch ein Stück frische Butter. Der Braten soll innen zartrosa sein. Er wird mit Preiselbeeren, Blaukraut und Kartoffelnudeln angerichtet.

## 4 Rehrücken nach Gärtnerin-Art

Ein nach den Rezepten Nr. 1 oder 2 gargebratener Rehziemer wird schön tranchiert und auf eine große Platte gelegt. Man umgibt ihn mit reichlich Gemüse, wie geschmorten Prinzeßbohnen, Blumenkohl mit Bröseln, geschmorten Tomaten, die mit Petersilie bestreut werden, mit in Zucker geschmorten Würfeln von Weißen Rüben und ähnlichem mehr. Dazwischen setzt man Bratkartoffeln oder gespritzen Kartoffelbrei.

## 5 Rehrücken nach Forstmeister-Art

Wie »Rehrücken« Nr. 1. An die Soße gibt man noch Tomatenmark, Preiselbeeren, Lorbeerblatt und Wildpretschweiß (Blut).

## Rehrücken nach Jäger-Art 6

Man bereitet den Rehrücken, wie in Rezept Nr. 1 angegeben ist, wobei man reichlich Zwiebeln, Wurzeln und Wacholderbeeren mitbrät und mit saurem Rahm oder Buttermilch aufgießt. Dann macht man eine kleine, braune Schwitze, die mit einigen Schinkenwürfeln und Wacholderbeeren gut durchgekocht wird. Man füllt sie mit Madeira und der durchgedrückten Soße des Rehbratens auf und serviert sie gesondert in einer Saucière. Als Beilagen passen Rotkraut oder auch Broccolipüree.

Rehrücken, Beize, Salz, Spickspeck, Bratfett, Suppenwurzeln, Zwiebel, 1–2 Wacholderbeeren, Rahm oder Buttermilch, Fett, Mehl, 100 g Schinken, 1 Glas Madeira
Garzeit: 45–90 Min.

(Farbbild Seite 33)

## Rehrücken mit Orangenscheiben 7

Der Rehrücken wird nach Rezept Nr. 1 oder 2 fertig gemacht und in schöne Scheiben geschnitten. Auf jedes Wildpretstück legt man eine dünngeschnittene Orangenscheibe, die gut geschält und von allen Kernen befreit ist. In die Soße gibt man etwas Orangensaft und ganz wenig geriebene Orangenschale. Man kann auch 1 Eßl. ganz fein geschnittene Orangenschale in wenig, aber starkem Zuckerwasser kochen und diese Streifchen mit Grand Marnier über den angerichteten Ziemer gießen.

Rehrücken, Beize, Salz, Spickspeck, Bratfett, Wurzeln, Zwiebel, 1–2 Orangen, 1 Gläschen Grand Marnier
Garzeit: 45–90 Min.

## Rehrücken in Portweinsoße mit Mandarinen 8

Ein abgelagerter oder kurz in einem Essigtuch eingebeizter Rehziemer wird gehäutet, gespickt und mit reichlich Zwiebeln und Wurzeln in Butter oder mit Speckwürfelchen goldbraun gebraten. Man gießt die Soße mit Portwein auf und schmeckt sie pikant mit etwas Mandarinensaft (Dose), einem Stückchen geriebenem Soßenlebkuchen und etwas weißem Pfeffer aus der Mühle ab. Dann dickt man sie ganz leicht mit Speisestärke oder Soßenbinder ein. Nun löst man die Filets aus dem Rücken und richtet sie nebeneinander gefällig auf einer Platte an; sie werden mit Mandarinenspalten garniert. Dazu gibt man beliebiges Gemüse und Reis. Die Soße wird nochmals mit Portwein, 2 Tropfen Angostura Bitter, etwas Zitronensaft und Streuwürze abgeschmeckt und gesondert serviert.

Rehrücken, Beize, Spickspeck, Salz, Zwiebel, Wurzeln, Butter, 1 Glas Portwein, Mandarinensaft, Soßenlebkuchen, Pfeffer, Speisestärke, Angostura, Zitrone, Streuwürze
Garzeit: 45–90 Min.

## Rehrücken mit Weichseln 9

Ein Rehrücken wird 2 Tage in ein mit scharfem Essig getränktes Tuch gewickelt, gehäutet, gespickt, leicht mit Salz und Pfeffer eingerieben und mit reichlich gehackten Zwiebeln in Fett gar geschmort. Man gießt mit

Rehrücken, Beize, Speck, Salz, Pfeffer, Zwiebel, Fett, Buttermilch, Schwarzbrot,

1 Glas Rotwein,
1 Tasse Weichseln (Sauerkirschen),
1 Gläschen Cherry Brandy
Garzeit: 45–90 Min.

dicker Buttermilch auf und schmeckt die Soße mit Schwarzbrotbröseln und Rotwein ab, wie schon bei Rezept Nr. 1 beschrieben ist. Dann schneidet man schöne Scheiben und legt auf jede 2–3 gedünstete und entkernte Weichseln. Die Soße, die mit etwas Weichselsaft und Cherry Brandy abgeschmeckt wird, reicht man gesondert.

## 10 Kalter Rehrücken mit Lebercreme

Rehrücken, Beize, Speck, Salz, Wurzeln, Zwiebel, Fett, 250 g Kalbsleber, Suppenwürze, Pfeffer, Thymian, 1/4 l Rahm, 1/4 l Brühe, Essig, 3 Blatt Gelatine, 3 Orangen, etliche Kirschen, 1/4 l Weißwein, 50 g Zucker, 7 Blatt Gelatine, 1 Likörglas Grand Marnier
Garzeit: 45–75 Min.

(Farbbild Seite 34)

Ein Rehrücken wird bei sehr guter Hitze, wie in Rezept Nr. 1 oder 2 beschrieben, rasch gar gebraten, so daß das Wildpret innen noch rosa ist. Die Soße wird durch ein Sieb gestrichen und ebenso wie der Braten kalt gestellt. Dann löst man beide Filets sorgfältig aus dem Rückgrat, damit man schöne, runde Scheiben daraus schneiden kann. Das Rücken-Gerippe wird vom übrigen Wildpret befreit und unten flach geschnitten, so daß es auf der Platte glatt liegen bleibt und man das Wildpret wieder in seiner ursprünglichen Lage hineinlegen kann.
Inzwischen schmort man die leicht gesalzene Kalbsleber in etwas Fett mit gehackten Zwiebeln kurz durch und treibt die Masse durch die Maschine. Man schmeckt sie mit Suppenwürze, ganz wenig Pfeffer und einer Spur Thymian ab und fügt den steifgeschlagenen Rahm darunter. Mit dieser Creme bestreicht man das Gerippe oben und gibt dann die Wildpretscheiben, wie erwähnt, in ihrer ursprünglichen Form darauf. Auch dazwischen streicht man Lebercreme, läßt aber die Oberfläche frei.
Nun bereitet man aus 1/4 Liter guter, entfetteter Fleischbrühe, die mit Essig, Suppenwürze und Salz pikant abgeschmeckt wurde, sowie der aufgelösten Gelatine eine Sülze, mit der man, kurz bevor sie erstarrt, den Rehrücken dicht bestreicht, damit er schön glänzt. Man garniert den Rücken mit Orangenscheiben und Kirschen. Anstelle von Frischorangen kann man auch gelierte Orangenspalten verwenden. Dazu werden 2 halbierte Orangen ausgehöhlt und mit einem gekochten Gelee aus dem Weißwein, dem Saft der Orangen, Zucker, dem Grand Marnier sowie der aufgelösten Gelatine gefüllt. Die erstarrten Früchte werden in Spalten geschnitten.

## 11 Pikante Rehkeule

1–1 1/2 kg Rehkeule, Beize, Speck, 5–6 Wacholderbeeren, 1 Knoblauchzehe, Salz, Pfeffer, Fett, Essig, Dörrzwetschgen, Weinbeeren, 1 Lorbeerblatt, Zitrone,

Eine eingebeizte Rehkeule wird abgetrocknet, enthäutet und dicht mit Räucherspeck gespickt, wie auf Seite 14 beschrieben ist. Man reibt sie mit zerdrückten Wacholderbeeren, einer zerdrückten Knoblauchzehe, weißem Pfeffer und Salz ein und legt sie in das gut vorgehitzte Fett in die Bratpfanne. Dann fügt man ein wenig Essig, einige gedörrte Zwetschgen und Weinbeeren, Lorbeerblatt, etliche Stückchen fein abgeschälte ungespritzte Zitronenschale, einige rohe, kleine Kartoffeln und etwas Schwarzbrotrinde oder ein Stück Soßenlebkuchen sowie eine Messerspitze getoßenen Ingwer, noch 2–3 Wacholderbeeren und grobgehackte Zwiebeln, ein Büschel gehackte Petersilie, Lauch und eine zerkleinerte Gelbe Rübe hinzu. Man läßt das Wildpret zuerst zugedeckt und später offen gar dämpfen und übergießt es dabei mit etwas saurem Rahm. Die Soße wird mit einem Kaffeelöffel Zucker, Suppenwürze und zuletzt mit Rotwein oder herbem Johannisbeersaft nach Geschmack gewürzt. Man gibt sie durch ein Sieb und gießt sie über den in schöne Scheiben geschnittenen Braten. Als Beilage mit Speckwürfelchen und Paprika kurz durchgeröstete Semmelstreifchen und Pilze.

Kartoffeln, Brot,
etwas Ingwer, Zwiebel,
Petersilie, Lauch,
Gelbe Rüben, Rahm, Zucker,
Rotwein
Garzeit: 60–80 Min.

(Farbbild Seite 52)

## Schwäbische Rehkeule mit Spätzle 12

Eine zarte Rehkeule wird nicht in ein Essigtuch, sondern einige Tage in saure Milch gelegt, gut abgetropft, getrocknet, enthäutet, gespickt und leicht gesalzen. Dann lockert man das Fleisch rings um den Knochen etwas, steckt die geschälten Knoblauchzehen hinein und brät es in reichlich heißer Butter rasch braun, wobei man mehrmals frische, heiße Butter darübergießt. Zuletzt gibt man etwas sauren Rahm oder Buttermilch dazu und brät die Keule fertig. Hierauf nimmt man sie aus der Soße, stellt sie warm und schmeckt die Soße mit Schwarzbrotbröseln, Tomatenmark, Weißwein, ganz wenig Zucker, Zitronensaft und Suppenwürze ab; notfalls fügt man noch etwas Salz hinzu. Die Soße wird noch kurz durchgekocht und zum Teil über den aufgeschnittenen Braten gegossen; den Rest gibt man in eine Soßière. Als Beilage hausgemachte Spätzle.

1–1½ kg Rehkeule,
saure Milch, Speck, Salz,
5–6 Knoblauchzehen, Butter,
Rahm oder Buttermilch,
1–2 Eßl. Schwarzbrotbrösel,
Tomatenmark,
1 Glas Weißwein, Zitrone,
Zucker, Suppenwürze
Garzeit: 50–65 Min.

## Italienische Rehkeule 13

Eine Keule wird, wie bei Rezept Nr. 11 beschrieben, aber ohne Dörrzwetschgen und Weinbeeren, nahezu fertig gemacht, dann dick mit Semmelbrösel bestreut und mit etwas Fett beträufelt, damit die Brösel gut halten. Zuletzt wird sie mit geriebenem Parmesankäse überdeckt; diese Kruste läßt man bei guter Oberhitze goldbraun werden. Man schneidet nun vorsichtig schöne Scheiben daraus, wobei die Kruste nicht abfallen darf. Die Soße wird, wie bei Nr. 11 beschrieben, zubereitet, aber noch mit etwas geriebenem Parmesankäse abgeschmeckt. Sie darf dann aber nicht mehr kochen, sonst wird der Käse zäh.

1–1½ kg Rehkeule, Brösel,
Fett, Salz, Pfeffer,
Wacholderbeeren, Knoblauch,
1–2 Eßl. Parmesan
Garzeit: 60–70 Min.

## 14 Kalifornische Rehkeule

1–1½ kg Rehkeule, Beize, Speck, Salz, Zwiebel, Wurzeln, Brot, Rahm oder Buttermilch, Ananas, Sauerkirschen, Petersilie, Butter, ½ Glas Rotwein oder Mayonnaise und 1 Gläschen Weinbrand
Garzeit: 60–70 Min.

(Farbbild Seite 51)

Eine eingebeizte oder einige Tage in ein Essigtuch gewickelte Rehkeule wird gehäutet, mit Räucherspeck gespickt und gesalzen. Man brät das Fleisch mit gehackten Zwiebeln an, gibt reichlich kleingerissene Wurzeln und ein Stück Brotrinde oder Soßenlebkuchen dazu und begießt es während des Bratens mehrmals mit Soße und saurem Rahm oder Buttermilch. Vom fertigen Braten schneidet man schöne Scheiben ab, belegt sie mit halbierten Ananas-Scheiben und richtet sie auf einer Platte an. Dazu gibt man Sauerkirschen und Petersilie als Garnitur. Man kann den Braten warm oder kalt auftragen. Wird die Soße warm serviert, so fügt man noch ein Stückchen Butter, etwas Ananassaft und Rotwein hinzu. Soll der Braten kalt zu Tisch kommen, so verrührt man die Soße mit etwas Mayonnaise, Ananassaft und Weinbrand.

## 15 Englische Rehkeule

1½ kg Rehkeule, Essig, Speck, Salz, Curry, Butter, Zwiebel, Wurzeln, 1–2 Blatt Salbei, Petersilie, 1–2 Knoblauchzehen, 1–2 Eßl. Schwarzbrotbrösel, ½ Glas Rotwein, Kirschsaft, Kirschjam, Zitrone
Garzeit: 50–60 Min.

Eine Rehkeule, die einige Tage in ein Essigtuch gewickelt wurde oder in der Öl-Wein-Beize (s. S. 187) war, wird sorgfältig gehäutet, vom Knochen befreit, mit Räucherspeck gespickt, gewickelt, mit Salz und Curry gewürzt und in reichlich Butter mit Zwiebeln angebraten. Man gibt etwas Sellerie, Karotten, Petersilienwurzeln, Salbei, reichlich Petersiliengrün und zerdrückte Knoblauchzehen dazu und brät das Fleisch dann unter häufigem Begießen mit Soße und Butter zartweich. Die Soße bindet man mit geriebenem Schwarzbrot oder etwas Soßenlebkuchen und drückt sie dann durch ein Sieb. Sie wird mit Würze, einem Gläschen Rotwein oder Öl-Wein-Beize und Kirschsaft abgeschmeckt; man schneidet das Fleisch in schöne Scheiben und gibt diese mit der Soße in eine tiefe Platte. Als Garnitur füllt man in ausgehöhlte Zitronen dickeingekochtes Kirschen-Jam ein; »Jam« ist eine raschgekochte Marmelade mit noch ganzen Früchten.

## 16 Gedünstete Rehkeule

1½ kg Rehkeule, Beize, Speck, Salz, Butter, Zwiebel, Petersilie, Gelbe Rüben, Sellerie, 2–3 Wacholderbeeren, saurer Rahm
Garzeit: 45–60 Minuten

Ein schönes Stück aus der Keule wird gehäutet, gespickt, gesalzen und mit einer Schnur zusammengebunden, damit es saftig bleibt. Dann gibt man in einen Topf etwas Butter und darauf eine dicke Lage von geschnittenen Zwiebeln, Petersiliengrün und -wurzeln, Gelben Rüben, etlichen Wacholderbeeren und Schnitzeln von Sellerie. Darauf legt man das Wildpret, gießt sauren Rahm und etwas Beize oder Weißwein darüber und dünstet es, gut zugedeckt, langsam weich. Man schneidet es in schöne

Scheiben und richtet diese mit dem Gemüse an, das zuletzt noch durch Zugabe von etlichen geschnittenen Steinpilzen verfeinert werden kann. Als Beilage Grießnocken (siehe Nr. 412).

## Kalte Rehkeule 17

Eine Rehkeule wird einige Tage in ein mit Essig getränktes Tuch gewikkelt, dann abgezogen, mit Räucherspeck gespickt, gesalzen und gepfeffert, mit etwas Curry eingerieben und mit reichlich gehackter Zwiebel in heißer Butter angebraten. Man schmort sie dann mit kleingeschnittenem Suppengrün (Gelbe Rüben, Sellerie, Petersilienwurzeln, Lauch, Petersiliengrün und etwas Knoblauch) zartweich und begießt sie zwischendurch mit Soße, die mit einem Stückchen Butter verlängert wird; auch saurer Rahm oder Buttermilch eignen sich ausgezeichnet dazu. Zuletzt wird die Soße mit Rotwein, Zitronensaft, einem Stück geriebenem Apfel und Würze abgeschmeckt. Man läßt sie erkalten, drückt sie durch ein Sieb oder mixt sie glatt und gibt einen Löffel Mayonnaise, ein wenig Senf und Johannisbeer-Gelee darunter.
Der kalte Braten wird nun aufgeschnitten und gefällig auf eine Platte gelegt. Dann halbiert man eine Grapefruit, nimmt das Fleisch heraus, würfelt es klein, mischt etwas gekochten Sellerie, einen geschälten und kleingeschnittenen Apfel, Essig, Öl, Salz und Zucker darunter und gibt diesen Salat in zwei Grapefruithälften, die man auf je eine umgestülpte, leere Grapefruitschale stellt. Man bekrönt sie mit Tomaten oder Weinbrand-Kirschen und umgibt sie unten mit Petersilie.

1½ kg Rehkeule, Essig, Speck, Salz, Curry, Zwiebel, Butter, Wurzeln, Knoblauch, saurer Rahm oder Buttermilch, Rotwein, Zitrone, ½ Apfel, 1 Eßl. Mayonnaise, Senf, Johannisbeer-Gelee
Garzeit: 50-60 Min.

Die *Rehschulter* ergibt einen kleinen Braten. Am besten löst man den Knochen aus und wickelt das Wildpret. Die Zubereitung ist dieselbe, wie bei Nr. 1 »Rehziemer« oder Nr. 11 »Pikante Rehkeule«.

## Gefüllte Rehschulter in Burgunder 18

Um einen größeren Braten zu bekommen, löst man beide Schultern aus, entfernt die überflüssigen Häute und näht die beiden Fleischstücke dann so aufeinandern, daß eine dreiseitig geschlossene Tasche entsteht. Man würzt sie innen mit Salz, außen mit Salz und Pfeffer und bereitet hierauf die Fülle. Für diese werden die gerösteten und geschälten Kastanien

1–2 kg Rehschulter, Salz, Pfeffer, 250 g Kastanien, 100 g Speck, 100 g Leber, 2 Eier, Zitrone, Zwiebel, Knoblauch, Petersilie, Thymian, Würze, Brösel,

Butter, 1 Glas Burgunder,
Zucker
Garzeit: 60–70 Min.

weichgekocht. Man zerdrückt sie und gibt Speckwürfelchen, kleingeschnittene Rinds- oder Schweinsleber, die Eier, geriebene Zitronenschale und Zwiebel, Knoblauch, Petersilie, etwas Thymian, Salz, Pfeffer, Würze und etliche Brösel dazu und füllt die Masse ein. Der Braten wird nun völlig zugenäht und in reichlich Butter goldbraun gebraten, wobei man ihn häufig mit Soße übergießt. Diese wird mit rotem Burgunder, einer Prise Zucker und etwas Suppenwürze abgeschmeckt und zuletzt noch mit Butter verfeinert. Man tranchiert den Braten, garniert ihn mit gebratenen Speckröllchen und Kartoffelknödeln und reicht die Soße gesondert dazu.

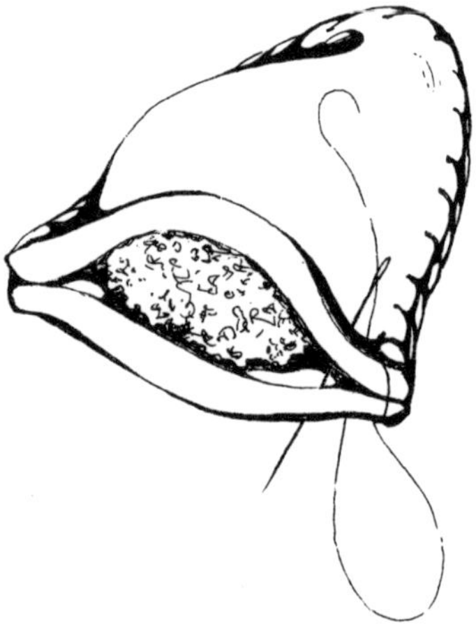

## 19 Gerollte Rehschulter mit Pilzen

3/4–1 kg Rehschulter,
Beize, Salz, Pfeffer,
Butter, 1/2 kg Steinpilze,
1 Zwiebel, 2 Wacholderbeeren,
2–3 Pfefferkörner,
saurer Rahm,
Garzeit: 60–70 Min.

Eine eingebeizte oder in Essigtuch gewickelte Rehschulter wird abgetrocknet, gehäutet und dann vorsichtig vom Knochen befreit. Man salzt und pfeffert sie und bestreicht sie auf der Innenseite mit Butter oder Öl. Darauf legt man weichgedünstete Steinpilze oder andere Pilze sowie Zwiebelringe. Dann rollt man die Schulter auf, bindet sie und schmort sie mit Zwiebeln, zerdrückten Wacholderbeeren, Pfefferkörnern und saurem Rahm langsam weich. Die Roulade wird in schöne Scheiben geschnitten; die gesiebte Soße wird darüber gegossen. Man gibt Kartoffelbrei oder Kartoffelnudeln sowie geschmorten Rosenkohl dazu.

## 20 Gebratenes Rehkitz

Garzeit: 30–40 Min.

Das zarte Wildpret wird in diesem Fall selbstverständlich nicht eingebeizt; man kann es aber über Nacht in ein Essigtuch wickeln. Den Rükken bereitet man entweder wie Rehziemer zu oder schneidet ihn in der Mitte durch und teilt davon kleine Kotelettchen. Die Keulen werden gebraten. Aus dem übrigen Wildpret macht man ein helles Ragout oder ein feines Gulasch oder bereitet es wie ein eingemachtes Kalbfleisch, das mit Essig oder Weißwein und etwas Ingwer pikant gewürzt wird.

## Ungarische Rehbrust

**21**

Von einer Rehbrust oder den dünnen Bauchlappen schneidet man gleichmäßige Portionsstücke und legt sie in einen Topf auf eine Lage dünner Speckscheiben. Dazwischen gibt man große Zwiebelringe. Das Wildpret wird leicht eingesalzen und dann mit etwas Pfeffer und Paprika überpudert. Man gibt ein wenig Beize oder Essigwasser hinzu und deckt das Fleisch mit Scheiben von gehäuteten Tomaten ab. Nach kurzem Anschmoren füllt man mit 1 Tasse Fleischbrühe auf, deckt den Topf zu und läßt das Wildpret schön langsam gar werden. Zuletzt richtet man die Platte so an, daß die Fleischstücke obenauf liegen. Als Beilage Knödel, Teigwaren oder Reis.

3/4 kg Rehbrust, Speck, 2 große Zwiebeln, Salz, Pfeffer, Paprika, Beize, 3–4 Tomaten
Garzeit: 40–60 Min.

## Gefüllte Rehbrust

**22**

Eine Rehbrust wird vorsichtig von den Rippen befreit und dann wie eine Kalbsbrust untergriffen, so daß eine auf 3 Seiten geschlossene Tasche entsteht. Man gibt eine würzig mit Kräutern oder etwas Kalbsleber abgeschmeckte Semmelfülle hinein, näht oder steckt die Brust zu und brät sie in Butter mit gehackten Zwiebeln und Wurzeln gar.

3/4–1 kg Rehbrust, Semmelfülle, Kräuter, Zwiebeln, Wurzeln, Fett
Garzeit: 40–60 Min.

## Pikante Rehschnitzel

**23**

Zuerst kocht man eine Marinade aus den angegebenen Zutaten. In diese gut durchgekochte Brühe legt man nicht zu dünn geschnittene Rehschnitzel aus der Keule etwa 1 Stunde lang; dann werden sie abgetrocknet, gemehlt, in heißer Butter auf beiden Seiten rasch goldbraun gebraten und auf eine vorgewärmte Platte gegeben. Die Soße wird mit ganz wenig Mehl bestäubt und nochmals mit einem Stückchen Butter versehen. Man gießt sie mit einem Teil der Marinade auf, würzt sie mit 2 Tropfen Angostura und Weinbrand und gibt sie über die Schnitzel.

3/4 kg Rehkeule, zur Marinade 1 Glas Essig, 1 Nelke, 2 Wacholderbeeren, 2 Pfefferkörner, etwas Thymian, 1 Zwiebel, Mehl, Butter, Angostura, 1/2 Gläschen Weinbrand
Garzeit: 5–6 Min.

## Rehschnitzel mit Pilzen

**24**

Aus einer gut abgelagerten oder in ein Essigtuch gewickelten Rehkeule schneidet man quer, also gegen die Faser, schöne gleichmäßige Schnitzel, klopft und salzt sie leicht, mehlt sie und brät sie dann in sehr heißem Fett auf beiden Seiten rasch golden. Man gibt geschmorte Champignons oder Steinpilze oder ein Stückchen Sardellenbutter darauf. Als Beilage Bratkartoffeln und Salate.

3/4 kg Rehkeule, Salz, Mehl, Fett, 100 g Pilze oder Sardellenbutter
Garzeit: 5–6 Min.

## 25 Holländische Rehschnitzel

3/4 kg Rehkeule, Salz,
Mehl, Butter, Speck,
Zwiebel, Semmel,
Champignons oder Steinpilze,
Petersilie, 2–3 Äpfel,
Preiselbeeren
Garzeit: 5–6 Min.

Die aus einer abgelagerten Keule geschnittenen Schnitzel werden gesalzen, gemehlt und in Butter rasch gebraten. Man legt sie auf eine heiße Platte. In die Bratbutter gibt man gleichviel Speck-, Zwiebel- und Semmelwürfel, brät sie goldbraun und fügt gewürfelte Champignons oder Steinpilze, Petersilie und noch etwas Butter hinzu. Die durchgebratene Mischung wird über die Schnitzel gegossen. Man umgibt sie mit halben, gebratenen Äpfeln, die man mit Preiselbeeren füllen kann, oder mit gebrateten Bananen.

## 26 Rehschnitzel mit Obst-Sauerkraut

3/4 kg Rehschlegel,
500 g Sauerkraut,
250 g Birnen, 250 g Äpfel,
2 Eßl. Tomatenmark oder
1 Eßl. Hagebuttenmark,
2–3 Wacholderbeeren,
Salz, Paprika, Senf, Mehl,
Butter, Preisel- oder
Johannisbeeren, Rahm.
Garzeit: 5–6 Min.

Das Sauerkraut, die geschälten und kleingeschnittenen Birnen, die kleingeschnittenen Äpfel, dickes Tomaten- oder Hagebuttenmark, einige Wacholderbeeren, eine Prise Zucker und womöglich noch etliche Weintrauben dünstet man in Butter kurz weich. Dann bestreicht man die Rehschnitzel, die aus einer gebeizten Rehkeule geschnitten wurden, mit Senf und streut etwas Salz und Paprika darüber. Man brät die gemehlten Schnitzel in sehr heißer Butter auf der Pfanne und richtet sie im Kranz um das in eine Schüssel gegebene Sauerkraut an. Auf das Kraut gibt man in die Mitte noch einen Löffel Preiselbeeren oder eingekochte Johannisbeeren. Das Bratfett in der Pfanne wird mit etwas saurem Rahm verlängert, mit Suppenwürze abgeschmeckt und gesondert serviert.

## 27 Gebackene Rehsteaks in Cumberlandsoße

3/4 kg Rehkeule, Speck, Salz,
Pfeffer, Mehl, Butter,
Cumberlandsoße Nr. 390
Garzeit: 5–6 Min.

Aus der Keule schneidet man gleichmäßige Schnitzel heraus und klopft sie leicht. Man durchzieht sie mit dünnen, langen Speckstreifen, salzt sie und überpudert sie mit Pfeffer. Die Schnitzel werden in Mehl gewendet und in reichlich heißer Butter oder am besten sogar schwimmend knusprig braun gebacken. Sie werden sehr heiß mit Cumberlandsoße (Nr. 390) aufgetragen.

## 28 Rehsteaks nach Orleans

Siehe »Wildschweinsteaks nach Orleans« Nr. 153

## Rehsteaks nach russischer Art 29

Die Steaks werden, wie bei Rezept Nr. 27 beschrieben ist, gebraten; dann setzt man sie auf dicke Weißbrotschnitten, die in Fett goldbraun gebakken wurden. In das Bratfett gibt man ganz fein geschnittene Würfelchen von fettem Schinken oder Räucherspeck und gießt mit Madeira auf. Man würzt mit einer zerdrückten Wacholderbeere, etwas Würze sowie Salz und gießt die dickliche Soße über die Steaks. Dazwischen setzt man kleine, ausgebrochene Röschen von gekochtem Blumenkohl sowie halbierte, ausgehöhlte Tomaten, die mit süßsauren Essigfrüchten gefüllt werden.

3/4 kg Rehkeule, Speck, Salz, Pfeffer, Mehl, Butter, Weißbrot, 50 g Schinken, 1/2 Glas Madeira, 1 Wacholderbeere, Würze, Blumenkohl, Tomaten, Essigfrüchte
Garzeit: 5–6 Min.

## Rehsteaks mit Erbsbrei 30

Frische oder getrocknete, grüne Erbsen werden weich gekocht, durch ein Sieb gestrichen und mit etwas Butter, süßem Rahm und Salz abgeschmeckt. Man gibt den steifen Brei auf eine nicht zu flache Platte und brät die enthäuteten, leicht gemehlten und mit Salz eingeriebenen Rehsteaks (Schnitzel aus der Keule oder Filetschnitten) in brauner Butter rasch auf beiden Seiten goldbraun. Dann legt man sie kranzförmig um den Erbsbrei. Der Bratensaft wird mit Suppenwürze, feingeriebener Zwiebel, Salz und Pfeffer abgeschmeckt, vom Feuer genommen und hierauf mit einem Eidotter verschlagen. Man würzt die Soße noch mit etwas geriebener Zitronenschale und Zitronensaft oder Essig und einem Spritzer Weinbrand, damit sie pikant schmeckt; sie wird über die Steaks gegossen.

3/4 kg Rehkeule, 250 g grüne Erbsen oder Trockenerbsen, Butter, Rahm, Salz, Pfeffer, Mehl, Bratfett, Zwiebel, 1 Ei, Zitrone, Weinbrand, Würze
Garzeit: 5–6 Min.

## Gegrillte Rehschnitzel 31

Die nach Rezept Nr. 27 vorgerichteten Rehschnitzel werden nicht gesalzen, sondern nur mit Öl bestrichen und auf dem sehr gut vorgehitzten Grill rasch auf beiden Seiten 4–6 Min. durchgegart. Das Fleisch soll innen noch rosa sein. Man salzt es leicht und bringt die Schnitzel dann mit gegrillten Tomaten und Bananen rasch zu Tisch. Als Beilage eignen sich die Salate der Jahreszeit.

3/4 kg Rehkeule, Öl, Salz, Tomaten, Bananen
Garzeit: 2–3 Min.

## 32 Baltische Rehfilets

2 Rehfilets, Salz,
Pfeffer, Curry, Zitrone,
Speck, Petersilie,
Estragon, Butter, Soßen-
lebkuchen oder Schwarzbrot,
1 Glas Madeira, Rahm,
Würze
Garzeit: 20–25 Min.

Von einem großen Reh werden die Filets längs des Ziemers roh herausgenommen, gehäutet und in etwa 2–3 cm dicke, schräge Scheiben geschnitten. Man klopft sie vorsichtig mit der Hand, salzt sie leicht, drückt sie wieder in Form und beträufelt sie mit Zitronensaft; nach Belieben kann man auch noch etwas Pfeffer oder Curry darüberpudern. Dann legt man auf jedes Filet eine Speckscheibe und steckt sie mit Zahnstochern fest. Auf die Speckscheiben gibt man ein zerkleinertes Gemisch aus Petersilie, Estragon und etwas Zitronenschale. Hierauf legt man die Filets nebeneinander in einen Topf mit genügend Butter und schmort sie weich. Wenn sie fertig sind, gibt man sie auf eine vorgewärmte Platte und vollendet die Soße mit geriebenem Soßenlebkuchen oder Schwarzbrotbröseln, mit Madeira und etwas Rahm, Suppenwürze und ganz wenig Zitronensaft. Sie wird vorsichtig über die Filets gegossen. Als Beilage reicht man körnig gekochten Reis sowie Zitronenkörbchen, die mit Preiselbeeren gefüllt sind, dazu.

## 33 Rehfilets nach Mailänder Art

2 Rehfilets, Speck, Salz,
Nelken, Pfeffer, Butter,
Mehl, Madeira, Zitrone,
Worcestersoße, Makkaroni,
Parmesan, Tomaten-Ketchup
Garzeit: 5–6 Min.

Von einem rohen Rehrücken löst man die Filets sauber aus und häutet sie. Das Fleisch wird schräg in dicke Scheiben geschnitten, damit die Filets möglichst groß sind. Man klopft sie leicht mit der Hand und spickt sie mit Räucherspeck, der in einem Gemisch von Salz, Nelken und Pfeffer gewendet wurde. Dann brät man sie rasch beiderseits in Butter braun und stellt sie heiß. Im Bratfett läßt man etwas Mehl gelb werden, löscht mit Madeira oder Rotwein ab und würzt die Soße mit Zitronensaft, ein wenig geriebener Zitronenschale und Worcestersoße. Man gibt nun in eine Schüssel weichgekochte Makkaroni, die in etwas Butter und Parmesankäse geschwenkt wurden. Außen herum legt man die Filets und über die Mitte gießt man Tomaten-Ketchup. Die Soße wird gesondert dazu aufgetragen.

## 34 Rehfilets nach Burgfräulein

Wie bei Nr. 33 und
Kastanienpüree, Äpfel
Garzeit: 5–6 Min.

Die nach Rezept Nr. 33 gebratenen Filets werden auf Kastanienpüree angerichtet und mit gebratenen Apfelscheiben garniert.

*Rehrücken nach Jäger-Art (Rezept 6)*

## Rehfilets auf Riviera-Art — 35

Die aus gut abgelagerten Rehfilets geschnittenen Fleischscheiben werden mit Streifen von Pökelzunge gespickt, mit Weinbrand beträufelt und leicht gesalzen. Man brät sie rasch in Butter gar und legt sie auf dicke, gebratene Tomatenscheiben, die mit Salz und gehackter Petersilie bestreut waren. Dann übergießt man die Filets mit etwas Mayonnaise, setzt je ein Scheibchen Gänseleberpastete darauf und garniert mit feinen, in Butter geschwenkten Gemüsen und Reis oder Bratkartoffeln.

2 Rehfilets,
100 g Pökelzunge,
2 Gläschen Weinbrand,
Salz, Butter, Tomaten,
Petersilie, Mayonnaise,
4–6 Scheibchen
Gänseleberpastete
Garzeit: 5–6 Min.

## Rehmedaillon nach Waldhüter-Art — 36

Kleine Rehmedaillons, also die Scheiben von ausgelösten Rehfilets, werden auf dem Grill oder in der Pfanne in wenigen Sekunden zart gargebraten und dann auf gerösteten, rund ausgestochenen Schwarzbrotsockeln angerichtet. Man überzieht sie teilweise mit Mayonnaise, die mit durchgedrückten Preiselbeeren vermengt und pikant nachgewürzt wurde. Zuletzt garniert man die Medaillons mit Petersilie und einem roten Paprikaschnitz. Dazu Pommes-Chips (in Fett gebackene dünne, rohe Kartoffelblättchen).

2 Rehfilets, Brot,
Butter, Mayonnaise,
Preiselbeeren, Petersilie,
Paprikaschnitze
Garzeit: 4–5 Min.

## Rehfilets mit Gänseleber und Pfirsichen (kalt) — 37

Die beiden aus einem Rehrücken herausgelösten Filets werden in 2–3 cm dicke Scheiben geschnitten, leicht geklopft, etwas gesalzen, mit ein wenig Pfeffer überstreut und dann in Butter mit Zwiebelringen angebraten. Hierauf übergießt man sie mit etwas flüssiggemachter Fleischsülze. Für diese bereitet man aus 1/8 Liter Wasser und 1/8 Liter Weißwein und 1/2 Würfel Rindsbouillon und 3 1/2 Blatt aufgelöster Gelatine eine würzige Brühe, die mit etwas Essig und einer kaum spürbaren Prise Zucker abgeschmeckt wird. Wenn das Gelee zu steifen beginnt, gießt man es über die Filets. Dazu gibt man kleine, gebutterte Toastscheiben, die mit Gänseleber-Pastete bestrichen werden, sowie entsteinte, kurz gedämpfte Pfirsiche, die gleichfalls mit etwas Fleischgelee übergossen werden. Man legt die fertigen Filets auf eine Platte und läßt sie kalt werden. Die Platte wird mit reichlich Krauspetersilie festlich garniert.

2 Rehfilets, Salz,
Pfeffer, Butter, Zwiebel,
1/8 l Weißwein,
1 Würfel Rindsbouillon,
3 1/2 Blatt Gelatine, Essig,
Zucker, Toast, 50 g Gänseleberpastete, Pfirsiche,
Petersilie
Garzeit: 4–5 Min.

*Kalter Rehrücken mit Lebercreme (Rezept 10)*

## 38 Rehkoteletts in Kapernsoße

1–1½ kg Rehziemer,
Salz, Pfeffer, 150 g Butter,
4 Zwiebeln, Mehl, Kräuter,
Essig, Ingwer, Senf,
2 Eßl. Kapern
Garzeit: 4–6 Min.

Einen großen, gut gelagerten Rehziemer spaltet man in der Mitte durch und hackt dann schöne Koteletts herunter. Diese werden geklopft, leicht mit Salz und Pfeffer eingerieben und rasch auf beiden Seiten in heißer Butter gebraten; sie dürfen innen noch rosa sein. Gleichzeitig dünstet man in reichlich Fett die sehr fein gehackten Zwiebeln, gibt etwas Mehl daran und gießt mit Fleischbrühe auf. Man würzt die Soße mit Kräuteressig, Salz, ein wenig Pfeffer sowie Ingwerpulver und passiert sie, wenn sie sehr gut durchgekocht ist; zuletzt fügt man etwas Senf, Kapern und den Bratensaft der Koteletts hinzu. Man gießt diese Soße über die Koteletts oder kann sie auch gesondert servieren.

## 39 Rehkoteletts mit Sardellenpaste

1–1½ kg Rehziemer,
Salz, Pfeffer, Butter,
Rahm, Zwiebel, Würze,
½ Teel. Sardellenpaste,
½ Glas Wein
Garzeit: 4–6 Min.

Die Koteletts werden, wie bei Nr. 38 beschrieben ist, ausgelöst und in brauner Butter gebraten. Wenn sie nahezu fertig sind, gießt man sauren Rahm darüber, läßt sie noch kurz darin schmoren und gießt auf. In die Soße gibt man ein wenig geriebene Zwiebel, etliche Tropfen Suppenwürze, die Sardellenpaste sowie den Wein. Diese Soße wird über die Koteletts gegossen. Besonders appetitlich sehen diese aus, wenn man sie auf einem Sockel von Kartoffelbrei anrichtet.

## 40 Rehkoteletts mit Steinpilzen

1–1½ kg Rehziemer,
Salz, Pfeffer, Fett,
250 g Steinpilze,
Petersilie, Rahm, Zitrone,
Teigwaren, Schnittlauch
Garzeit: 4–6 Min.

Gleichmäßige, etwa 2–3 cm dicke Koteletts, die man nach Rezept Nr. 38 vorbereitet, werden zuerst vom Knochen befreit, leicht geklopft, mit etwas Salz und Pfeffer eingerieben und dann rasch in gut heißem Fett auf beiden Seiten braun gebraten. Sie sollen innen noch rosa sein. Man legt sie in eine feuerfeste Schüssel und stellt diese warm. Inzwischen schmort man geschnittene Steinpilze in reichlich Butter und fügt etwas Petersilie, Salz und Pfeffer, sauren Rahm und Zitronensaft hinzu. Dann legt man die Koteletts auf einen Berg von Makkaroni oder Spaghetti und gießt die Pilzsoße darüber. Das Gericht wird zuletzt noch mit Schnittlauch überstreut.

## Schweizer Rehkoteletts

**41**

Die nicht zu dicken Koteletts nach Rezept Nr. 38 werden leicht geklopft, gesalzen, ein wenig gepfeffert und in Mehl, Ei und Semmelbröseln gewendet und hierauf in reichlich und genügend heißer Butter auf beiden Seiten goldgelb gebacken. Man legt sie auf eine vorgewärmte Platte und gibt an das Bratfett etliche Speckstreifen, läßt sie anbräunen, rollt sie und legt sie auf die Koteletts. Die Soße wird mit etwas saurem Rahm, einem Stückchen aufgeriebenem Soßenlebkuchen oder geriebener Schwarzbrotrinde, einigen Tropfen Suppenwürze und Gin pikant abgeschmeckt. Zuletzt würzt man die Soße noch mit feingeriebenem Hartkäse, der aber nicht mehr mitkochen darf. Man gießt die Soße über die Koteletts und streut Petersilie darüber.

1–1½ kg Rehziemer,
Salz, Pfeffer, Fett, Mehl,
Ei, Brösel, Speck, Rahm,
Soßenlebkuchen,
1 Gläschen Gin, Käse,
Petersilie
Garzeit: 6–8 Min.

## Rehrouladen

**42**

Von einer Rehkeule schneidet man dünne Scheiben und salzt sie leicht. Dann mischt man den in sehr feine Streifen geschnittenen Räucherspeck mit der in Milch geweichten und wieder ausgedrückten Semmel, Ei, feingehackten Essiggurken, einigen Tropfen Suppenwürze und Petersilie und bestreicht die Fleischstücke damit. Man wickelt sie zu Rouladen auf, wendet sie in Mehl und hält sie mit Zahnstochern oder Rouladennadeln zusammen. Hierauf schmort man sie in heißem Fett auf allen Seiten langsam goldbraun und gibt an die Soße noch einige kleine Räucherspeckwürfel, damit sie schön fett wird. Man kann sie auch noch mit etwas Rahm und Rotwein aufgießen; zuletzt fügt man einige Tropfen Suppenwürze und etwas geriebene Zwiebel sowie Salz hinzu. Zwischen die angerichteten Rouladen gibt man glacierte Kastanien.

¾–1 kg Rehkeule, Salz,
50 g Speck, Milch,
1 Semmel, 1 Ei,
1–2 Essiggurken, Petersilie,
Mehl, Fett, Zwiebel
Garzeit: 30 Min.

## Rehvögerl in Sülze

**43**

Dünn geschnittene, große Rehschnitzel, aber auch Stücke von Bauchlappen, schneidet man gleichmäßig zurecht, klopft sie und würzt sie mit Salz, etwas Pfeffer und bestreicht sie mit Senf. Dann dreht man unansehnliches Rehfleisch und Schweinefleisch durch den Wolf, würzt die Masse wie üblich, gibt Brösel und schmale Streifen von Essiggurken dazu und füllt je einen guten Eßlöffel voll davon in das Fleischstück. Die Rouladen werden mit Klammern oder Faden gebunden und mit gewürfeltem Speck und Zwiebeln langsam gar gebraten oder gedämpft. Dann nimmt man sie aus der Soße, läßt sie erkalten und legt sie auf eine Platte

¾–1 kg Rehkeule,
je 250 g Reh- und Schweinefleisch, Salz, Pfeffer,
Senf, Brösel, Essiggurken,
Speck, Zwiebel, Fett,
⅛ l Weißwein, Zitrone,
Würze, 3 Blatt Gelatine,
Pilze, Ei, Petersilie,
Mayonnaise
Garzeit: 30–35 Min.

Man übergießt sie mit einer Sülze aus Weißwein, 1/8 Liter Wasser, etwas Zitronensaft, Würze, Salz und der aufgelösten Gelatine und garniert sie mit aufgeschnittenen Champignons oder Steinpilzen, Eischeiben und Petersilie. Die Bratensoße wird mit 1–2 Eßl. Mayonnaise gut verrührt oder gemixt und nachgeschmeckt. Man serviert sie gesondert.

## 44 Rehgoulasch

1 kg Rehschulter, Salz,
Fett, 2–3 Zwiebeln,
1 Knoblauchzehe,
1–2 Teel. Delikateßpaprika,
1–2 Wacholderbeeren,
1/2 Tasse saurer Rahm,
2 Eßl. Tomatenmark,
Soßenlebkuchen,
2–3 Tropfen Angostura,
Essig, Würze
Garzeit: 50–60 Min.

Das Wildpret vom Blatt wird in gleichmäßige Stücke geschnitten und gesalzen. Dann gibt man in einen Topf mit genügend heißem Fett fein aufgeschnittene Zwiebeln und die zerdrückte Knoblauchzehe. Daran fügt man milden Delikateßpaprika und gießt sofort mit Fleischbrühe auf. In dieser Soße läßt man das Wildpret schön langsam weich dämpfen und fügt die zerdrückten Wacholderbeeren oder etwas Wacholderbeerenpulver, sauren Rahm und Tomatenmark hinzu. Die Soße wird mit etwas geriebenem Lebkuchen oder Schwarzbrot eingedickt und hierauf mit ganz wenig Essig, Angostura und Suppenwürze pikant abgeschmeckt. Als Beilage reicht man rohe Kartoffelklöße.

## 45 Rehragout I

3/4–1 kg Wildpret, Speck,
1 Zwiebel, 1 gehäufter
Eßl. Mehl, Essig, Salz,
Pfeffer, Muskat,
1 Lorbeerblatt,
2 Wacholderbeeren,
1 Teel. Zucker, Würze
Garzeit: 50–60 Min.

Zu diesem Gericht lassen sich alle unansehnlichen Wildpretteile verwenden, die keine schönen Braten ergeben würden. Das gehäutete, von allen Knochen und Sehnen befreite Wildpret wird in gefällige Stücke geschnitten. Wenn es noch zu frisch ist, legt man es 24 Stunden in saure oder Buttermilch, sonst bleibt es zäh. Dann schmort man ein Stückchen feingewürfelten Speck mit einer gehackten Zwiebel goldgelb an, streut Mehl darüber und läßt es Farbe annehmen. Darin wird das Wildpret angebraten; man gießt, wenn es ebenfalls Farbe hat, mit Fleischbrühe und etwas Essig oder Beize auf. Das Ragout muß nun zugedeckt langsam durchschmoren. Man würzt mit Salz, etwas Pfeffer, Muskat, Lorbeerblatt und zerdrückten Wacholderbeeren; nach Belieben kann man die Soße noch mit Tomatenmark, Rotwein und Scheiben von Essiggurken bereichern; Zucker oder etwas Himbeersaft geben einen guten Ausgleich zum Sauergeschmack. Das zuletzt noch mit Würze abgeschmeckte Ragout soll schön soßig sein. Man bringt es mit Knödeln oder Kartoffeln oder in einem Ring aus Reis oder Kartoffelbrei zu Tisch.

## Rehragout II

## 46

Das in Würfel geschnittene, von Haut, Sehnen und Knochen befreite Ragout-Wildpret wird in einer Brühe aus Salzwasser, Beize, Zwiebeln und reichlich Wurzeln weich gekocht. Dann bereitet man eine dunkle Schwitze, die mit der Kochbrühe aufgegossen wird. Man gibt das Wildpret hinein, läßt es nochmals kurz darin ziehen und schmeckt das Ragout mit Thymian, Weiß- oder Portwein, einer Prise Zucker, Suppenwürze und nach Belieben noch mit ein wenig Rahm oder Buttermilch, Steinpilzen oder Pfifferlingen und Petersilie ab.

Wie zu Rehragout I, dazu etwas Thymian, 1 Glas Weiß- oder Portwein, Rahm oder Buttermilch, Petersilie, Steinpilze oder Pfifferlinge
Garzeit: 50–60 Min.

## Rehragout auf französische Art

## 47

Unansehnliche Teile von Reh-Wildpret werden in einer gut gewürzten Brühe mit etwas Essig, reichlich Zwiebeln und Suppengrün halb weich gekocht. Man nimmt sie heraus, löst Knochen und Sehnen aus und schneidet das Wildpret in gleichmäßige, kleine Streifchen. Das gut abgetropfte Fleisch wird in Fett angebräunt und dann mit etwas Mehl überstäubt. Wenn dieses Farbe angenommen hat, gießt man mit ganz wenig Fleischbrühe und leichtem Rotwein auf. Darin läßt man das Wildpret zugedeckt nun vollends weich dämpfen.
Die Soße wird mit den Eidottern verrührt, darf aber dann nicht mehr kochen; man gibt noch etliche feingeschnittene Champignons oder Steinpilze, einen Spritzer Weinbrand und Kapern hinzu. Um das angerichtete Ragout legt man geschmorte und glacierte Zwiebeln.

¾–1 kg Rehfleisch, Salz, Essig, Wurzeln, Zwiebel, Fett, Mehl, 1 Glas Rotwein, 2–3 Eidotter, Champignons, 1 Gläschen Weinbrand, 1 Eßl. Kapern
Garzeit: 50–60 Min.

## Rehragout nach ungarischer Art

## 48

Die in Ringe geschnittenen Zwiebeln werden in Fett hell angeröstet. Daran gibt man ungarischen Delikateßpaprika und gießt sofort mit einem Schöpflöffel heißem Wasser auf, damit der Paprika nicht im Fett verbrennt. In dieser Soße wird das in Würfel geschnittene, von Knochen und Sehnen befreite Ragout-Wildpret mit etwas kleingeschnittenem Räucherspeck schön weich gekocht. Dann schmeckt man das Ragout mit Salz, ein wenig Essig oder Rotwein, einer Prise Zucker, zerdrückten Wacholderbeeren und Würze pikant ab. Es muß sehr kräftig schmecken! Man bringt es mit Reis zu Tisch.

¾–1 kg Rehfleisch, 500 g Zwiebel, 1–2 Teel. ungarischer Delikateßpaprika, Speck, Salz, Essig oder Rotwein, Zucker, 2 Wacholderbeeren, Würze
Garzeit: 50–60 Min.

## 49 Rehleber

$^3/_4$ kg Rehleber, Milch, Salz, Speck, Butter
Garzeit: 6–8 Min.

Da die Leber von Reh und Hirsch keine Gallenblase hat, wird deren Funktion durch die Gallengänge der Leber ersetzt. Dadurch schmeckt die Leber leicht bitter. Um dies zu vermeiden, wird sie kurz gebrüht, gehäutet und dann in Scheiben geschnitten. Diese muß man nun in kaltem, noch besser in lauwarmem Wasser sehr gut auswaschen, damit die Galle daraus entfernt wird, sonst weist die Leber unvermeidbar einen bitteren Geschmack auf. Sie wird noch in etwas Milch gewaschen, was sie besonders zart und mild macht, hierauf abgetrocknet, leicht gesalzen und dann mit reichlich Speck und am besten noch mit frischer Butter gebraten.

## 50 Tiroler Rehleber

$^3/_4$ kg Rehleber, Milch, Mehl, Salz, Zwiebel, Fett, Butter, 1–2 Eßl. saure Milch oder Rahm, Würze, $^1/_2$ Glas Rotwein, 1 Essiggurke oder Kapern
Garzeit: 5–6 Min.

Die kurz gebrühte und gehäutete, in Scheiben geschnittene Leber wird etwa 20 Minuten in lauwarmem Wasser gewässert, in Milch gewaschen, abgetrocknet und hierauf in Mehl umgedreht. Nun röstet man einige Zwiebelscheiben in Fett rasch an, gibt die Leber hinein und schmort sie 5 Min. durch. Dann erst salzt man sie und legt sie auf eine Platte. In das Bratfett gibt man etwas Butter, saure Milch, Würze, Rotwein oder Madeira, gehackte Essiggurke oder entsprechend Kapern. Man salzt nach Bedarf noch nach und gießt die Soße über die gebratene Leber.

## 51 Rehleber nach Schweizer Art

$^3/_4$ kg Rehleber, Salz, Paprika, 50 g Käse, Speck, Butter, 2 Tomaten oder 1 Eßl. Tomatenmark, saurer Rahm, Mehl, Muskat, 1 Gläschen Weinbrand, Zitrone, Petersilie
Garzeit: 5–6 Min.

Die gebrühte, gehäutete und in Scheiben geschnittene Leber wird 20 Min. gewässert, damit sie entbittert ist. Man trocknet sie ab, bestreut sie mit etwas Salz und Paprika und wendet sie in leicht gesalzenem, geriebenem Hartkäse. Ebenso macht man es mit der gleichen Anzahl von Speckscheiben. Dann brät man die Leber und die Speckscheiben rasch in sehr heißem Fett durch und schichtet sie abwechselnd auf eine vorgewärmte Platte. In den Bratsaft gibt man etwas Butter, gehäutete und kleingeschnittene Tomaten oder dickes Tomatenmark, etwas Wasser, sauren Rahm und eine Spur Mehl und nach Belieben etwas Instantsoßenpulver. Die Soße wird mit Paprika, Muskat und Weinbrand pikant abgeschmeckt und gesondert zu der gebratenen Leber gereicht. Diese wird mit reichlich Krauspetersilie und Zitronenschnitzen angerichtet.

## Italienische Rehleber

**52**

Die Leber wird gebrüht, gehäutet, in Scheiben geschnitten und gewässert. Dann trocknet man sie ab, überpudert sie leicht mit Salz und Pfeffer, wendet sie in Mehl, brät sie auf beiden Seiten insgesamt 5 Min. in brauner Butter und legt sie auf eine heiße Platte. In der Soße schmort man eine feingehackte Zwiebel weich und gibt eine gehackte Essiggurke, Tomatenmark und einen halben aufgelösten Würfel Bratensoße dazu; man schmeckt diese Soße mit saurem Rahm, etwas Zitronensaft, einer kleinen Prise Zucker und geriebenem Parmesankäse ab. Sie wird gesondert gereicht. Als Beilagen Makkaroni oder Spaghetti.

3/4 kg Leber, Salz, Pfeffer, Mehl, Butter, Zwiebel, 1 Essiggurke, 2–3 Eßl. Tomatenmark, 1/2 Würfel Bratensoße, Zitrone, saurer Rahm, 2 Eßl. Parmesan
Garzeit: 5–6 Min.

## Rehleber mit Pfifferlingen

**53**

Die Leber wird gebrüht, gehäutet, in längliche, etwa zweifingerbreite Schnitten zerteilt und gut 10 Min. gewässert. Man trocknet sie dann ab, bestreut sie mit Mehl und brät sie in Butter rasch auf allen Seiten braun. Hierauf salzt man sie und legt die Schnitten auf eine vorgehitzte Platte. In das Bratfett gibt man eine feingehackte Zwiebel und kurz vorgebrühte Pfifferlinge oder andere Pilze. Wenn sie gar sind, streut man Petersilie darüber, gießt ein wenig Rahm oder Buttermilch dazu, schmeckt mit Suppenwürze ab und gibt die Pilze über die Leberschnitten.

3/4 kg Rehleber, Mehl, Butter, 1 Zwiebel, 300 g Pfifferlinge, Petersilie, Rahm oder Buttermilch, Würze
Garzeit: 5–6 Min.

## Pikante Rehleber

**54**

Die Leber wird gebrüht, gehäutet, in Scheiben geschnitten, kurz gewässert und dann über Nacht in saure Milch gelegt. Man trocknet sie ab, bestreut sie leicht mit Salz und Pfeffer, wendet sie in Mehl und Ei und brät sie kurz in heißer Butter braun. Dann legt man sie auf eine vorgewärmte Platte. An die Soße gibt man die Bratensoße oder übriggebliebene echte Bratensoße, Johannisbeergelee und etwas Zitronensaft; nach Belieben auch noch eine Meserspitze Senf. Man gießt die Soße über die Leberschnitten und garniert diese mit Blumenkohlröschen und gerösteten Brotscheiben oder gebackenen Kartoffelbällchen.

3/4 kg Rehleber, saure Milch, Salz, Pfeffer, Mehl, Ei, Butter, 1/2 Würfel Bratensoße, 1 Eßl. Johannisbeergelee, Zitrone, Senf
Garzeit: 5–6 Min.

## 55 Rehleber im Schlafrock

¾ kg Rehleber, Salz,
2 Wacholderbeeren (Pulver),
Thymian, Parmesan, Oblaten,
1 Ei, Brösel, Butter
Garzeit: 5–6 Min.

Die gebrühte, gehäutete, in Scheiben geschnittene und gewässerte Leber wird mit gepulverten Wacholderbeeren, ganz fein geriebenem Thymian und geriebenem Parmesankäse, der leicht durchgesalzen ist, dick bestreut. Man legt sie auf eine etwas angefeuchtete Oblate und bedeckt sie auch mit einer solchen, wendet dann das Ganze in Ei und Bröseln und bäckt die Scheiben kurz in brauner Butter durch. Dazu Mayonnaise-Kartoffelsalat.

## 56 Rehleber am Spieß

½–¾ kg Rehleber, etwas
Rehfilet, Speck, Pilzköpfe,
Salz, Paprika, Tomaten,
Brösel, Petersilie
Garzeit: 6–7 Min.

Die gebrühte, gehäutete, in grobe Würfel geschnittene und gewässerte Leber trocknet man ab und schneidet ein Stück Rehfilet oder auch ein Schweinsfilet sowie fetten Schweinespeck in gleichgroße Würfel. Dann spießt man immer ein Stück Rehleber, ein Stückchen Speck, ein Stückchen Rehfilet, und wenn möglich auch noch einen Pilzkopf an den Spieß, überpudert alles leicht mit Paprika und Salz und brät die Spießchen entweder in der Pfanne oder noch besser im Grill kurz durch. Sie werden auf eine heiße Platte gegeben und mit gegrillten Tomaten umlegt, die mit einem geschmorten Gemisch aus feingewiegtem Speck, Semmelbröseln, Petersilie und Salz gefüllt wurden. Noch einfacher brät man alles einzeln kurz gar und steckt die Würfel auf die Spieße.

Weitere Leberrezepte siehe Stichwortverzeichnis.

## 57 Rehbraten auf Toast

Rehbratenreste, Weißbrot,
Cumberlandsoße Nr. 390,
Tomaten, Ei, Kapern,
Petersilie

Reste von einem Rehbraten schneidet man in möglichst schöne Scheiben und legt diese auf geröstete und gebutterte Weißbrotscheiben. Dann übergießt man das Wildpret mit einer dicken Cumberlandsoße und legt je eine große Tomatenscheibe, eine kleine Eischeibe und etliche Kapern darauf. Die Platte wird mit Krauspetersilie hübsch verziert.

## 58 Pikante Rehbrötchen

300–400 g Rehbraten,
2–3 Zwiebeln, 2 Semmeln,
Salz, Pfeffer, Majoran,

Übriggebliebenen Rehbraten treibt man mit Zwiebeln durch die Maschine; dazu gibt man in Milch geweichte und ausgedrückte Semmeln, Salz, Majoran, ein wenig Pfeffer und einen Strich Muskat, die fein verwiegte Wacholderbeere, gehackte Petersilie, geriebene Zitrolenschale, Suppenwürze und Eier. In eine Pfanne gibt man ein kleines Stückchen feingewürfelten Speck, läßt ihn kurz anlaufen und fügt das Wildpretgemenge hinzu. Es wird kurz überbraten, mit Mehl überstäubt und mit ganz wenig Fleischbrühe und Tomatenmark aufgegossen, so daß die Masse streichfähig wird. Man gibt sie nicht zu dünn auf getoastete Weißbrotscheiben und verziert sie mit kleinen Fächern von Essiggurken. Die Brötchen werden heiß mit Salat zu Tisch gebracht; sie bilden ein vorzügliches Vorgericht.

Muskat, 1 Wacholderbeere, Petersilie, Zitrone, Würze, 2 Eier, Speck, 1 Teel. Mehl, Tomatenmark, Weißbrot, Essiggurken
Garzeit: 5–10 Min.

## Überbackene Rehbrötchen — 59

Weißbrot schneidet man in Scheiben; dann würfelt man Rehfleischreste, würzt sie pikant mit Salz, Pfeffer, Würze und Curry und etwas Bratensoße oder saurem Rahm. Diese Masse verteilt man auf die gebutterten Weißbrotscheiben und legt noch eine Scheibe gut schmelzenden Käse darauf. Man überbäckt die sehr pikanten Brötchen rasch in der heißen Röhre und streut Paprika in die Mitte. Sie werden als Vorspeise oder nach dem Abendessen zu späterer Stunde gereicht.

300–400 g Rehbratenreste, Weißbrot, Salz, Pfeffer, Paprika, Curry, Würze, saurer Rahm, Käse
Garzeit: 8–10 Min.

## Gebratene Rehkrusteln — 60

Zuerst bereitet man aus Butter, Mehl und etwas Milch eine dickliche, weiße Soße und läßt sie etwas auskühlen. Man rührt die Eidotter, kleingeschnittene Champignons oder Steinpilze, etwas Salz, Pfeffer, einen Strich Muskat, gehackte Kapern, Madeira, ein wenig geriebene Zitronenschale, einen Hauch Nelken und etwas Suppenwürze darunter. Dann schneidet man Rehbratenreste, notfalls auch etwas Schinken, in feine Blättchen, hebt sie unter die Soße und würzt nochmals mit Salz und Zitronensaft nach und stellt die Masse kalt. Wenn sie nach einigen Stunden steif geworden ist, formt man kleine, längliche Laibchen daraus, wendet dieselben vorsichtig in Mehl, Eiweiß und Bröseln und bäckt die Krusteln in gut heißem Fett auf der Pfanne doppelseitig goldgelb. Man türmt sie auf eine Papierspitzendecke auf einer vorgehitzten Platte auf und bringt sie mit pikantem Mayonnaise-Salat und einer Cumberlandsoße zu Tisch.

Etwa 500 g Rehbratenreste, 1 Eßl. Butter, 2 Eßl. Mehl, 1/8 l Milch, 3 Eier, 50 g Champignons, Salz, Pfeffer, Muskat, 1 Teel. Kapern, 2–3 Eßl. Madeira, Zitrone, Nelken, Würze, Brösel, Fett
Garzeit: 8–10 Min.

## 61 Gebackene Rehkrusteln

Je 200 g Rehbratenreste und Schinken, 1 Ei, Zwiebel, 2 Eßl. Rahm, Brösel, Salz, Pfeffer, Curry, Parmesan, Fett, Zitrone, Tomaten,
Garzeit: 8–10 Min.

Rehbratenreste, fetten Schinken und ein Stückchen Zwiebel treibt man durch den Fleischwolf. Man gibt Ei, dicken Rahm und Brösel, Salz, Pfeffer, Curry und Würze daran und formt Würstchen daraus, wälzt sie in Bröseln und etwas Parmesankäse und bäckt sie in heißem Fett goldbraun. Dann spießt man je 1 Zitronenschnitz und ein Tomatenstückchen auf einen Piker und steckt ihn in die Krusteln, die mit frischen Salzbrezeln aufgetragen werden.

## 62 Feine Rehkrapfen

Je 250 g Reh- und Kalbfleisch, 2–3 Semmeln, 2–3 Eier, 1/2 Zwiebel, Salz, Pfeffer, Würze, 2 Gläschen Weinbrand, Zitrone, Ingwerpulver, Oblaten, Butter, Angostura, Petersilie
Garzeit: 8–10 Min.

Reh- und Kalbfleisch treibt man zweimal durch die Maschine und gibt in Milch geweichte und ausgedrückte Semmeln, Eier, geriebene Zwiebel, etwas Salz, Pfeffer, Suppenwürze und ein Gläschen Weinbrand daran. Nach Belieben kann man diese Fülle noch mit ganz wenig Ingwer und Zitronenschale abschmecken. Dann taucht man große Oblaten kurz in Wasser und hüllt je einen großen Löffel Fülle darin ein. Die Krapfen werden in Butter rasch durchgebraten. Man legt sie auf eine vorgewärmte Platte und macht die Soße mit einem Stückchen frischer Butter und einem Glas Weinbrand, 2–3 Tropfen Angostura und frischer Petersilie fertig. Sie wird über die Krapfen gegossen. Beilage: gebratene Bananen.

## 63 Rehpudding

Je 250 g Reh- und Kalbfleisch, 3–4 Eier, 100 g Brösel, 1 Zwiebel, Petersilie, Salz, Pfeffer, Thymian, 100 g Butter
Garzeit: 60 Min.

Durchgedrehte, rohe Rehfleischreste und rohes Kalbfleisch, Eidotter, Brösel, geriebene Zwiebel, reichlich gehackte Petersilie, Salz, Pfeffer, etwas Thymian und zerlassene Butter vermengt man gut. Man gibt den sehr steifen Eischnee darunter und füllt die Masse in eine gefettete und gebröselte Puddingform, die man schließt und 1 Stunde im Wasserbad kocht. Der Pudding wird gestürzt und mit grünen Erbsen oder mit Sauerkraut zu Tisch gebracht.

## 64 Rehpastete

500 g Wildpret, 2 Wacholderbeeren, 100 g Pistazien oder Mandeln, 100 g Butter,

Unansehnliches Wildpret, am besten von der Schulter oder Bauchlappen, enthäutet man sorgfältig und dreht es mit Zwiebeln und Petersilie zweimal durch die Maschine, damit es recht fein wird. Dazu gibt man gewiegte Wacholderbeeren sowie geschälte Pistazien oder Mandeln und

verrührt dann die Butter mit den Eiern und den in Milch geweichten, wieder ausgedrückten Semmeln und gibt das Fleisch, etwas geriebene Zitronenschale, Pfeffer, Salz, ein wenig gepulverten Majoran oder Rosmarin und Suppenwürze dazu. Die Masse muß sehr würzig und auch geschmeidig sein. Nach Belieben kann man Streifen von Schinken oder Räucherzunge unter die Fleischfülle geben.
Für den Pastetenteig verarbeitet man das Mehl mit dem Schweinefett und fügt Backpulver, Eier sowie Salz und etwas Wasser oder sauren Rahm hinzu. Der gut verknetete Teig wird kurz kühl gestellt und zu einem Rechteck ausgewellt. Man wickelt ihn um die Fleischfülle, drückt ihn an und legt die Pastete auf ein gefettetes Kuchenblech. Von Teigresten macht man ein ausgeradeltes, schräges Gitter darüber oder setzt ausgestochene Plätzchen darauf. Der Teig wird mit Eidotter bestrichen. Man kann die Pastete auch in eine gefettete Kastenform drücken, backen und nach dem Erkalten in Scheiben schneiden. Dazu Cumberlandsoße oder Preiselbeeren.

2 Eier, 2 Semmeln, Zitrone, Salz, Pfeffer, Majoran, Würze

Pastetenteig:
200 g Mehl, 80 g Schweinefett, 1 Teel. Backpulver, 2 Eier, Salz
Garzeit: 60 Min.

## Rehpain — 65

Reste von gekochtem Rehwildpret (man kann auch die gekochten Bauchlappen verwenden) werden durchgedreht. Man gibt geriebene Zwiebel und Zitronenschale, gehackte Petersilie, in Milch geweichte und ausgedrückte Semmeln, Eier, etwas Majoran oder Rosmarin sowie Salz und Suppenwürze dazu. Die Masse muß sehr gut gewürzt sein! Wenn das Wildpret mager ist, kann man noch 100–150 g fettes Schweinefleisch oder fetten Schinken fein hacken und daruntermischen. Das Ganze wird in eine gut gefettete und mit Pergament ausgeschlagene Kastenkuchenform gefüllt, mit Speckwürfeln bestreut, die man leicht andrückt, und goldbraun gebacken. Das kalte Rehpain wird gestürzt und in Scheiben geschnitten; man garniert diese mit Tupfen von Mayonnaise oder Tomatenmark und mit Scheiben von Zwiebeln, Essiggurken und gekochten Eiern. Ebenso kann man das Pain auch mit etwas pikant abgeschmeckter Sülze übergießen, damit es schön glänzt. Man reicht geröstetes Weißbrot und Tomatensalat dazu.

400–500 g Wildpretreste, ½ Zwiebel, Zitrone, Petersilie, 1–2 Semmeln, 1–2 Eier, Majoran oder Rosmarin, Salz, Würze (100–150 g Speck)
Garzeit: 45–50 Min.

## Rehsülze — 66

Reste von einem Rehbraten werden in Streifen geschnitten. Dann kocht man aus den Wildknochen, reichlich Wurzeln, Zwiebel und etwas Essigwasser eine sehr kräftige Brühe, die entfettet, abgesiebt und noch mit et-

Rehbratenreste, Wildknochen, Wurzeln, Zwiebel, Essig, Rotwein,

Salz, Zucker, Würze,
6 Blatt Gelatine

was Kochrotwein, einer kleinen Prise Zucker, Suppenwürze und Salz sehr kräftig abgeschmeckt wird. Bei einer Sülze muß man stets bedenken, daß sie kalt sehr stark im Geschmack nachläßt.
In 1/2 Liter dieser sorgfältig abgesiebten Brühe gibt man die aufgelöste Gelatine und rührt sie gut unter. Man gießt die Brühe zuerst etwa 1 cm hoch in eine mit Wasser gespülte Platte, legt das Wildpret darauf und gießt den Rest darüber. Die Sülze wird gestürzt und mit Zitrone, Ei, Tomaten sowie Petersiliengrün verziert. Dazu Preiselbeeren oder Cumberlandsoße (Nr. 390) sowie Bratkartoffeln oder Mayonnaise-Salat.

### 67 Rehsalat

Rehbratenreste, Salz,
Zucker, Öl, Essig oder Mayonnaise, Senf, Paprika,
Kräuter, Essigpilze oder Sellerie oder 1 Apfel,
Chicoree oder Kartoffeln und Essiggurke, Tomaten

Reste von einem Rehbraten schneidet man in gefällige Stückchen und vermischt sie mit Salz, Öl und Essig oder Mayonnaise, etwas Senf, einer kleinen Prise Zucker, Paprika und reichlich Kräutern. Darunter kann man nun entweder Essigpilze oder roh aufgerissenen und mit wenig Salz durchgekneteten Sellerie oder in Würfel geschnittenen Apfel und etwas aufgeschnittenen Chicorée-Salat oder in Würfel geschnittene, gekochte Kartoffeln und Essiggurken geben. Der Salat wird erhaben angerichtet und mit Petersilie und Tomaten garniert. Ebenso kann man den Salat in ausgehöhlte Grapefruitschalen oder halbe Avocados füllen.

## Rotwild

Geschmacklich und in seiner Verwendbarkeit ist junges Rotwildpret, also das von Kalb, Schmaltier oder Spießer dem des Rehes gleichzusetzen. Ältere Tiere sind natürlich strenger im Geschmack und müssen daher entsprechend länger abgelagert, eingebeizt und auch gebraten werden.
Das Wildpret verträgt die Essigbeize sehr gut, wenngleich es oft genügt, das Tier in der Decke oder auch die zerwirkten Stücke gut abhängen zu lassen. Nach 10–14 Tagen, je nach der Temperatur, ist das Wildpret mürb geworden. Für junge Tiere genügt das Ein-

legen in Butter- oder Sauermilch. Man wendet es 2–3 Tage an und dreht dabei das Wildpret einige Male darin um. Sehr empfehlenswert ist die Öl-Wein-Beize S. 187.
Stark gehetzte Hirsche müssen sehr gut auskühlen können, sonst ist das Wildpret »verhitzt«; es wird dadurch braun oder grün und geht auch rasch in Zersetzung über.
Die besten Teile sind der Ziemer, der in 2–3 Teile zerlegt wird. Ihm folgen die Keulen, aus denen man auch ausgezeichnete Schinken bereiten kann. Man kann im übrigen das Wildpret geschmacklich genau so neutral wie Ochsenfleisch verwerten, indem alle für Wildpret typischen Gewürze wie auch der Rotwein in der Soße weggelassen werden.
Rotwild wird stets sorgfältig gehäutet und von allem Fett befreit. Man setzt dann wieder Fett in Form von Speck, Schweinefett oder Butter in reichem Maße zu.
Wo in den nachfolgenden Rezepten vom Wildpret vom Hirsch die Rede ist, können selbstverständlich die verschiedenen Stücke vom Kalb, Schmaltier und Alttier (Stuck) verwendet werden.

## Hirschrücken (Hirschziemer) 68

wie »Rehrücken« Nr. 1. Der festeren Konsistenz entsprechend muß das Wildpret natürlich eingebeizt und dann länger gebraten werden.

Garzeit: 70–90 Min.

## Hirschrücken nach englischer Art 69

Der gebeizte Hirschrücken wird schön zurechtgeschnitten, gewaschen, abgetrocknet, gehäutet, gesalzen und mit dünnen Speckscheiben belegt. Hierauf wickelt man ihn in gefettete Aluminiumfolie und drückt diese ringsum fest an. Man brät nun den Rücken in gut heißer Röhre auf dem Rost, bis er nahezu gar ist; dann nimmt man die Folie ab und läßt den Braten braun werden. Die in der Folie gesammelte Soße wird abgegossen und mit geriebener Zwiebel, Lorbeerblatt, zerstoßenen Wacholderbeeren, Pfefferkörnern, saurem Rahm und Würze versehen. Wenn sie gleichfalls braun ist, gibt man Johannisbeer-Gelee, Senf, etwas Zucker, ein Stück aufgeriebenen Soßenlebkuchen und reichlich gehackte Petersilie dazu. Die Soße muß sehr pikant süß-sauer schmecken, dunkelbraun und glän-

1½ kg Hirschrücken, Beize,
Salz, Speck, Zwiebel,
Lorbeerblatt,
Wacholderbeeren,
Pfefferkörner, Rahm,
Würze,
1 Eßl. Johannisbeergelee,
½ Eßl. Senf,
Soßenlebkuchen, Petersilie
Garzeit: 70–90 Min.

zend sein. Der abgenommene Speck wird in kleine Stückchen geschnitten und in die Soße gegeben. Als Beilagen passen Kartoffelnudeln oder Yorkshire-Pudding, Blaukraut und geschmorte Äpfel, die mit Preiselbeeren gefüllt sind.

## 70 Hirschrücken nach Gärtnerin-Art

Wie zu Rezept Nr. 69
Gemüse, Äpfel,
Johannisbeer-Gelee
Garzeit: 70–90 Min.

Der Braten wird, wie bei Rezept Nr. 69 beschrieben ist, fertig gemacht und dann in schöne Scheiben geschnitten. Man legt sie in die Mitte einer sehr großen Platte und umgibt sie mit Häufchen von geschmorten Teltower Rübchen oder Schwarzwurzeln und mit ausgehöhlten und angeschmorten Äpfeln, die mit Johannisbeer-Gelee oder mit Preiselbeeren gefüllt sind, ferner mit in Butter geschwenkten Pilzköpfen, mit Pommes frites und glacierten Kastanien oder Karotten. Die Soße wird gesondert gereicht.

## 71 Hirschrücken in Speck-Wurzeln

1–1½ kg Hirschrücken,
Beize, 2 Kalbsfüße, Speck,
Salz, Pfeffer, 1 Zwiebel,
2–3 Gelbe Rüben, ½ Knolle
Sellerie, etwas Meerrettich,
½ Glas Weißwein,
1 Gläschen Weinbrand,
Zitrone
Garzeit: 70–90 Min.

Hierzu verwendet man am besten das Ende eines schweren Hirschrükkens. Das gut eingebeizte Wildpret wird abgetrocknet, enthäutet, reichlich gespickt, gepfeffert und gesalzen. In eine große Bratpfanne gibt man dann ein Stück kleingewürfelten Speck, dazu eine große, gehackte Zwiebel, grobgeschnittene Gelbe Rüben, gewürfelte Sellerieknolle, geriebenen Meerrettich und kleingehackte Kalbsfüße. Wenn das Gemüse angeschmort ist, legt man das Bratenstück darauf, läßt es braten, und gießt nach und nach Weißwein und Weinbrand dazu. Die Soße wird etwas eingedickt und mit Suppenwürze und Zitronensaft pikant abgeschmeckt. Dann schneidet man den Braten in schöne Stücke und gießt die dicke Soße samt dem Gemüse, aber ohne Kalbsfüße, darüber.

## 72 Krustierter Hirschrücken

1–1½ kg Hirschrücken,
Beize, Speck, 1 Ei,
Schwarzbrotbrösel, Salz,
Zucker, Zimt, Nelken,
Butter
Garzeit: 70–90 Min.

Ein schöner, fleischiger, gut eingebeizter Ziemer wird zurechtgeschnitten, gewaschen, abgetrocknet, gehäutet und gespickt. Man bindet ihn mit einem Tuch zusammen, damit er seine Form behält, und kocht ihn dann in etwas verdünnter Wildbeize weich. Hierauf nimmt man ihn aus der Brühe, trocknet ihn ab, bestreicht ihn mit zerklopftem Ei und streut dick Schwarbrotbrösel und ein Gemisch aus Salz, etwas Zucker, Zimt und Nelken darüber. Man beträufelt den Braten mit zerlassener Butter,

wiederholt diese Prozedur noch 1–2mal und brät ihn bei sehr guter Hitze in der Röhre goldbraun.
Man schneidet dicke Scheiben davon und achtet darauf, daß die Kruste daranbleibt. Zu diesem Braten reicht man gestürztes Johannisbeer-Gelee, Bratkartoffeln oder Kartoffelnudeln und eine Wacholder-Soße (Nr. 392, 393)

## Hirschkeule in Weichselsoße — 73

1–1½ kg Hirschkeule,
Beize, Speck, 1 Zwiebel,
Knoblauch, Butter,
Wurzeln, 1 Teelöffel
grüne Pfefferkörner,
2 Wacholderbeeren, Rahm,
1 Tasse Weichseln
(Sauerkirschen)
Garzeit: 70–80 Min.

Die genügend lange gebeizte Keule wird abgetrocknet, gehäutet und tief mit Räucherspeck gespickt. In die Bratpfanne gibt man neben einer großen aufgeschnittenen Zwiebel, Knoblauch, reichlich Butter und ein Stück kleingewürfelten Speck. Dazu kommen noch kleingeschnittenes Wurzelwerk, grüne Pfefferkörner und Wacholderbeeren. Wenn das Wildpret unter *2–3*maligem Wenden leicht angebräunt ist, gießt man mit Wasser und Wein auf, so daß der Braten in genügend Flüssigkeit liegt. Die Pfanne wird zuerst zugedeckt, dann nimmt man den Deckel ab, damit das Wildpret schön bräunen kann. Sobald es gar ist, schneidet man Scheiben davon und gibt die mit etwas Rahm und entsteinten, durchgedrehten Sauerkirschen versehene Soße darüber.

## Pikante Hirschkeule — 74

1–1½ kg Hirschkeule,
Speck, Salz, Pfeffer,
Ingwer, Paprika, Majoran,
Zitrone,
2–3 Wacholderbeeren,
2 Teel. Sardellenpaste,
1 Zwiebel, 1 Glas Rotwein,
Würze, Himbeersaft
Garzeit: 70–80 Min.

Ein schönes Stück aus einem einige Tage abgelagerten, aber nicht gebeizten Schlegel wird gehäutet, reichlich gespickt und mit einem Gemisch aus Salz, Pfeffer, Ingwer, Paprika, Thymian, Majoran, geriebener Zitronenschale, gestoßenen Wacholderbeeren und Sardellenpaste eingerieben. Man legt den Braten in ein tiefes Tongefäß und läßt ihn darin 1–2 Tage kühl liegen. Dann gibt man in eine große Pfanne ein Stück kleingewürfelten Speck und eine große, aufgeschnittene Zwiebel sowie den Rotwein. Darin läßt man das Wildpret zuerst zugedeckt und hierauf offen weich schmoren. Die mit Fleischbrühe oder Wasser aufgegossene Soße wird zuletzt mit Suppenwürze und Sardellenpaste abgeschmeckt und durch Zugabe von einem Löffel Himbeersaft oder etwas Zucker oder Madeira abgerundet. Man gießt sie über den aufgeschnittenen Braten. Als Beilage eignen sich Teigwaren oder Knödel und Rosenkohl oder Blaukraut oder Stücke von Lebkuchen und Apfelmus.

## 75 Hirschbraten in Spanischer Soße

$^{3}/_{4}$–1 kg Hirschkeule,
Speck, 100 g Räucherzunge,
Salz, Pfeffer, Piment,
Olivenöl, 2–3 Zwiebeln,
Pilze
Garzeit: 60–80 Min.

Der gut gebeizte, abgetrocknete und gehäutete Braten, am besten von der Keule wird mit Streifen von geräuchertem Speck und geräucherter Zunge gespickt, dann mit etwas Salz und Pfeffer sowie einer Spur Piment eingerieben. Man legt ihn in heißes spanisches Olivenöl mit reichlich angeschmorten Zwiebeln und brät ihn unter häufigem Begießen goldbraun. Dann schneidet man das Wildpret in schöne Scheiben und umgibt es mit einem Kranz von Steinpilzen oder Champignons. Dazu serviert man eine Spanische Soße Nr. 386 sowie geschmorte Tomaten und mit Reis gefüllte Paprikaschoten.

## 76 Hirschbraten in Sardellen-Soße

Wie zu Nr. 75
statt Räucherzunge
6–8 Sardellenfilets,
Sardellenpaste, Zucker

Wie »Hirschbraten in Spanischer Soße« (Nr. 75), nur nimmt man an Stelle der Zungenstreifen gewässerte Sardellenfilets, die man tief in das Wildpret einzieht. Die Soße wird mit etwas Sardellenpaste und zum Ausgleich noch mit ganz wenig Zucker sehr pikant abgeschmeckt.

## 77 Hirschbraten à la mode

$^{3}/_{4}$–1 kg Hirschkeule,
Beize, 1 Würfel Rindsbouillon, Kräuter, Fett,
Mehl, Rahm, Rotwein,
Zucker oder Himbeersaft,
Würze
Garzeit: 60–80 Min.

Ein schönes Stück von der Keule oder auch vom Blatt, das gut eingebeizt ist, wird abgewaschen, getrocknet und gehäutet. Man kocht es, halb bedeckt, mit verdünnter Beize, der Rindsbouillon zugefügt wurde, und mit reichlich frischen Kräutern gar. Inzwischen bereitet man eine braune Schwitze, die mit dem Kochwasser aufgegossen wird; man schmeckt sie mit Rahm und etwas Rotwein ab und gibt eine gute Prise Zucker oder Himbeersaft sowie Würze daran. In ihr läßt man das Wildpret noch eine Weile ziehen. Man schneidet es dann in schöne Scheiben und gießt einen Teil der Soße darüber. Den Rest derselben serviert man mit Semmelknödel oder Teigwaren gesondert.

## 78 Gedämpfte Hirschkeule in Dillsoße

$^{3}/_{4}$–1 kg Hirschkeule,
Beize, Wurzeln, Fett,
Mehl, Milch, Salz, Pfeffer,
Zucker, Würze, Dill
Garzeit: 60–80 Min.

Eine Hirschkeule wird gebeizt, gehäutet und mit viel Wurzeln und Zwiebeln in der Beize zart und weich gekocht. Inzwischen bereitet man eine weiße Schwitze, gießt sie zuerst mit Milch, dann mit gesiebter Beize auf und kocht sie gut durch. Man schmeckt die Soße süßsauer ab und gibt reichlich Dill und noch kurz das Wildpret hinein. Es wird in Scheiben geschnitten, mit Soße übergossen und mit Bratkartoffeln gereicht.



*Kalifornische Rehkeule (Rezept 14)*

Hier

## Ungarischer Hirschbraten 79

In der Bratpfanne mit genügend Schweinefett läßt man aufgeblätterte Zwiebeln anlaufen und fügt süßen Delikateßpaprika dazu. Man gibt den eingebeizten, abgetrockneten, gehäuteten und reichlich mit Paprikaspeck gespickten Braten aus der Keule oder aus dem Blatt hinein, läßt ihn von allen Seiten bräunen und gießt dann erst die Soße mit saurem Rahm, etwas Beize, sowie Tomatenmark auf und läßt den Braten langsam darin durchgaren. Die Soße schmeckt am besten, wenn man sie nicht eindickt; sie wird teilweise über den aufgeschnittenen und angerichteten Braten gegossen.

3/4–1 kg Hirschkeule, Beize, Salz, Paprikaspeck, Schweinefett, 2–3 Zwiebeln, 2 Teel. ungarischen Delikateßpaprika, Rahm, 1/2 Tasse Tomatenmark
Garzeit: 60–80 Min.

## Gefüllte Hirschbrust 80

Von einem schönen Stück gut eingebeizter Hirschbrust nimmt man die Rippen aus. Dazu schneidet man den Rippen entlang schmale Schlitze ein und dreht die Rippen vom Rückenknochen ab; auch dieser wird vorsichtig ausgelöst. Dann untergreift man die Brust so, daß sie eine Öffnung wie eine Tasche bekommt.

1 kg Hirschbrust, Beize, 300–400 g Bauchlappen, 100 g Kalbsleber, Pilze, Petersilie, 2–3 Eier, 1 Gläschen Weinbrand, 2–3 Eßl. Brösel, Salz, Pfeffer, Majoran, Angostura, Würze, Zwiebel, Fett, Butter
Garzeit: 70–90 Min.

Für die Fülle nimmt man ein gutes Stück gehäuteten Bauchlappen und gibt es mit einem Stückchen fettem Schweinfleisch sowie Kalbsleber zweimal durch den Fleischwolf. Man kann auch etliche Pilze daruntergeben. Dieses Wildpretpüree wird mit gehackter Petersilie, Eiern, Weinbrand, Bröseln, Salz, Pfeffer, Majoran, 2 Tropfen Angostura und etwas Würze pikant gewürzt. Man füllt die Masse in die Brust. Nach Belieben kann man noch schmale Streifen von geräucherter Zunge oder Stück-

*Pikante Rehkeule (Rezept 11)*

chen von kurz geschmorter Gänseleber oder gebrühte Mandeln dazwischengeben. Die Fülle darf nicht zu stramm sein, sonst platz die Naht. Dann näht man die Brust zu; sie wird auf den ausgelösten Rippenknochen, die als eine Art Rost dienen, mit reichlich Zwiebeln unter ständigem Begießen mit heißem Fett goldbraun gebraten. Man schneidet sie in schöne Scheiben und gibt die noch mit etwas Butter verlängerte Soße darüber.

## 81 Hirschbrust in Selleriesoße

Wie zu Rezept Nr. 80,
100 g Reis, 100 g Schinken,
2 Eier, 2 Wacholderbeeren,
1/2 Knolle Sellerie, Petersilie,
Dill, Zwiebel, Speck, Wurzeln,
Beize oder Essig, Rahm,
Soßenlebkuchen, Rotwein
Garzeit: 70–90 Min.

Die Hirschbrust wird, wie in Nr. 80 beschrieben ist, vorbereitet und untergriffen, so daß eine Tasche entsteht. Man salzt und pfeffert sie leicht. Für die Fülle mischt man weichgekochten, abgetropften Reis mit fettem, gewiegten Schinken, Eiern, feingewiegten Wacholderbeeren, reichlich roh geriebenem Sellerie, Petersilie, etwas Dill, sowie Salz. Man schiebt diese Fülle in die Tasche, näht sie zu und brät dann die Brust mit Zwiebelringen, kleinen Speckwürfeln oder Fett, kleingeschnittenen Wurzeln und aufgerissenem Sellerie goldbraun. Die Soße wird mit etwas Beize und Rahm aufgegossen; zuletzt dickt man sie mit einem Stückchen geriebenen Soßenlebkuchen ein und gibt nach Belieben noch Rotwein dazu. Die Hirschbrust wird aufgeschnitten; die Soße serviert man gesondert.

## 82 Gedämpfte Hirschbrust

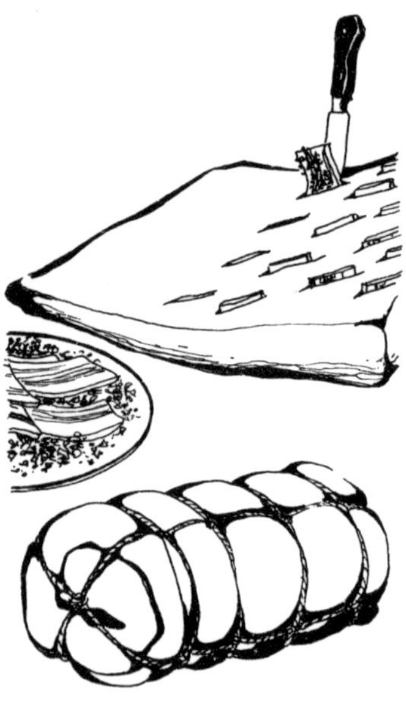

3/2–1 kg Hirschbrust, Beize, Speck, Schwarzbrotbrösel, Zwiebel, Petersilie, 1 Tasse Rahm, 1 Glas Madeira, Zwiebel, Wurzeln, 1 Lorbeerblatt, 3 Pfefferkörner, 1 Nelkenkopf
Garzeit: 70–90 Min.

Eine eingebeizte Hirschbrust wird gehäutet; man macht mit einem Messer schräge, tiefe Einschnitte hinein. In diese steckt man dünne Streifen von Räucherspeck, die in einer Mischung aus geriebenem Schwarzbrot, gehackten Zwiebeln und Petersilie gewälzt wurden; der Speck soll nahezu im Wildpret verschwinden. Dann wickelt man die Brust zusammen und dämpft sie in Fett mit Rahm und Madeira, reichlich feingehackten Zwiebeln und Wurzeln, Lorbeerblatt, Pfefferkörnern und Nelkenkopf schön langsam gar. Als Flüssigkeit verwendet man etwas Beize; man kann diese Soße auch noch mit Tomatenmark oder Sardellenpaste abschmecken. Die Brust wird in schöne Scheiben geschnitten und mit der Soße übergossen. Als Beilage reicht man rohe Kartoffelknödel.

## Gebackene Hirschbrust

**83**

Die eingebeizte Hirschbrust wird kurz gewaschen und in nur leicht gesalzenem Wasser mit reichlich Wurzeln, Lorbeerblatt, Wacholder- und Pfefferkörnern sowie Nelke weich gekocht. Man nimmt sie heraus, läßt sie erkalten und schneidet sie dann in schöne Scheiben, wälzt diese in Ei und Bröseln und bäckt sie kurz in der Pfanne in genügend Fett goldbraun. Dazu reicht man eine lauwarm gehaltene, pikante Tomatensoße (Nr. 385) und Bratkartoffeln oder Kartoffelbrei.

1 kg Hirschbrust, Beize,
Wurzeln, 1 Lorbeerblatt,
etliche Wacholderbeeren
und Pfefferkörner, 1 Nelke, Ei,
Brösel, Fett,
Garzeit: 60–70 Min.

## Kleine Hirschrouladen

**84**

Wie »Rehrouladen« Nr. 42

## Große Hirschroulade

**85**

Ein großes Stück Bauchlappen vom Hirsch, das gut eingebeizt war, wird gehäutet und mit einem Gemisch aus geriebener Zwiebel und Zitronenschale, Senf, gehackter Petersilie und etwas gehacktem Salbei, Kerbel und Estragon bestrichen. Man streut gewürfelten Speck und eine kleine Handvoll Semmelbrösel darauf und rollt die Bauchlappen ein. Der Braten wird gut zugebunden, gesalzen und dann mit reichlich Zwiebeln und Wurzeln in Fett ringsum braun angebraten. Man gießt ein wenig Beize auf und macht die Roulade wie üblich mit Rotwein und saurem Rahm langsam fertig. Die Soße wird mit Würze, einer kleinen Prise Zucker und Senf abgeschmeckt.

1 kg Hirschbauch, Beize,
Zwiebel, Zitrone, Senf,
Petersilie, Salbei, Kerbel,
Estragon, Speck, Brösel,
Salz, Wurzeln, Fett,
Rotwein, Rahm, Würze,
Zucker, Senf
Garzeit: 70–90 Min.

## Hirsch nach Prinz Eugen

**86**

Dazu verwendet man den eingebeizten Hals oder ein Stück vom Blatt und kocht es in Salzwasser mit Essig und der abgeschnittenen Schale einer Zitrone sowie mit reichlich Wurzeln weich. Dann bereitet man eine hellbraune Schwitze, die mit etwas Kochbrühe und Weißwein abgeschmeckt wird; man würzt sie sehr pikant mit Zitronensaft, Muskat und Suppenwürze und gibt noch Rosinen hinein. Das Wildpret, das man noch einige Zeit darin mitkocht, wird in möglichst schöne Scheiben geschnitten und mit der Soße übergossen. Zuletzt streut man geschälte Mandelstifte und Sauerkirschen darüber.

Hirschhals, Essig, Salz,
Wurzeln, Zitrone, Fett,
Mehl, Weißwein, Muskat,
1–2 Eßl. Rosinen, Mandeln,
Sauerkirschen
Garzeit: 60–80 Min.

## 87 Gefüllte Hirsch-Bauchlappen

¾–1 kg Hirschbauch,
Fülle wie zu Nr. 80 Fett,
Zwiebel, Beize, Rahm
Garzeit: 80–90 Min.

Zwei rechteckige, gleichmäßig geschnittene Bauchlappen werden an drei Seiten zusammengenäht; an einer Schmalseite läßt man sie offen und füllt eine Masse ein, wie bei »Gefüllte Hirschbrust« (Rezept Nr. 80) angegeben ist. Man kann aber auch die abgeschnittenen Reste der Hirschbrust weich kochen, sie durch die Maschine geben und dieses Wildpret dann wie üblich mit etwas durchgetriebenem Speck, Ei, Bröseln und Gewürzen vermengen. Dann näht man die damit gefüllten Bauchlappen völlig zu, bindet den Braten, damit er nicht platzt, und brät ihn in heißem Fett mit reichlich Zwiebeln unter ständigem Begießen mit etwas Beize und saurem Rahm goldbraun. Der Braten kann warm oder kalt aufgetragen werden; er schmeckt besonders gut, wenn man ihn kalt werden läßt und die Scheiben dann mit etwas Sülze überglänzt.

## 88 Rotwild nach Haustochter-Art

¾–1 kg Hals oder Blatt,
Beize, Zwiebel, Wurzeln,
Salz, Pfefferkörner,
1 Nelke, Meerrettich,
Majoran, Thymian, 1 Lorbeerblatt, Essigfrüchte,
Gurken, Preiselbeeren
Garzeit: 60–80 Min.

Hals oder Blatt vom Hirsch werden gut eingebeizt und bei Gebrauch abgewaschen. Man kocht das Wildpret in Salzwasser unter reichlicher Zugabe von Zwiebeln, Wurzeln, einigen Pfefferkörnern, Nelkenkopf, einem Stückchen Meerrettich, Majoran, Thymian und Lorbeerblatt schön weich, schneidet es in Scheiben, richtet es auf einer Platte an und umgibt es mit kleinen Häufchen von Essig-Pflaumen, Zucker- und Gewürzgurken, Essigbirnen, eingelegtem Kürbis und Preiselbeeren. Dazu reicht man Kartoffelgemüse in Petersiliesoße

## 89 Hirschsteaks

2 Hirschfilets, Salz,
Pfeffer, Paprika, Zitrone,
Butter, Reis, Pilze oder
Erbsen oder Spargel,
nach Belieben auch Pfirsiche
Garzeit: 4–5 Min.

(Farbbild Seite 87)

Vom gut abgelagerten Rücken löst man die beiden Filets aus, häutet sie und schneidet sie in gut fingerdicke, schräge Scheiben. Sie werden leicht gesalzen, mit etwas Pfeffer oder Paprika gepudert und mit Zitronensaft beträufelt. Diese Steaks brät man in heißer Butter kurz durch, aber doch so, daß sie innen noch rosa sind. Inzwischen formt man mit einem Schöpflöffel aus gekochtem Reis halbe Klöße, die auf eine Platte gestürzt werden. Sie oder beliebige Teigwaren dienen als Unterlage für die Steaks, die mit der Soße übergossen werden. Man garniert die Platte noch entweder mit Pilzen oder mit grünen Erbsen, nach Belieben auch mit Pfirsichhälften, die mit Preiselbeeren gefüllt sind.

## Luganer Hirschsteaks 90

Die Hirschsteaks werden nach Rezept Nr. 89 vorbereitet. Man brät sie in heißer Butter auf jeder Seite 2 Min. an, damit sie innen noch rosa sind. Dann legt man auf jedes ein großes Salbeiblatt, eine dünne Scheibe Schinken und darauf eine dickere Scheibe Emmentalerkäse. Diese Schnitzel werden nun in eine große, feuerfeste Form gegeben und bei guter Oberhitze rasch überbacken, so daß der Käse schmelzen kann. Man richtet sie gleich in der Form an, gießt an die Soße in der Pfanne etwas Tomatenmark, Zitronensaft sowie Würze und gibt sie so zu den Steaks, daß diese nur in der Soße liegen, nicht aber von ihr bedeckt sind.

2 Hirschfilets, Salz, Pfeffer, Paprika, Butter, Salbeiblätter, Schinken, Käse, Tomatenmark
Garzeit: 4–5 Min.

## Hirschsteaks nach Orleans 91

Siehe »Wildschweinsteaks nach Orleans« Nr. 153

## Hirschfilets in Speck 92

Von einem großen Hirsch nimmt man die Filets aus dem Rücken, häutet sie, salzt und wickelt sie in dünne, aber große Speckscheiben. Man brät sie in gut heißem Fett unter häufigem Begießen gar und nimmt dann die Speckscheiben ab. Die Filets müssen jetzt noch schön bräunen. Die Soße wird mit dickem, sauren Rahm und etwas Rotwein, Suppenwürze, Rosmarin und Salz pikant abgeschmeckt und über das aufgeschnittene Wildpret gegossen. Den Speck schneidet man in kleine Streifen und gibt ihn als Kranz um das Wildpret.

2 Hirschfilets, Salz, 2 große Speckscheiben, Fett, 1/2 Tasse saurer Rahm, Rotwein, Rosmarin, Suppenwürze
Garzeit: 15–20 Min.

## Hirschsteaks in Sardellen 93

Von einem gehäuteten Hirschfilet schneidet man dicke, schräge Scheiben ab, klopft und salzt sie leicht und brät sie in Fett auf beiden Seiten kurz an. Dann legt man sie auf eine heiße Platte. In das Bratfett gibt man Sardellenpaste, ein Stück geriebenen Soßenlebkuchen, etwas geriebene Zwiebel, Rotwein, Johannisbeergelee, die zerdrückte Wacholderbeere, ganz wenig gestoßene Nelke und Lorbeerblatt-Pulver. Die Soße wird kurz durchgekocht; dann gibt man die Steaks wieder hinein und läßt sie darin fertig dämpfen. Als Beilage Makkaroni, mit Parmesankase durchmischt.

1–2 Hirschfilets, Salz, Fett, 1 Teel. Sardellenpaste, Soßenlebkuchen, Zwiebel, 1 Glas Rotwein, 1/2 Teel. Johannisbeergelee, 1 Wacholderbeere, Nelken- und Lorbeerblattpulver
Garzeit: 4–5 und 5 Min.

## 94 Hirschsteaks nach schwäbischer Art

2 Hirschfilets, Salz, Pfeffer, Paprika, Zitrone, Butter, 1 Tasse saurer Rahm oder 2 Eßl. Crème fraîche, Suppenwürze
Garzeit: 4–5 Min.

Gespickte und gebratene Steaks, wie im Rezept Nr. 89 beschrieben, werden auf eine Platte gelegt. An die Bratbutter gibt man sauren Rahm oder Crème fraîche und Suppenwürze. Man legt die Steaks auf Kartoffelbrei und gießt die dickliche, glänzende Soße darüber. Dazu reicht man Spätzle und eine Salatplatte.

## 95 Hirschmedaillons

2 Hirschfilets, Speck, Salz, Butter, Pilze, Zwiebel, 1 Eßl. saurer Rahm, etwas Weißwein, Würze
Garzeit: 4–5 Min.

Von einem Junghirsch löst man die Filets aus und schneidet sie in dicke, schräge Stücke, damit sie etwas größer werden. Man klopft sie zart mit der Hand, spickt und salzt sie und brät sie in viel Butter kurz rosa. Dann legt man sie auf eine vorgewärmte Platte, gibt nochmals Butter und einige fein aufgeblätterte Steinpilze oder Champignons, ganz wenig geriebene Zwiebel und zuletzt sauren Rahm und ebensoviel Weißwein dazu. Die Soße wird mit Würze und etwas Salz nachgewürzt und über die angerichteten Medaillons gegossen. Man reicht Kastanienpüree dazu.

## 96 Hirschsteaks in Leberpüree

2 Hirschfilets, 200–300 g Hirschleber, etliche Pilze, Speck, Butter, Rotwein, Salz, Pfeffer, Majoran, 2 Eßl. saurer Rahm, Würze, Zitrone, Zucker, 1 Teel. Kapern
Garzeit: 4–5 Min.

Zuerst wird ein Stück Wildleber gebrüht, gehäutet, in Scheiben geschnitten und gewässert. Dann dreht man sie mit einigen Pilzen durch die Maschine. Die abgelagerten gehäuteten Hirschfilets werden in schräge Streifen geschnitten, leicht gesalzen, nach Belieben auch gespickt und auf beiden Seiten zart in Butter angebraten, so daß sie innen noch rosa sind. Man legt sie auf eine heiße Platte und gibt in das Bratfett die Leber, gießt mit etwas Rotwein auf und schmeckt mit Salz, ein wenig Pfeffer und Majoran oder Thymian, saurem Rahm und Suppenwürze, Zitronensaft und Zucker ab. Die Soße wird noch mit Kapern oder gehackten Essiggurken versehen; man legt die gebratenen Steaks hinein. Als Beilage gibt es junge Kartoffeln, die in Petersilie gewälzt wurden.

## 97 Hirschsteaks Hubertus

3/4 kg Hirschsteaks aus den Filets, Salz, Pfeffer, Curry, Butter, Weißbrot, Schinken, Eier, Sardellen
Garzeit: 6–8 Min.

Zuerst brät man gut abgelagerte, gewürzte Hirschsteaks in Butter zart gar. Gleichzeitig röstet man dicke, große Weißbrotscheiben in Butter goldbraun, gießt den Bratsaft der Steaks darüber und legt fette Schinkenscheiben und die heißen Steaks darauf. Man würzt sie mit frischem

Pfeffer aus der Mühle und etwas Curry und bedeckt sie mit je einem Spiegelei, das mit einem Sardellenkreuz verziert wird. Die Steaks serviert man auf Salatblättern.

## Hirschsteaks in Paprika-Zwiebel 98

Zuerst schmort man die aufgeschnittenen Zwiebeln mit aufgeschnittenen, sorgfältig entkernten roten, gelben und grünen Paprikaschoten in Speckwürfelchen zart gar und nimmt sie aus der Pfanne. Dann werden 4–6 gut abgelagerte, nach Belieben auch gespickte Hirschsteaks leicht geklopft, gesalzen, gepfeffert und in reichlich Butter rasch gebraten, so daß sie innen noch rosa sind. Man legt sie auf das Gemüsebett und streut Petersilie darüber. Dazu reicht man gelben Safranreis und Salate.

4–6 Hirschsteaks aus den Filets, Speck, 2 große Zwiebeln, je 1 rote, gelbe, grüne Paprikaschote, Salz, Pfeffer, Butter, Petersilie
Garzeit: 6–8 Min.

## Hirschfilets im Mantel 99

Von gut abgelagerten Hirschfilets schneidet man die dicken Mittelstücke heraus, häutet, salzt und pfeffert sie leicht und umgibt sie mit einem Gemisch aus ganz wenig feingehacktem Speck, Zwiebel, Petersilie und einem Salbeiblatt. Dann bereitet man aus Mehl, Schweinefett, Eidotter und etwas Salz einen mürben Teig, der nach kurzem Ruhen ausgewellt wird. Man hüllt je ein Filet in diesen Teig wie eine Tasche ein, klebt die Ränder mit dem übrigbehaltenen Eiweiß zu und formt von Teigresten noch Streifen. Hierauf bestreicht man den damit garnierten Teig mit Ei und macht einen kleinen Schlitz hinein. Die Filets werden in der Röhre auf gefettetem Blech zuerst zugedeckt, dann offen langsam goldbraun gebacken. Man kann sie im Ganzen oder auch zerteilt mit Cumberlandsoße (Nr. 390) auftragen.

2 Hirschfilets, Salz, Pfeffer, Speck, Zwiebel, Petersilie, 1 Salbeiblatt, 150 g Mehl, 60 g Fett, 1 Ei
Garzeit: 15–20 Min.

(Farbbild Seite 69)

## Hirschfilets in Alufolie 100

Eine geölte Alufolie belegt man mit 4 Scheiben Speck und abwechselnd, schräg hintereinandergestellten Scheiben von Hirschfilet, entkernten Äpfeln und etwas Käse. Man salzt leicht, legt den restlichen Speck darüber und faltet die Folie zu einem lockeren Paket. Man gart die Filets in der 250 Grad heißen Röhre und serviert sie mit Kartoffelbrei.

2 Hirschfilets, 2 Äpfel, 8 dünne Scheiben mageren Speck, Öl, Salz
Garzeit: 15–20 Min.

(Farbbild Seite 70)

## 101 Hirschschnitzel in Brabanter Soße

3/4 kg Hirschkeule, Salz, Pfeffer, 100 g Wild- oder Kalbsleber, Butter, Petersilie, 1 Ei, Zwiebel, Majoran, Speckscheiben, saurer Rahm, 1 Gläschen Weinbrand, Zitrone, Zucker
Garzeit: 25–30 Min.

Aus der gut eingebeizten, gehäuteten Keule schneidet man schöne Schnitzel und klopft und salzt sie. Dann schmort man 100 g gewässerte Wild- oder Kalbsleber, die durch die Maschine gedreht wurde, in reichlich heißer Butter mit etwas Salz, Pfeffer und gehackter Petersilie so kurz an, daß sie fast noch roh ist. Man rührt 1 Ei darunter, fügt etwas geriebene Zwiebel und Majoran hinzu und bestreicht damit die Schnitzel; obenauf legt man eine Scheibe Räucherspeck. Nun brät man eine aufgeschnittene Zwiebel in einem Topf in reichlich Fett glasig, gibt den Rest des Leberbreies und dann die Schnitzel hinein und gießt mit etwas Fleischbrühe auf. Wenn das Wildpret gar ist, fügt man ein wenig sauren Rahm und ein Gläschen Weinbrand sowie Zitronensaft und eine kleine Spur Zucker an die Soße.

Die Schnitzel werden herausgenommen, mit der Soße übergossen und mit Kartoffelnudeln oder Teigwaren serviert.

## 102 Hirschschulter

Wie zu Rehschulter Nr. 11, 18 oder 19
Garzeit: 60–90 Min.

Kann nach den gleichen Rezepten wie Rehschulter zubereitet werden. Die Garzeit ist natürlich entsprechend länger.

## 103 Hirschrouladen

3/4–1 kg Hirschkeule, Salz, Pfeffer, Senf, Speck, 2 Gewürzgurken, Mehl, Fett, etwas braunen Zucker, Suppenwürze, Zitrone, Johannisbeergelee, oder Rotwein oder Paprikamark
Garzeit: 35–40 Min.

(Farbbild Seite 87)

Von einer gut eingebeizten und gehäuteten Keule schneidet man möglichst große Scheiben ab, salzt und pfeffert sie leicht und klopft sie dann sehr gut, damit sie schön mürb werden. Man bestreicht sie mit Senf und legt je einen Streifen Speck und Gewürzgurke darauf und rollt Rouladen auf. Diese steckt man mit einem Hölzchen oder einer Fleischnadel zusammen oder umwickelt sie mit Faden. Man wälzt sie in Mehl und brät sie allseits in gut heißem Fett und streut etwas braunen Zucker dazu, damit die Soße eine schöne Farbe bekommt. Dann löscht man sie mit Fleischbrühe ab; sie wird mit etwas Würze, Zitronensaft und Johannisbeergelee oder Kochrotwein oder Paprikamark abgeschmeckt und eingedickt. Die Rouladen selbst werden in dieser Soße nochmals kurz geschmort. Man kann sie auch auf einem Bett von festem Kartoffelbrei anrichten, mit etwas Soße übergießen und dann mit Speckwürfeln, gehackter Petersilie und Champignons garnieren.

## Hirschgoulasch mit Kraut 104

Dazu verwendet man am besten den Hals oder die Bauchlappen oder sonstwie unansehnliche Wildpretteile. Man befreit sie von allen Knochen und Sehnen sowie der Haut und schneidet kleine Würfel daraus. Wenn das Wildpret sehr mager ist, gibt man noch Schweinfleischwürfel dazu. Dann läßt man Fett oder etwas gewürfelten Speck mit in Ringe geschnittenen Zwiebeln anlaufen und fügt Delikateßpaprika, die Wildpretwürfel, Karotten und etwas Brühe hinzu. Wenn sie nahezu gar sind, mischt man rund 500 g kurzgeschnittenes Sauerkraut darunter, gießt noch etwas auf und kocht das Gulasch saftig gar. Man kann es durch Zugabe von Tomatenmark oder kleingeschnittenen, frischen Tomaten und ½ Tasse saurem Rahm verfeinern. Es wird mit Suppenwürze nachgewürzt und zuletzt mit Petersilie überstreut. Dazu Spätzle oder Teigwaren und gefüllte Tomaten.

¾ kg Hirschfleisch,
½ kg Schweinefleisch,
Fett oder Speck,
2–3 große Zwiebeln, 2 Teel. süßen Delikateßpaprika,
500 g Sauerkraut, Tomaten,
Karotten, ½ Tasse saurer Rahm, Würze, Petersilie
Garzeit: 45–50 Min.

(Farbbild Seite 88)

## Hirschragout 105

Wie »Rehragout« Nr. 45, 46, 47, 48

## Hirschragout mit grünen Erbsen 106

Wildpret und Speck schneidet man in Würfel und die Zwiebel in Ringe. Man schmort sie mit den Speckwürfeln an, gibt das leicht gemehlte Wildpret dazu und brät es gut an. Dann fügt man aufgeschnittene Gelbe Rüben oder Pilze, Salz, Pfeffer, Rotwein, sauren Rahm oder Dosenmilch, etwas Zitronensaft, 1 Tasse Brühe und Petersilie hinzu. In der Zwischenzeit kocht man frische oder getrocknete und vorgeweichte, grüne Erbsen weich und gibt sie in das inzwischen fertiggeschmorte Ragout. Man schmeckt es pikant mit Senf, Suppenwürze und Petersilie nach. Als Beilage reicht man Kartoffelbrei oder Teigwaren oder Semmelknödel.

¾ kg Wildpret,
100 g Speck, 1 große Zwiebel,
Mehl, Fett, 2–3 Gelbe Rüben oder etliche Pilze, Salz,
Pfeffer, je 2–3 Eßl. Rotwein und saurer Rahm, Zitrone,
Petersilie, 250 g frische oder vorgekochte Trockenerbsen, Senf, Würze,
Petersilie
Garzeit: 40–60 Min.

## Irish stew vom Hirsch 107

Von einer gut gebeizten Hirschbrust entfernt man die Haut und schneidet grobe Würfel davon; wenn möglich, gibt man auch noch etwas Schweinefleisch dazu. Man füllt das Wildpret abwechselnd mit Kartoffelschnitzen, geschnittenen Gelben Rüben, geschnittenem Sellerie, geschnittenem Weißkraut, Zwiebeln, Salz und Wurzeln in eine feuerfeste

¾–1 kg Hirschbrust,
½ kg Schweinefleisch,
½–¾ kg Kartoffelschnitze,
3–4 Gelbe Rüben,
½ Sellerie, ½ Kopf Weißkraut,
1 Zwiebel, Wurzeln,

Salz, Würze, Petersilie
Garzeit: 40–60 Min.

Form. Wenn alles schön weich ist, schmeckt man das Gericht noch mit Salz, Suppenwürze und reichlich Petersilie ab und richtet es in der Form an.

## 108 Steirisches Hirschfleisch

1 kg Wildpret, 300 g Zwiebeln, 500 g Wurzeln, Salz, Pfeffer, Thymian, Knoblauch, Majoran, 1 Lorbeerblatt, 3–4 Kartoffeln, Essig, Zucker, Würze, Petersilie
Garzeit: 80 Min.

Etwa 1 kg eingebeiztes Wildpret von der Brust schneidet man in schmale Streifchen; ebenso schneidet man die Zwiebeln und rund 500 g Wurzelwerk (Karotten, Sellerie, Lauch, Petersilie). Man gibt alles zusammen mit Salz, Pfeffer, Thymian, einer großen, zerdrückten Knoblauchzehe, einer guten Prise Majoran und Lorbeerblatt in einen Topf und füllt Wasser darüber, bis alles leicht damit bedeckt ist. Das Gericht kocht man etwa 1 Stunde und gibt dann kleine Kartoffelwürfel darunter. Wenn auch diese weich gekocht sind, fügt man einen Schuß Essig, einen knappen Eßl. Zucker, einen Kaffeel. Würze und reichlich Petersilie hinzu.

## 109 Eingemachtes Hirschfleisch

3/4–1 kg Hirschwildpret, Salz, Wurzeln, Fett, Mehl, 1 Teel. Kapern, Weißwein, Senf, Zucker, Würze, Parmesan, Tomaten
Garzeit: 60–80 Min.

Gut eingebeiztes Hirschwildpret von der Brust, vom Hals oder vom Blatt wird in Wasser mit reichlich Wurzeln schön weich gekocht. Inzwischen bereitet man eine hellgelbe Schwitze, die mit Hirschbrühe aufgegossen und mit Kapern, etwas Weißwein, einer kleinen Prise Zucker und Senf sowie Suppenwürze pikant abgeschmeckt wird. Man gibt das Wildpret hinein, läßt es noch einmal kurz mitschmoren und richtet es aufgeschnitten in einem Reis- oder Kartoffelring an. Zuletzt streut man Parmesankäse darüber und setzt kleine Stückchen von Tomaten hinein.

## 110 Geschmortes Hirschherz

Hirschherz, Salz, Speckscheiben, Fett, Zwiebel, Wurzeln, Rahm, Tomatenmark
Garzeit: 40–50 Min.

Das Herz wird sauber gewaschen und durchgeschnitten; man salzt es und wickelt jede Hälfte in dünne Speckscheiben ein. Darin wird es in reichlich Fett mit Zwiebeln und Wurzeln weich geschmort. Zuletzt nimmt man den Speck ab, schneidet ihn in kleine Stückchen und gibt ihn in die Soße, die mit etwas Fleischbrühe und Rahm aufgegossen wurde. Dann läßt man das Herz noch etwas bräunen und schneidet es in schöne Scheiben. Die Soße kann mit Tomatenmark verlängert werden.

## Saures Hirschherz

**111**

Das gewaschene, von allem Fett und den Adern befreite Herz wird auch noch innen sorgfältig ausgewaschen und in kleine Würfel geschnitten, die man leicht mehlt und in heißem Fett anbräunen läßt. Man gießt mit Brühe auf und fügt Lorbeerblatt, die aufgeschnittene Zwiebel, Salz, einige Pfefferkörner oder Paprika und ein wenig Essig dazu. Während das Herz langsam weich kocht, bereitet man eine kleine, goldgelbe Schwitze, gießt mit gesiebter Kochbrühe auf und gibt dann die Wildpretwürfel hinein. Das Gericht wird mit Essig oder etwas Weißwein, Senf, einer kleinen Prise Zucker und Würze pikant und leicht süßsauer abgeschmeckt.

Hirschherz, Fett, Mehl, 1 Lorbeerblatt, 1 Zwiebel, Salz, Pfefferkörner oder Paprika, Essig oder Wein, Senf, Zucker, Würze
Garzeit: 40–50 Min.

## Saure Nieren vom Hirsch

**112**

Die Nieren werden der Länge nach in der Mitte durchgeschnitten und gut 1/2 Stunde gewässert. Man entfernt die Harnstränge und schneidet kleine Scheiben. Dann läßt man die geschnittene Zwiebel in Fett anbräunen, schiebt sie auf der Pfanne zur Seite und gibt die mit etwas Mehl durchstäubten Nieren hinein. Sie dürfen nur 2–3 Min. anbraten. Nun gießt man mit Wasser oder Fleischbrühe auf, fügt rasch Essig, eine Prise Zukker, etwas Suppenwürze und sauren Rahm sowie etwas Tomatenketchup hinzu. Jetzt erst wird das Gericht gesalzen, denn die Niere wird sonst rasch hart. Die Soße muß sehr pikant süßsauer schmecken!

2 Hirschnieren, 1 große Zwiebel, Fett, Mehl, Essig, Salz, Zucker, Würze, 2–3 Eßl. saurer Rahm, Tomatenketchup
Garzeit: 4–5 Min.

## Gespickte Hirschleber

**113**

Die gebrühte, gehäutete und in Scheiben geschnittene Leber wird 1 Stunde gewässert, damit sie nicht mehr bitter schmeckt. Dann trocknet man sie ab und spickt sie gleichmäßig mit Räucherspeck. Man überpudert sie leicht mit etwas Pfeffer oder Paprika und brät sie in heißer Butter rasch auf beiden Seiten durch. Sie darf nicht hart und trocken werden! Dann erst salzt man sie und gibt sie mit schönen, fetten Bratkartoffeln zu Tisch.

Hirschleber, Speck, Salz, Pfeffer oder Paprika, Butter
Garzeit: 4–6 Min.

## Hirschleber auf österreichische Art

**114**

Die nach Rezept Nr. 113 vorbereitete Leber wird nicht mit Speck, sondern mit halbierten Sardellenfilets gespickt, dann in Butter gebraten und auch noch mit heißer, zerlassener Butter übergossen.

Hirschleber, 2–3 Sardellen, Butter
Garzeit: 4–6 Min.

## 115 Gebackene Hirschleber

Wie »Rehleber« Nr. 49–56

## 116 Hirschleberbraten

Hirschleber, Speck, 2 Äpfel, Brösel, Käse, Butter, Zwiebel, Rahm, Tomatenketchup oder Apfelmus und Zitrone oder Sauerkirschen oder Senf und Johannisbeergelee, Pfeffer
Garzeit: 20–30 Min.

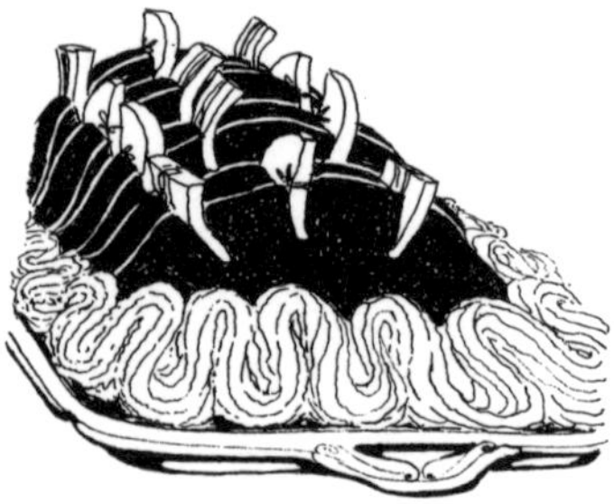

Eine ganze Hirschleber wird gehäutet und der Länge nach 3–4mal tief eingeschnitten. Man wässert sie, damit sie entbittert, und legt sie über Nacht in Magermilch. Dann trocknet man sie gut ab und steckt in die Spalten abwechselnd ein Stückchen Speck und eine geschälte Apfelscheibe. Die Oberfläche bestreut man dicht mit Brösel und geriebenem Käse, träufelt etwas Butter darüber und brät die Leber nun in der heißen Röhre mit gehackter Zwiebel je nach Größe 20–30 Min. Sie ist gar, wenn beim Einstechen kein roter Saft mehr austritt. Die Leber wird in schöne Scheiben geschnitten, die durch die Einschnitte wie eine gezackte Krone aussehen. Man legt sie auf Kartoffelbrei. Die Soße wird mit Butter und etwas Rahm verlängert und mit Tomatenketchup oder ungesüßtem Apfelmus und Zitronensaft oder mit entsteinten, durchgedrehten Sauerkirschen oder mit Senf und Johannisbeergelee süßsauer und pikant abgeschmeckt. Zuletzt streut man weißen Pfeffer aus der Mühle darüber.

## 117 Pikante Hirschleber-Brötchen

Hirschleber, 125 g Butter, 2 Eier, Salz, Thymian, Ingwer, Paprika, Würze, Zucker, 1 Gläschen Weinbrand, Weißbrot, Parmesan, Zitrone, Petersilie
Garzeit: 15–20 Min.

Eine Hirschleber wird gebrüht, gehäutet, in Scheiben geschnitten und 1 Stunde gewässert, damit sie nicht mehr bitter ist. Man treibt sie zweimal durch die Maschine und mischt sie unter die schaumig gerührte Butter. Sie wird mit 2 Eiern, Salz, etwas Thymian, einer Spur Ingwer, ganz wenig Zucker, Paprika und Würze sowie Weinbrand abgeschmeckt. Dann streicht man die Masse auf kleine Weißbrotscheiben und streut geriebenen Parmesankäse darüber. Die Brötchen werden auf einem gefetteten Blech in der Röhre bei guter Oberhitze überbacken und mit Zitronenspalten und Petersilie als kleines Vorgericht auf einer heißen Platte serviert.

## Hirschlauscher-(ohren-)Frikassee 118

Die frischen, vom Hirschhaupt abgeschnittenen »Lauscher« werden weich gekocht und dann erst sorgfältig gehäutet. Man bereitet aus Fett und Mehl eine hellgelbe Schwitze, oder nimmt 1 große Tasse Champignoncremesuppe (aus der Tüte), gibt etwas geriebene Zwiebel, Madeira, ein wenig Essig, einige kleingeschnittene Steinpilze oder Morcheln, reichlich Petersilie, Salz und Suppenwürze hinzu. Daran gibt man die kleingeschnittenen Ohren und läßt sie noch eine Weile durchziehen. Als Beilage reicht man Salzkartoffeln oder Kartoffelbrei.

Hirschohren, Fett, Mehl, 1 Packung Champignonsuppe, Zwiebel, 2–3 Eßl. Madeira, Essig, etliche Pilze, Petersilie, Salz, Würze
Garzeit: 60–70 Min.

## Hirschzunge 119

Die Hirschzunge (Lecker) wird wie jede andere weich gekocht, dann abgezogen und in Scheiben geschnitten. Man gibt eine Wacholdersoße (Nr. 392, 393) oder Steinpilzgemüse dazu.

Hirschzunge, Salz, Wurzeln,
Garzeit: 40–50 Min.

## Hirschknödel mit Blaukraut 120

Die aufgeblätterten Semmeln übergießt man mit kochender Milch und deckt sie zu. Wenn sie weich sind, schmort man etwas gehackte Petersilie, Zitronenschale und Zwiebel in Fett an und gibt dieses Gemisch mit Salz, Suppenwürze und 2 Eiern an das Brot. Nun treibt man 500 g rohes, gut abgelagertes Hirschwildpret zweimal durch die Maschine und fügt noch etwas fetten Schweinespeck hinzu. Das Wildpret wird gut mit der Knödelmasse vermengt, sollte noch eine Bindung notig sein, so gibt man 1 Eßl. Mehl daran. Dann formt man mit nassen Händen Knödel und kocht einen davon zur Probe. Die Knödel sollen in Salzwasser langsam kochen. Man siebt sie ab und legt sie um eine Schüssel mit angerichtetem, gut süßsauer gekochtem Blaukraut.

1/2 kg Hirschwildpret, 50 g Speck, 8–10 Semmeln, gut 1/4 l Milch, 2 Eier, Petersilie, Zitrone, Zwiebel, Fett, Salz, Würze, Mehl
Garzeit: 20 Min.

## Hirschfleisch-Klöße in Soße 121

Das rohe Hirschwildpret wird von den Knochen gelöst und mit fettem Speck durch die Maschine gegeben. Unter das Wildpret fügt man geriebenen Meerrettich, Eier, Salz, Pfeffer und einen Strich Muskat, ein Büschel Petersilie und gehackte Schalotten, Knoblauch, geriebene Zitronenschale und Zitronensaft, einige Kerbelblätter und soviel Brösel, daß die

1/2 kg Hirschwildpret, 125 g Speck, 2 Eßl. Meerrettich, 2 Eier, Salz, Pfeffer, Muskat, Petersilie, 2 Schalotten, Knoblauch, Zitrone, Kerbel, Brösel,

Fett, Mehl, Wurzeln, Würze, Zucker, Tomatenketchup
Garzeit: 25 Min.

Masse gut zusammenhält. Man formt einen kleinen Probekloß und kocht ihn; wenn er nicht hält, fügt man nochmals Semmelbrösel dazu. Die Klöße werden vorsichtig gekocht, bis sie schwimmen und tanzen. Dann bereitet man eine braune, kleine Soße, die mit einer kräftigen Brühe aus ausgekochten Wildknochen und reichlich Wurzeln aufgegossen wird. Sie wird mit Suppenwürze, Zitronensaft und einer kleinen Prise Zucker oder Tomatenketchup sehr pikant abgeschmeckt. Man läßt die Klöße nur noch kurz darin ziehen.

## 122 Hirschpudding

400–500 g Hirschbratenreste, 2 Zwiebeln, Speck, 2 Semmeln, 3 Wacholderbeeren, Salz, Thymian, 3 Eier, 50 g Parmesan, Petersilie, Fett, Brösel
Garzeit: 60–70 Min.

Ausgelöstes, gebratenes oder gekochtes Hirschwildpret (Abfälle) treibt man mit Zwiebeln, einem Stück Speck und den in Milch eingeweichten und wieder ausgedrückten Semmeln durch die Maschine. Man gibt feingewiegte Wacholderbeeren, Salz, Thymian oder Majoran, Eidotter, geriebenen Parmesankäse und reichlich Petersilie darunter. Zuletzt hebt man den steifen Schnee der Eier unter die Masse und füllt sie in eine gut gefettete und gebröselte Puddingform. Auch der Deckel muß gefettet und gebröselt sein! Man schließt die Form und kocht sie im Wasserbad. Zum gestürzten Pudding reicht man eine Tomaten- oder Meerrettichsoße.

## 123 Hirschpastete

½ kg Hirschwildpret, 150 g Schweinefleisch, Speck, 250 g Mehl, 2 gestr. Teel. Backpulver, 150 g Fett, 1 Ei, 1½ Glas Madeira, 2 Eier, ½ Zitrone, Salz, Pfeffer, Thymian, 2 Wacholderbeeren, Zwiebel, Petersilie, Würze
Garzeit: 60–70 Min.

Zuerst bereitet man aus Mehl, Backpulver, Butter oder Schweinefett, Ei und Salz einen mürben Teig, den man nach kurzem Ruhen auswellt. Dann legt man eine feuerfeste Form mit gut der Hälfte des Teiges mit Rand aus. Nun werden rohes Hirschwildpret und fettes Schweinefleisch durch die Maschine gegeben und mit 1 Löffel Mehl, 1 Glas Madeira, 2 Eiern, Saft und Schale von ½ Zitrone, Salz und Pfeffer, Thymian und feinzerdrückten Wacholderbeeren, etwas geriebener Zwiebel, gehackter Petersilie und Suppenwürze gut vermengt. Man füllt damit die Pastete, legt Speckscheiben obenauf und gibt darüber den Mürbteigdeckel, der am Rand fest angedrückt wird. Vom Restteig formt man kleine Plätzchen und hübsche Streifen, klebt sie mit Eidotter fest und bestreicht auch den übrigen Teig noch mit Eidotter. Die Pastete wird in der Röhre 1 Stunde gebacken. Dann macht man unter der Dekoration vorsichtig ein Loch und gießt langsam ½ Glas Madeira hinein, solange die Pastete noch warm ist. Die Pastete kann kalt oder warm aufgetragen werden. Dazu gibt man eine Cumberlandsoße (Nr. 390) und eine aparte Salatplatte.

## Hirschleberpastete 124

Hirschleber, die gebrüht, gehäutet, in Stücke geschnitten, gewässert und dann in Milch gelegt wurde, sowie fettes Schweinefleisch und in Milch geweichte und ausgedrückte Semmeln dreht man zweimal durch die Maschine. Man gibt die gerührte Butter, Eier, Sardellenpaste, Salz, etwas Pfeffer sowie einen Strich Muskat und geriebenen Majoran dazu. In eine feuerfeste Form gibt man den Pastetenteig, wie bei Rezept Nr. 123 beschrieben ist, oder man legt die Form mit Speck aus. Darauf streicht man die Leberfülle und deckt mit Pastetenteig oder Speck zu. Die Pastete wird in der Röhre goldbraun gebacken oder, falls man sie kalt essen will, im Wasserbad gekocht; sie schmeckt dann besonders saftig, bekommt aber keine Farbe. Man stellt die Form dabei zugedeckt in kochendes Wasser, natürlich so, daß dieses nicht überkochen und eindringen kann.

300 g Hirschleber, Milch,
400 g Schweinefleisch,
3 Semmeln, 50 g Butter,
3 Eier, 1 Teel. Sardellenpaste, Salz, Pfeffer,
Muskat, Majoran,
Pastetenteig
Nr. 123 oder Speckscheiben
Garzeit: 60–70 Min.

(Farbbild Seite 122)

## Resteauflauf von Hirschfleisch 125

Dazu kann man alle Wildpretreste von Braten und anderen Gerichten verwenden. Man schneidet das Wildpret würfelig oder in kleine Stiftchen. Dann gibt man in eine gut gefettete Auflaufform zuerst eine Schicht aufgeschnittene Kartoffeln oder gekochten Reis oder Teigwaren, darauf das Wildpret, auf dieses eine Lage geschnittene Tomaten oder etwas Tomatenmark; wieder Kartoffeln, Wildpret, Tomaten und zuletzt Kartoffeln oder Reis oder auch Teigwaren. Hierauf bereitet man eine kleine, weiße Butterschwitze, zieht sie vom Feuer und gibt die Eidotter, geriebenen Käse, Salz, Pfeffer, etwas Muskat, Suppenwürze, gehackte Petersilie und zuletzt den Eischnee daran. Diese Masse gießt man über den Auflauf und streut nochmals geriebenen Käse sowie Butterflöckchen darüber. Der Auflauf wird in der Röhre goldbraun gebacken.
Wenn das Wildpret etwas trocken ist, kann man entweder feinwürfelig geschnittenen Speck oder fetten Schinken daruntermischen.

1/2 kg Hirschreste,
3–4 gekochte Kartoffeln
oder Reis oder Teigwaren,
4–5 Tomaten, Fett, Mehl,
2 Eier, 2–3 Eßl. Käse, Salz,
Pfeffer, Muskat, Würze,
Petersilie
Garzeit: 30–35 Min.

## Hirschhaschee 126

Reste von beliebigem gebratenen oder gekochten Hirschwildpret treibt man durch die Maschine. Hierauf bereitet man eine hellgelbe Schwitze und fügt das Wildpret und Wildsoßenreste hinzu. Man gießt mit Wildbeize, etwas saurem Rahm und Rotwein auf und gibt das Johannisbeergelee, ein wenig Senf, Suppenwürze, Salz, Muskat und Pfeffer daran. Das Haschee wird in einem Reisrand oder in einer tiefen Schüssel aufgetragen. Sehr gut paßt Sauerkraut dazu.

1/2 kg Hirschreste, Fett,
Mehl, Beize, saurer Rahm,
Rotwein, 1 Eßl. Johannisbeergelee, Senf, Salz,
Muskat, Pfeffer
Garzeit: 20 Min.

## 127 Hirschsülze

Wie »Rehsülze« Nr. 66. Das Wildpret muß natürlich entsprechend länger weich gekocht sein.

## 128 Hirschschinken

Siehe »Einpökeln« und »Räuchern« Seite 188f.

## 129 Hirschrisotto

250–300 g Hirschreste,
50 g Speck, 1/2 Zwiebel,
1 Tasse Reis, Curry,
Würze, Salz, Paprika,
Schnittlauch
Garzeit: 20–25 Min.

Gebratene Hirschfleischreste werden kleingeschnitten und mit etwas gewürfeltem Speck und Zwiebeln angeschmort. Man gibt den Reis dazu, läßt ihn gut durchhitzen und gießt mit knapp 2 Tassen Wasser auf. Der Reis muß langsam ohne Umrühren quellen. Dann würzt man ihn mit Curry, Würze, Salz und Paprika und streut Schnittlauch darüber.

# Gemse (Gamswild)

Die Gemse hat, wenn sie jung ist, ein zartes und sehr wohlschmeckendes Fleisch, das an Güte sogar das des Rehes übertrifft. Dies gilt jedoch nur für das ein- bis höchstens zweijährige Stück; später wird das muskelreiche Wildpret hart und muß genügend lange ablagern und eingebeizt werden, um einen mürben Braten zu ergeben. Ausgewachsene Stücke erreichen nicht selten ein Gewicht bis zu 40 kg; die jungen Tiere bekommt man allerdings nur selten in die Küche.

Da sich Gemsen von starkduftenden Alpenkräutern, besonders gerne von wildem Thymian, ernähren, hat das Wildpret einen ausgeprägt würzigen Geschmack. Ältere Tiere, besonders ihre Feistpartien, schmecken oft tranig. Um dies zu vermeiden, entfernt man vorsichtig allen Feist (Fett), denn er wird wie Hammeltalg rasch steif und riecht dann unangenehm. Insbesondere ist



*Hirschfilets im Mantel (Rezept 99)*

dies während der Brunftzeit, also im November, der Fall; das Wildpret und vor allem die Leber ist dann mit einem ausgesprochenen »bockigen« Geruch behaftet.
Während man junges Gamswildpret nur in ein Essigtuch legt, muß älteres mehrere Tage in Essigbeize gegeben werden, damit das mit kräftigen Muskeln durchsetzte Wildpret mürb wird. Wie man das Fleisch mit Mürbmacher behandeln kann, ist Seite 15 zu lesen. Junge Tiere ergeben gute Braten, ältere verwendet man zum Kochen, Dämpfen und mit Vorteil zu Kleingerichten.

## Gamsrücken (Gamsziemer) — 130

Wird wie »Hirschrücken« zubereitet. Man würzt ihn ganz besonders liebevoll mit Knoblauch, Lorbeerblatt, Wacholderbeeren, Thymian und Gewürzkräutern und gibt in die Soße etwas Räucher- oder Paprikaspeck oder gehackten, fetten Schinken, sauren Rahm und Kochrotwein. Auch geriebene Zitronenschale, feingeriebener Sellerie oder aufgeriebene Petersiliewurzeln sind ausgezeichnete Geschmackszutaten für die Soße.

Gamsrücken, Speck, Fett, Salz, Pfeffer, Knoblauch, Wacholderbeeren, Thymian, Kräuter, 50 g Speck, saurer Rahm, Rotwein, Zitrone, Sellerie, Petersiliewurzel,
Garzeit: 70–90 Min.

## Gamsrücken nach Schweizer Art — 131

Von einer jungen Gams brät man den gespickten, gehäuteten und gesalzenen Rücken wie einen Hirschrücken und gibt an die Soße reichlich feingehackte Wurzeln und Kräuter, ein Stück feingewürfelten Schinken, Pfefferkörner, Lorbeerblatt, Thymian, Petersilie und den Rotwein. Wenn die Soße eingekocht und schön braun ist, fügt man sauren Rahm und die abgeriebene Schale und den Saft von einer Orange hinzu.

Gamsrücken, Speck, Schinken, Salz, Fett, Wurzeln, Kräuter, 2 Pfefferkörner, 1 Lorbeerblatt, Thymian, Petersilie, ½ Glas Rotwein, saurer Rahm, 1 Orange
Garzeit: 60–80 Min.

## Gamskeule nach Tiroler Art — 132

Eine möglichst junge, fleischige Gamskeule wird rings um den Knochen mit einem Messer oder einem Holzstab gelockert und mit reichlich geschälten Knoblauchzehen gespickt. Man gibt die Keule in eine Beize aus Rotwein und legt sie dazu in einen möglichst kleinen Topf, so daß sie von Beize umspült ist; man wendet sie täglich. Dann trocknet man sie ab, hautet sie und spickt sie nach Belieben mit Räucherspeck. Die Keule

Gamsrücken, Speck, 1 Knoblauchknolle, Beize, einige Tannennadeln, 1 Eßl. Preiselbeersaft, Gewürze wie zu Nr. 73
Garzeit: 70–90 Min.

*Hirschfilets in Alufolie (Rezept 100)*

wird, wie bei Hirschkeule Nr. 73 beschrieben ist, fertig zubereitet. Die Soße schmeckt man nochmals mit Knoblauch und gehackten Tannennadeln, dem Rotwein von der Beize und Preiselbeersaft ab. Dazu Polenta und Sauerkraut oder Blaukraut oder Salate.

## 133 Gamsschulter

Wie zu Rezept 18
Garzeit: 70–90 Min.

Wird wie »Rehschulter« zubereitet, indem man sie auslöst, füllt und genau nach Rezept verfährt.

Auch die übrigen Wildpretteile der Gams lassen sich nach Rezepten von Reh oder Hirsch verwerten, wenn sie entsprechend eingebeizt waren.

## 134 Gamspfeffer

Wie zu Wildschweinspfeffer Nr. 157, 1–2 Eßl. Parmesan
Garzeit: 60–80 Min.

Wie »Wildschweinspfeffer«. Man gibt noch geriebenen Parmesankäse darunter und serviert das Ragout sofort. Als Beilage reicht man Semmelknödel oder Teigwaren.

## 135 Französisches Gamsragout

½ kg Gamswildpret, Beize, Salz, Essig, Zucker, Wurzeln, Fett, Mehl, Weißwein, 2 Eßl. Kapern, Angostura, Ingwer, Piment, Kerbel
Garzeit: 70–80 Min.

Das kleingeschnittene, enthäutete und von allen Knochen befreite Wildpret aus den weniger ansehnlichen Teilen einer gut eingebeizten Gemse kocht man in Salzwasser mit reichlich Wurzeln und etwas Essig und Zucker langsam zart weich. Dann bereitet man eine gelbe Schwitze, die mit der Kochbrühe aufgegossen und mit Weißwein, Kapern, ein wenig Zucker, einem Spritzer Angostura, einer Prise Ingwer, ganz wenig Piment und reichlich gehacktem Kerbel abgeschmeckt wird. Man gibt das Fleisch hinein und läßt es noch kurz darin schmoren.

## 136 Gamsblätter

1 Gamskeule oder Schulterfleisch, Beize, Spanische Soße 386, 2 Eßl. Johannisbeergelee
Garzeit: 70–80 Min.

Eine Keule oder zwei Schultern, die gut eingebeizt waren, kocht man in der Beize weich. Man schneidet dünne Blätter davon. Sie werden in Spanischer Soße (Nr. 386) mit Johannisbeergelee erhitzt und in dieser Soße aufgetragen. Man reicht Kartoffelnudeln dazu.

## Gamsbratlinge

137

Reste von Gamsbraten oder Ragout und ebensoviel frisches, gut abgelagertes Gamsfleisch oder auch Schweinefleisch treibt man mit einer großen, gehackten und angeschmorten Zwiebel durch den Wolf und würzt die Masse herzhaft mit zerdrückten Knoblauchzehen, viel feingehackter Petersilie, geriebener Zitronenschale, etwas Essig und Zitronensaft, Salz, Pfeffer und Paprika. Man bindet mit den Eidottern und etlichen Bröseln oder in Milch eingeweichten und ausgedrückten Semmeln, arbeitet den Fleischteig sehr gut durch und formt Bratlinge, die in der Pfanne doppelseitig braun gebraten werden. Zuletzt legt man sie in übriggebliebene Bratensoße oder bereitet nach Belieben eine Jägersoße aus dem Beutel nach Vorschrift und läßt die Bratlinge noch kurz darin ziehen. Man serviert Kartoffelbrei und beliebiges Gemüse dazu.

1/4 kg Gamsbratenreste,
1/4-1/2 kg rohes Gams- oder Schweinefleisch,
1 große Zwiebel,
1–2 Knoblauchzehen,
Petersilie, Zitrone, Salz,
Pfeffer, Paprika, 2 Eier,
Brösel oder 1–2 Semmeln,
Fett
Garzeit: 8–10 Min.

# Schwarzwild

*Da Wildschweine wie die Hausschweine Trichinen haben können, muß das Wildpret vom Tierarzt beschaut werden.*
Tiefgekühltes (gekauftes) Wildschweinsfleisch ist beschaut, also einwandfrei; seine Qualität ist nur am Preis abzulesen.
Die jungen Tiere werden im 1. Jahr »Frischlinge«, im 2. Jahr »Überläufer«, das männliche Wildschwein »Keiler«, das weibliche »Bache« genannt.
Wenn auch das Schwarzwild nicht mehr ganzjährig »vogelfrei« ist, so hat es doch weiter, wenn auch länderweise unterschiedlich, lange Jagdzeiten. Frischlinge (= Stücke bis zur Vollendung ihres ersten Lebensjahres) dürfen praktisch das ganze Jahr hindurch geschossen werden und können so selbst im Frühjahr in die Küche kommen. Winzige, wenige Tage und Wochen alte Frischlinge wird freilich kein Jäger schießen – an ihnen ist auch (außer Haut und Knochen) praktisch noch nichts dran. Frischlinge werden wie Schweinefleisch zubereitet, haben aber einen wesentlich höheren Wohlgeschmack und sind auch leichter verdaulich. Einjährig und älter schmecken Frischlinge am besten, wenn sie im Herbst und Frühwinter (vor der Rauschzeit!) richtig schneckenfett sind.

Die Borsten werden mit einem glühenden Eisen abgesengt, wodurch das Wildpret schwarz aussieht. Nur bei Frischlingen läßt man die noch zarte Schwarte am Braten, ältere Tiere werden abgeschwartet. Die Schwarte läßt sich nicht abziehen oder abschlagen, sondern muß Strich für Strich mit dem Messer abgeschärft werden. Da man die Schwarte schwerer Tiere mit den Borsten gerne zu Vorlagen verwendet, soll man diese nicht absengen. Nur am Wildschweinskopf läßt man die Schwarte stehen. Weiteres über die Behandlung siehe Seite 82.
Das möglichst rasch ausgekühlte und abgeschwartete Schwarzwild wird zerteilt, gewaschen, abgetrocknet und in eine kräftige Wildbeize gelegt. Je nach Jahreszeit und Alter des Tieres kann es 8–14 Tage darin bleiben. Bei sehr jungen Tieren genügt ein Essigtuch. Wie beim Hausschwein werden Rücken, Keulen und die Schultern zu Braten verwendet. Die übrigen Teile kocht man oder bereitet Ragouts, Gulasch und andere Kleingerichte daraus, und man kann, wie beim Hausschwein, Würste, Schinken, Pasteten herstellen – nur schmeckt das wilde Schwein noch würziger und edler als das zahme!
Zweckmäßig wird ein Teil des Wildprets eingebeizt. Das Koch-Wildpret kann man in der eigenen Sülze in Töpfe einlegen und mit Schweinefett übergießen. Es hält sich, kühl gelagert, mehrere Wochen tadellos. Den Rest sterilisiert man zweckmäßig in Gläsern oder Dosen oder friert die brat- oder kochfertigen Stücke ein wie Seite 191 f. zu lesen ist.
Während der Rauschzeit ist das Wildpret, insbesondere das der Keiler, nicht genießbar, da es einen penetranten, starken Geruch aufweist. Er ist auch durch die geschicktesten Gegenmaßnahmen nicht völlig zu unterdrücken.
Wer häufig Schwarzwild ins Haus bekommt, kann auch Teile von frischangelieferten Wildschweinen ohne Beize und wie gewöhnliches Schweinefleisch zubereiten.

## 138 Wildschweinsrücken

Wildschweinsrücken (Beize), Salz, Pfeffer, Thymian, Zwiebel, Fett, saurer Rahm, Rotwein

Der in der Mitte durchgeteilte Rücken (Karrée) wird schön zurecht geschnitten; wenn es sich um ein älteres Tier handelt, wird er vom Weiß (Fett) befreit und in eine kräftige Beize gelegt. Bei einem jüngeren Tier genügt es, das Wildpret gut abzulagern. Der Braten wird mit Salz, Pfeffer und Thymian eingerieben und dann mit reichlich Zwiebeln gebraten. Wenn er sehr fett ist, wird die Soße abgegossen. Man gibt nach Wildart sauren Rahm und Rotwein daran, kann aber auch die Soße wie bei einem Schweinsbraten klar lassen. Das Wildpret wird in schöne Stücke geschnitten, wobei man die Knochen daranlassen oder auch auslösen kann. Es läßt sich aber besser tranchieren, wenn man erst den fertigen Braten auslöst.

Garzeit: 60–80 Min.

(Farbbild Seite 121)

## Überkrusteter Wildschweinsrücken 139

Ein schön zurechtgemachter, abgelagerter oder eingebeizter Wildschweinsrücken wird abgetrocknet und mit Salz, reichlich Zwiebeln in Fett scharf angebraten. Man bestreut ihn mit einem Gemisch aus Bröseln, etwas Zucker, geriebenem Parmesankäse und ganz wenig Thymian und träufelt sauren Rahm darüber, damit die Kruste schön anbacken kann. Sie muß braun werden und wird dann neuerdings mit dem gleichen Gemisch überstreut, damit sie recht dick wird. Man gießt immer wieder etwas Rahm oder Soße auf und läßt zum Schluß die Kruste hart anbräunen. Der Braten wird in gleichmäßige, nicht zu dünne Scheiben geschnitten und erhaben auf einen Sockel von Kartoffelbrei angerichtet. Außenherum spritzt man noch Rosetten von Kartoffelbrei. Die Soße, die mit Rahm, etwas Wein und nochmals mit Thymian und Parmesan abgeschmeckt wird, serviert man gesondert.

Wildschweinsrücken, Salz, Zwiebel, Fett, Brösel, Parmesan, Zucker, Thymian, saurer Rahm
Garzeit: 60–80 Min.

## Frischlingsrücken 140

Er ist eine besondere Delikatesse. Der schön zugeschnittene Rücken wird mit Salz, etwas Pfeffer und Paprika eingerieben, dann in heißem Fett rasch auf allen Seiten angebraten. Man gibt reichlich Zwiebeln und Wurzeln, einige kleingestoßene Wacholderbeeren und etwas Brotrinde hinzu und gießt langsam mit Wasser und dann mit saurem Rahm oder Buttermilch auf. Der Rücken wird wie ein Hirschziemer tranchiert, man legt die Scheiben schuppenartig auf die Platte und gießt die durch ein Sieb gegebene Soße darüber. Außenherum legt man einen Kranz von Semmelknödeln und reicht gebratene und mit Preiselbeeren gefüllte Äpfel oder Birnen sowie Blau- oder Sauerkraut dazu.

Frischlingsrücken, Salz, Pfeffer, Paprika, Fett, Zwiebel, Wurzeln, 2–3 Wacholderbeeren, Brot, saurer Rahm oder Buttermilch
Garzeit: 50–70 Min.

## 141 Frischlingsrücken St. Hubertus

Frischlingsrücken, Salz, Pfeffer, Wacholderpulver, Pastetengewürz, Fett, Speisestärke, Rot- oder Portwein, Würze, Johannisbeergelee, 1 Gläschen Weinbrand
Garzeit: 40–50 Min.

Der Rücken wird möglichst glatt geschnitten, damit er einen schönen Braten ergibt. Man legt ihn, gut mit Salz, Pfeffer, Wacholderpulver und etwas Pastetengewürz eingerieben, in die Pfanne mit heißem Fett, brät ihn ringsum rasch an und nimmt ihn heraus, sobald er »englisch«, also innen noch zart rosa, außen aber gar ist. Je nach Größe dauert dies bei scharfer Hitze 40–50 Min. Die schon während des Bratvorgangs leicht aufgegossene Soße wird mit wenig angerührter Speisestärke eingedickt, mit Rot- oder Portwein aufgegossen und mit Würze, etwas Johannisbeergelee und einem guten Schuß Weinbrand abgeschmeckt. Man gießt einen Teil davon über den inzwischen tranchierten Rücken und serviert den Rest gesondert. Die Platte wird mit gebratenen Apfelscheiben und Preiselbeeren, geschmorten Kastanien (Maroni), Pfifferlingen und Bratkartoffeln oder Pommes frites reich garniert.

## 142 Wildschweinskeule in Wacholdersoße

Wildschweinskeule, Salz, Pfeffer, 2–3 Wacholderbeeren, Zwiebel, Fett, 1 Würfel Bratensoße, 1 Gläschen Gin
Garzeit: 60–70 Min.

Die gut abgelagerte Keule wird mit Salz, Pfeffer und zerdrückten Wacholderbeeren eingerieben. Dann brät man sie mit reichlich Zwiebeln und Wurzeln in Fett an und begießt sie dabei häufig mit Soße. Diese wird noch mit 2 Wacholderbeeren und nach Belieben mit der aufgelösten Bratensoße oder Soßenbinder versehen und mit Gin oder Korn abgeschmeckt. Man gibt Blaukraut und Kartoffelknödel sowie Preiselbeeren dazu.

## 143 Wildschweinskeule mit Orangen

Wildschweinskeule, Essig, Salz, Zwiebel, Wurzeln, 1 Lorbeerblatt, einige Pfefferkörner, Speck, Fett, Soßenlebkuchen oder Brot, 1 Eßl. Senf, 1/2 Glas Rotwein, Zucker, Rahm, 2 Orangen, 1 Gläschen Grand Marnier,
Garzeit: 60–70 Min.

Die ausgelöste und gerollte Wildschweinskeule wird mit Essig, Salz, Zwiebeln, gehackten Wurzeln, Lorbeerblatt und einigen Pfefferkörnern 8 Tage gebeizt, dann herausgenommen und abgetrocknet. Nun wird sie leicht übersalzen, nach Belieben gespickt und in heißem Fett mit viel Zwiebeln angebraten. Man gibt in die Soße feingeschnittene Wurzeln und Soßenlebkuchen oder Schwarzbrot und läßt darin das Wildpret gar braten. Zum Schluß fügt man Senf, Rotwein, etwas Zucker, Rahm, 1 Eßl. Orangensaft, ein wenig geriebene Orangenschale und die zerdrückten Wacholderbeeren hinzu.

Die Soße wird passiert, das Wildpret in gleichmäßige Scheiben geschnitten und mit der Soße übergossen. 2 Orangen, die sorgfältig abgeschält und von den Kernen befreit wurden, werden in glatte Scheiben geschnitten, in Zuckerwasser mit etwas Grand Marnier angedämpft und um das Wildpret gelegt. Dazu reicht man Chicoree-Salat und Blaukraut.

## Wildschweinskeule in Portweinpflaumen 144

Die nach dem Rezept 138 gebratene Wildschweinskeule wird aus der Soße genommen. In diese gibt man die in Portwein mit etwas Zitronen- und Orangensaft geschmorten Trockenpflaumen.

Wie zu 138, 1 Weinglas Portwein, Zitrone, Orange, 50–100 g Trockenpflaumen
Garzeit: 60–70 Min.

## Wildschweinsschulter 145

Die ausgelöste Wildschweinsschulter wird in Beize aus Essigwasser, Salz, zerdrückten Wacholderbeeren, Zwiebeln, Wurzeln, wie Sellerie und Gelben Rüben sowie einigen Pfefferkörnern weichgedämpft. Dann nimmt man sie aus der Soße, bedeckt sie mit einer Schicht Schwarzbrotbröseln, welche mit etwas Zucker, Zitronenschale, Salz und Fett zu einem Brei verrührt wurden. Man gibt sie wieder in die Bratensoße zurück; sie wird in der Röhre nochmals überbacken, bis die Bröselkruste oben hart und schön braun ist. Dann wird sie in gleichmäßige Schnitten geteilt und auf einem Sockel von Kartoffelbrei angerichtet. Die braune Bratensoße wird nach Belieben mit etwas Mehl eingedickt oder reduziert (bei offenem Deckel eingekocht), mit Rotwein und eingemachten Preiselbeeren sowie Zitronensaft pikant abgeschmeckt und durch ein Sieb gestrichen. Sie wird gesondert serviert, denn das Wildpret soll mit seiner braunen Bröselkruste nicht feucht werden. Es darf also keine Soße darübergegossen werden.

Wildschweinsschulter, Beize, Schwarzbrotbrösel, Zucker, Zitrone, Salz, Fett, Mehl, Rotwein, Preiselbeeren
Garzeit: 60–70 Min.

## Wildschweinsnuß mit Kastanienpüree 146

Aus der Keule wird eine Nuß herausgenommen, gehäutet und gespickt. Man salzt sie, wälzt sie in Mehl und brät sie in heißem Fett ringsum rasch goldbraun. Dann gibt man Rotwein, je eine kleine Prise Zimt und Nelken und später etwas Fleischbrühe daran. Man schmort die Nuß gar, schneidet sie in Scheiben, legt sie wieder schön zusammen und umgibt sie mit gespritztem Kastanienpüree. Dazu paßt ausgezeichnet Sauerkraut oder in Butter geschwenkter Rosenkohl.

Wildschweinskeule oder die Nuß daraus, Speck, Salz, Mehl, Fett, 1 Glas Rotwein, Zimt, Nelken
Garzeit: 60–70 Min.

## Wildschweinsschinken 147

Er ist eine ganz besondere Delikatesse! Der Schinken wird wie ein Schweineschinken zugerichtet und mit Salz und etwas Salpeter eingepökelt. Man kann ihn auch von einem Metzger pökeln lassen, muß dabei aber betonen, daß er nicht zu sauer eingelegt werden soll. Der je nach Alter

Wildschweinskeule, Salz, Salpeter, etliche Wacholderbeeren
Garzeit: 70–80 Min.

8–14 Tage eingebeizte Schinken wird abgetrocknet und mit einigen zerdrückten Wacholderbeeren eingerieben, dann etliche Tage geräuchert. Man kann ihn roh, noch besser gekocht verwenden. Er schmeckt warm mit Hagebuttensoße Nr. 396 oder kalt mit Cumberlandsoße Nr. 390.

## 148 Gefüllte Wildschweinsbrust

3/4 kg Wildschweinsbrust
und wie zu Nr. 80
Garzeit: 60–70 Min.

Eine Wildschweinsbrust wird von den Knochen gelöst und untergriffen, so daß eine Tasche entsteht. Man füllt sie, wie Hirschbrust (Nr. 80) und brät sie auf den ausgelösten Knochen wie auf einem Rost schön goldbraun. Die Soße wird mit etwas Zitronensaft, Suppenwürze und einer kleinen Prise Zucker verfeinert. Sie soll klar bleiben. Als Beilage Kastanienpüree und Salate.

## 149 Wildschweinsbrust in Selleriesoße

Wie »Hirschbrust in Selleriesoße« Nr. 81

## 150 Wildschwein Stroganoff

3/4 kg Wildpret, Beize,
Zwiebel, Wurzeln, Salz,
Pfeffer, Wacholderbeeren,
2–3 Eßl. Paprika in Essig,
2–3 Essiggurken,
6–8 Oliven
Garzeit: 40–60 Min.

Dazu kann man auch das Wildpret von älteren, gut eingebeizten Sauen verwenden. Es wird in passende Stücke geschnitten und mit leicht gesäuertem Essigwasser, reichlich Zwiebeln, Wurzeln, Pfeffer und Wacholderbeeren langsam weich gekocht. Inzwischen schmort man 1–2 aufgeschnittene Zwiebeln in Fett glasig, gibt rote Paprikaschnitze in Essig, in schmale, lange Streifen geschnittene Essiggurken und die Oliven dazu. Diese Mischung gießt man über das abgetropfte Wildpret. Man reicht beliebiges Gemüse als Beilage.

## 151 Wildschweinsfilet

2 Wildschweinsfilets,
Speck, Fett, Salz, Pfeffer
Garzeit: 20–30 Min.

Von einem großen Wildschweinsrücken löst man die beiden Filets aus, enthäutet sie, spickt und würzt sie und brät sie im Ganzen knusprig goldbraun. Die Soße soll klar bleiben; sie kann aber auch mit Rahm und Rotwein aufgegossen werden.

## Gebratene Wildschweinsfilets 152

Von einem großen oder 2 kleinen Wildschweinsfilets werden nach dem Häuten 3 bis 4 cm dicke Scheiben geschnitten und leicht mit der Hand geklopft. Man bestreut sie mit Salz, Pfeffer und etwas gepulverten Wacholderbeeren und brät sie rasch auf beiden Seiten goldbraun. Sie sollen innen noch leicht rosa sein. Man nimmt die Scheiben heraus, legt sie auf eine vorgehitzte Platte und schmeckt die Soße mit saurem Rahm, Madeira, Sardellenpaste, Würze und etlichen Oliven oder nach Belieben mit Curry pikant ab.

1–2 Wildschweinsfilets, Salz, Pfeffer, Wacholderpulver, Curry, Fett, saurer Rahm, Madeira, Sardellenpaste, Würze, Oliven
Garzeit: 4–6 Min.

## Wildschweinssteaks nach Orleans 153

Von einer gut abgelagerten Wildschweinskeule schneidet man gleichmäßige Schnitzel, klopft sie leicht und pudert sie mit etwas Salz und weißem Pfeffer aus der Mühle. Dann brät man sie in Butter rasch goldbraun und legt sie auf eine vorgehitzte Platte. In den Bratfond gibt man noch ein Stück Butter sowie etwas Zitronen- und Orangensaft. Man schmeckt die Soße mit Würze, Salz und Pfeffer sowie 1–2 Gläschen Grand Marnier nach und gießt sie über die Schnitzel, die dann noch mit ganz feinen Streifchen von Orangenschale, die in wenig, aber starkem Zuckerwasser durchgekocht wurden, überstreut werden. Als Garnitur kann man auf die Platte noch eine Reihe ausgehöhlter Orangenhälften geben, in die man süßsauer abgeschmecktes Blaukraut füllt.

3/4 kg Wildschweinskeule, Salz, Pfeffer, Butter, Zitrone, Orange, Würze, 1–2 Gläschen Grand Marnier, Zucker
Garzeit: 4–6 Min.

## Wildschweinsschnitzel in Rahm 154

Von einer mürbgewordenen, also gut abgelagerten oder einige Tage in Öl-Wein-Beize (siehe Seite 187) eingelegten Wildschweinskeule schneidet man gleichmäßige Schnitzel, würzt sie mit Salz und Pfeffer, spickt sie mit großen Speckstreifen, wendet sie in Mehl und brät sie in gut heißem Fett oder in angeschmorten Speckwürfelchen rasch goldbraun. Man legt sie auf eine Platte und schmeckt den Bratensatz mit Tomatenmark, saurem Rahm oder etwas Crème fraîche, Öl-Wein-Beize, etwas Würze und einer kleinen Prise Zucker würzig ab. Man läßt die Schnitzel noch eine kurze Weile in der Soße ziehen und bringt sie dann mit Kartoffeln oder Semmelknödeln, Spätzle oder Kartoffelbrei sowie gebratenen Apfelscheiben mit Preiselbeeren zu Tisch.

3/4 kg Wildschweinskeule, Öl-Wein-Beize, Salz, Pfeffer, Speck, Mehl, Fett, 2–3 Eßl. Tomatenmark, 1/2 Tasse saurer Rahm oder Crème fraîche, Würze, Zucker
Garzeit: 8–10 Min.

## 155 Wildschweinskoteletts

6–8 Frischlingskoteletts,
Salz, Pfeffer, Paprika,
Fett, Sardellenbutter
Garzeit: 5–7 Min.

Dazu verwendet man am besten die Koteletts von Frischlingen, denn von alten Sauen ist das Wildpret nicht mehr zart genug. Die gut abgelagerten, aber nicht gebeizten Koteletts werden mit etwas Salz und Pfeffer oder Paprika bestreut und dann in heißem Fett rasch goldbraun gebraten. Man kann sie auch mit Ei und Bröseln panieren. Am besten schmecken sie, wenn sie nur gepfeffert, mit Öl bestrichen und auf dem Grill gebraten werden. Wenn sie fertig sind, salzt man sie und legt ein Stückchen Sardellenbutter darauf. Nach Belieben kann man je eine Scheibe Schinken oder Räucherzunge dazwischen anrichten. Als Beilage gibt es Kartoffelpüree und junges Gemüse oder gebratene Apfelscheiben.

## 156 Wildschweinsrouladen in Gelee

¾–1 kg Wildschweinsbauch,
Salz, Pfeffer, Salpeter,
4–5 Kalbsfüße, Wurzeln,
Zwiebel, Pfefferkörner,
Wacholderbeeren,
1 Lorbeerblatt, 1 Eiweiß,
Essig, Sülzegarnitur
Garzeit: 50–70 Min.

Die gut eingebeizten Bauchlappen werden abgeschnitten, abgetrocknet und mit Salz, Pfeffer und einer Spur Salpeter eingerieben. Diese Bauchlappen werden nun der Länge nach aufgerollt und mit einer Schnur wie ein Rollschinken festgebunden. Gleichzeitig kocht man 3–4 Kalbsfüße mit reichlich Wurzeln und Zwiebeln, Pfefferkörnern, Wacholderbeeren sowie Lorbeerblatt und gibt die Rouladen hinein. Wenn sie sehr gut weich gekocht sind, nimmt man sie heraus und stellt sie kalt. Die Brühe wird noch weiter eingekocht, bis die Kalbsfüße ganz weich und die Brühe leimig geworden ist. Man siebt sie ab, stellt sie ebenfalls kalt und entfettet sie am nächsten Tag. Nun wird die Sülzbrühe wieder erwärmt und pikant mit Essig und Suppenwürze abgeschmeckt. Man klärt sie durch Mitkochen von 1 geschlagenen Eiweiß oder gießt sie durch ein Filterpapier ab. Die Rouladen werden in Scheiben geschnitten und auf einem kleinen Sockel von Sülze auf einer Platte angerichtet und noch mit Sülze übergossen. Nach dem Erstarren stürzt man sie und verziert sie mit Mayonnaise, Tomatenscheiben, Zitronenschnitzen und Kapern.

## 157 Wildschweinspfeffer

¾–1 kg Wildschwein,
Essig, Salz, Pfefferkörner,
Nelken, Lorbeerblatt,
Wurzeln, Zwiebel, Zitrone,
Fett, Mehl, Zucker,
saurer Rahm, Würze
Garzeit: 60–70 Min.

Die unansehnlichen Teile von einem eingebeizten oder auch älteren Wildschwein schneidet man in Würfel und löst dabei alle Knochen, Sehnen und die Häute ab. Dann kocht man sie in Essig-Salzwasser mit reichlich Wurzeln, Zwiebeln, Lorbeerblatt, Pfefferkörnern, Nelken und Zitronenschale gut weich. Man bereitet eine dunkle Schwitze, gießt sie mit der Kochbrühe auf und läßt das Wildpret darin noch kurz ziehen. Das Ragout wird gut süßsauer und noch mit etwas Rahm und Würze abgeschmeckt. Man reicht Semmelknödel dazu.

## Serbisches Wildschweinsragout 158

Das nach dem Rezept »Wildschweinspfeffer« Nr. 157 zubereitete Ragout wird mit ungarischem Paprika, 1 Teller voll Sauerkraut und gekochtem Reis verrührt. Man gießt etwas sauren Rahm dazu und schmeckt noch mit Suppenwürze herzhaft nach.

Wie zu Wildschweinspfeffer Nr. 157 und 1–2 Teel. ungarischer Delikateß-Paprika, 150–300 g Sauerkraut, 1 Tasse gekochter Reis, saurer Rahm, Würze
Garzeit: 60–70 Min.

## Ragout von jungen Wildschweinen 159

Das in kleine Stücke geschnittene Wildpret wird leicht gesalzen und in Schweinefett scharf angebraten. Man streut Paprika und Zucker darüber, läßt ihn bräunen und gießt mit Wasser auf. Die Soße wird mit Johannisbeergelee, etwas saurem Rahm und Tomatenmark abgeschmeckt. Man kann sie nach Belieben mit Würfel-Bratensoße binden. Das Ragout wird mit glacierten Zwiebeln in eine tiefe Schüssel gefüllt und mit Bratkartoffeln oder Knödeln aufgetragen.

3/4–1 kg Wildschwein, Salz, Schweinefett, 2 Teel. milder Delikateßpaprika, 1 Teel. Zucker, 1–2 Teel. Johannisbeergelee, saurer Rahm, 3 Eßl. Tomatenmark, 1 Würfel Bratensoße
Garzeit: 30–40 Min.

## Wildschweinsleber 160

Die Leber wird gewaschen, abgetrocknet und gehäutet. Man schneidet sie in schöne Scheiben und brät sie kurz in heißer Butter mit reichlich Zwiebeln auf beiden Seiten gar. Sie muß innen noch rosa sein. Dann erst salzt man sie und legt sie auf eine heiße Platte. Die Soße wird mit etwas Rahm, ganz wenig Mehl, geriebener Zitronenschale und gehackten Pilzen abgeschmeckt und über die Leber gegossen. Besonders gut wird das Gericht, wenn man auch noch reichlich Zwiebelringe und einige Apfelscheiben in Fett schmort und darübergibt.

1 Wildschweinsleber, Butter, Zwiebel, Salz, Rahm, Mehl, Zitrone, Pilze (Champignons), 1–2 Äpfel
Garzeit: 4–5 Min.

## Wildschweinsnieren 161

Die Nieren werden aufgeschnitten, gewässert und von den Harnsträngen befreit; man schneidet nicht zu dicke Scheiben davon, bestreut sie mit etwas Mehl und gibt sie in die Pfanne, in der schon eine große, aufgeschnittene Zwiebel leicht angebräunt wurde. Nach nur 2–3 Min. Bratzeit gießt man mit dem aufgelösten Würfel Bratensoße auf und würzt mit etwas Essig, einer kleinen Prise Zucker oder Himbeersaft, Salz, nach Belieben etwas saurem Rahm und Rotwein oder Madeira. Die Nieren dürfen nur 6– höchstens 7 Min. kochen! Man gibt Kartoffelpüree oder Salzkartoffeln dazu.

2 Wildschweinsnieren, Mehl, Fett, Zwiebel, 1 Würfel Bratensoße, Essig, Zucker oder Himbeersaft, Salz, Rahm, Rotwein
Garzeit: 6–7 Min.

## 162 Gefüllter Wildschweinskopf

1 Wildschweinskopf, ein Stück Schwarte,
1 kg Wildschweinswürfel,
250 g durchgedrehtes Wildpret, 300 g Speck,
1/2 geräucherte Ochsenzunge,
Zucker, Salz, Salpeter,
100 g Pistazien,
1 große Tasse Champignons,
Zitrone, Petersilie,
Thymian, Curry, Würze,
1/2 Teel. Pastetengewürz,
2–3 Kalbsfüße, Wurzeln,
8–10 Wacholderbeeren,
1/2 l Rotwein oder Wildbeize
Sülzegarnitur
Garzeit: 6–7 Stunden

Der Kopf eines jungen Keilers wird an den Schultern glatt abgeschnitten, durchgehauen und sehr sauber gewaschen. Dazu verwendet man am besten eine Bürste. Dann wird er ausgebrochen, d. h. von innen her von den Knochen befreit.
Man breitet nun die Kopfschwarte flach aus, entfernt alle Häute und Drüsen und läßt das Wildpret nur etwa fingerdick an der Schwarte stehen; das übrige schneidet man ab. Inzwischen schneidet man auch von der Keule des Wildschweins ein Stück Schwarte ab, das so groß und rund ist, daß es zuletzt auf die Halsöffnung des Kopfes aufgenäht werden kann, um als Abschluß zu dienen.
Ein Stück Wildpretkeule befreit man von allen Häuten und schneidet es mit dem Wildpret vom Hals und dem des Kopfes in 5 cm große Würfel und beizt es mit etwas Salz, Zucker und Salpeter ein, gibt es in ein Holzgefäß und beschwert es wie Pökelfleisch. Nach 2–3 Tagen nimmt man es heraus; es muß schön rot sein. Das Wildpret wird mit dem in Würfel geschnittenen Speck, den geschälten Pistazien, den kleingeschnittenen Champignons oder Steinpilzen sowie der in größere Würfel geschnittenen, geräucherten Ochsenzunge vermischt. Man gibt zu dieser Masse noch das durchgedrehte Wildschweinswildpret sowie geriebene Zitronenschale, gehackte Petersilie, etwas Thymian, Würze, ein wenig Curry und Pastetengewürz.
Die Kopfhaut legt man nun auf ein Tuch, trocknet sie innen gut ab und näht an den Augen und am Rüssel die Löcher zu. Man gibt dann die Schwarte vom Schlegel passend auf den Halsausschnitt des Kopfes und läßt noch eine Öffnung, durch die man das vorbeschriebene Gemenge einfüllt. Der Kopf wird hierauf so gedrückt, daß er wieder seine ursprüngliche Form hat. Dann näht man ihn zu, hüllt ihn in ein mit Fett bestrichenes Tuch und schnürt ihn fest mit Bindfaden zusammen. Man kocht ihn in einem genügend großen Topf in leichtem Salzwasser, das mit den ausgelösten Knochen vom Wildschwein nebst einigen Kalbsfüßen, reichlich Wurzeln, etwas Thymian, Wacholderbeeren und Rotwein oder Wildbeize versehen ist.
Er wird langsam, etwa 6 Stunden, gekocht. Wenn er schwimmt, ist er fertig. Wenn eine eingestochene lange Nadel sich wieder leicht ablöst, ist er durchgekocht. Man zieht den Topf vom Feuer und läßt das Wildpret noch etwa 1 Stunde nachziehen. Hierauf nimmt man den Kopf heraus, zieht die Bindfäden nach, damit keine Hohlräume entstehen und er schön in Form bleibt. Man legt ihn wieder in die Brühe und läßt ihn darin erkalten.
Am andern Tag wird das Tuch abgenommen und die Brühe entfettet, mit

Eiweiß geklärt und gefiltert. Man gießt etwas davon über den Kopf, damit er schön glänzt, und gibt ihn auf eine große Platte. Er wird mit einem grünen Kranz aus Lorbeerblatt oder Tannengrün, Krauspetersilie oder Salat umgeben und mit Zitronenschnitzen und Tomaten garniert. Besonders schön ist es, in den Kopf oben einige Spießchen einzustecken, die mit gebratenen Pilzen oder mit Stückchen von Räucherzunge besteckt sind. Dazu gibt es eine Cumberland- oder eine Hagebuttensoße (Nr. 390 oder 396).

So wurde der Wildschweinskopf für die königliche Hoftafel in München zubereitet.

## Wildschweinskopf in Sülze — 163

1 Wildschweinskopf, 1 Glas Weißwein, 1 Glas Weinessig,
Zwiebel, Salz, Pfeffer- und Senfkörner,
2–3 Wacholderbeeren,
Wurzeln, 6 Blatt Gelatine
Sülzegarnitur
Garzeit: 2–2½ Stunden

Der sauber geputzte Kopf wird mit der Zunge in reichlich Wasser weich gekocht; an die Brühe kommen Weißwein, Weinessig, reichlich Gewürze und Zwiebeln. Der Kopf braucht ungefähr 2 Stunden, bis er weich ist; die Zunge wird schon etwas früher herausgenommen. Ist das Wildpret ausgekühlt, so werden schöne, glatte Scheiben daraus geschnitten und im Kranz um den zierlich zurechtgeschnittenen Rüssel in eine tiefe Platte gelegt. Außenherum garniert man die aufgeschnittene Zunge. Die Platte wird mit ½ Liter geklärter Brühe, der die aufgelöste Gelatine beigegeben wurde, übergossen. Wenn die Sülze erkaltet ist, verziert man sie mit Perlzwiebeln, Essiggurken, kleinen Blättern von Roten Rüben, Kapern und Zitronenscheiben. Als Beilage reicht man Remouladensoße und Bratkartoffeln.

## Wildschweinsfett — 164

Wildschweinsfett,
je 1–2 Zwiebeln und Äpfel,
Salz

Das Fett vom Wildschwein wird ebenso ausgekocht und verwendet, wie das vom Hausschwein; es schmeckt besonders gut, wenn man einige Zwiebeln und Apfelscheiben damit ausbrät; dann kann es sogar als Brotaufstrich dienen. Natürlich muß das Fett beim Auskochen schön frisch und noch ohne Wildgeruch sein.

# Dachs

*Da der Dachs wie die Schweine Trichinen haben kann, muß man ihn zunächst einmal vom Fleischbeschauer untersuchen lassen.*
Er wird wie das Wildschwein abgeschwartet. Nur das Wildpret junger Tiere ist verwendbar; es ergibt ausgezeichnete Gerichte, die an Wert und Geschmack dem Schweinefleisch gleichkommen. Am besten sind Dachse im Herbst, denn dann sind sie feist und besonders lecker. Man kann aus ihnen alle Gerichte zubereiten, die man vom Hausschwein gewohnt ist; aber auch nach Wildart zubereitet, ist der Dachs delikat.
Alte Dachse haben einen strengen bis unangenehmen Geschmack, einen tranigen Speck und zähes Wildpret. Man kann den tranigen Geschmack zu mildern versuchen, indem man zuerst alles Fett sorgfältig entfernt und dann das abgeschwartete Tier einige Tage unter stark fließendes Wasser hängt. Eine Besserung bringt auch das Waschen mit Salbeitee, der einen Teil des Geruches nimmt.

## 165 Dachsbraten

1 Dachs, Essig, Speck, Salz, Fett, Zwiebel, saurer Rahm, einige Wacholderbeeren, Rotwein, Würze
Garzeit: 45–60 Min.

Der aus der Decke geschlagene, ausgenommene und zerteilte junge Dachs wird in Wildbeize gelegt; ein sehr junges Tier wird nach dem Zerteilen nur in ein Essigtuch gewickelt. Man häutet es und entfernt auch alle Fetteile, denn diese schmecken oft unangenehm. Dann wird der Braten gespickt, leicht gesalzen und in heißem Fett mit Zwiebeln angebraten. Die Bratzeit beträgt je nach Größe $^3/_4$–1 Stunde, ist also jedenfalls sehr kurz. Man begießt das Wildpret dabei mit Soße, etwas saurem Rahm und gibt einige zerdrückte Wacholderbeeren dazu. Der Braten wird wie ein Hase tranchiert. Die Soße kann man mit etwas Rotwein und Würze abschmecken. Man richtet das Wildpret mit Sauerkraut oder Blaukraut und geschmorten Äpfeln, die mit Preiselbeeren gefüllt sind, an.

## 166 Dachsragout

1 Dachs und Zutaten wie zu Hasenragout 183
Garzeit: 40–50 Min.

Wie »Hasenragout« Nr. 183. Man entfernt alles Fett und ersetzt es durch Räucherspeck.

## Dachspfeffer 167

Einen kleinen Dachs zerlegt man in handgroße Stücke; bei einem großen verwendet man nur das Fleisch vom Rücken. Es wird 2–3 Tage mariniert, dann abgetropft und mit Beize weich gekocht. Man bereitet nun eine braune Schwitze, gießt sie mit Kochbrühe auf und schmeckt sie herzhaft mit Lorbeerblättern, Pfefferkörnern, Salz, Paprika und Würze ab und gibt Rotwein, etwas sauren Rahm oder Buttermilch sowie Rheinisches Apfelkraut oder etwas Apfelgelee hinzu. Das Gericht muß gut süßsauer und sehr würzig schmecken.

1 Dachs, Wildbeize, Fett,
Mehl, 1–2 Lorbeerblätter,
Pfefferkörner, Salz,
Paprika, Würze,
1 Glas Rotwein,
sauren Rahm,
1 Eßl. Rheinisches Apfelkraut oder Apfelgelee
Garzeit: 40–50 Min.

## Dachsfett 168

Dachsfett wird am besten nicht zum Kochen verwendet, denn es schmeckt nicht gut. Zweckmäßig bereitet man davon Seife, wobei man auf 3 Pfund Fett 3 Liter Wasser und 1 Pfund Seifenstein gibt. Man läßt die Lauge über Nacht mit dem Dachsfett und auch mit den Knochenabfällen stehen und kocht dann am anderen Tag Seife.

# Hase

Am besten sind Hasen von mittlerer Größe, also diejenigen, die zwischen den ganz jungen Tieren und den älteren Rammlern die Mitte halten. Um einen jungen Hasen mit höchster Sicherheit zu erkennen, gibt es nur das sog. »Strohsche Zeichen«, das oft schon mit dem siebenten Lebensmonat verschwindet; an der Unterseite des Vorderlaufs, hinter dem Gelenk zur Pfote, hat der junge Hase eine knotenförmige Auftreibung. Sie läßt sich durch den Balg hindurch gut fühlen.

Wenn man die Auswahl zwischen mehreren Hasen hat, kann man folgende Griffe probieren: Die »Augendornen« (Flügelfortsätze der Stirnbeine) beim Griff in die Augen (»Seher«) zusammendrücken, die Unterkieferäste zusammendrücken, die Löffel am äußeren Rand einreißen: Je leichter das jeweils geht (beim Unterkiefer: je weiter die mittleren Schneidezähne dabei auseinandergehen), desto jünger ist vermutlich der Hase.

Im Winter kann man ausgeworfene und trocken ausgewischte

Hasen 8 bis 14 Tage, je nach der Kälte, im Balg hängen lassen. Sie müssen aber frei hängen!
Zum Häuten wird der Hase an beiden Hinterläufen aufgehängt, dann schneidet man den Balg um die Pfoten ab und macht über der Mitte bis zum After einen Schnitt. Beim Kopf macht man um die Augen und die Löffel nachhelfende Einschnitte. (Wer für das köstliche Ragout, für das man als Kenner den Kopf braucht, keinen Sinn hat, kann ihn auch im Genick abschneiden und am Balg lassen.) Hierauf zieht man dem Hasen, wie man so schön sagt, ohne Messer, energisch und bestimmt, in einem kräftigen Zug tatsächlich das Fell über die Ohren. Erst jetzt wird das Geschlinge ausgenommen. Hierzu schneidet man den Bauch bis zum Brustbein auf und holt mit der Hand den gesamten Bauchinhalt heraus. Därme und Magen werden weggeworfen. Herz, Lunge und Leber kann man verwenden. Von der Leber wird die Gallenblase sehr vorsichtig entfernt, damit sie nicht zerreißt und ihren bitteren Inhalt über die Leber ergießt. Das meist im Innern angesammelte Blut wird in einer Tasse mit etwas Essig für das Ragout aufbewahrt. Der abgebalgte Hase wird dann von allen Haaren befreit. Man entfernt die Luftröhre und schneidet den Kopf, den Hals und die Schultern ab. Dann entfernt man mit einem spitzen Messerchen vorsichtig die weiße Haut. Ältere Hasen kommen in eine Beize, junge nur in ein Essigtuch.
Kopf, Hals, Vorderläufe mit Schultern, Bauchlappen sowie Herz und Lunge werden zu Ragout oder Kleingerichten verwendet, während der Hasenrücken mit den daranhängenden Keulen den besten Braten ergibt.
Sehr zerschossene Hasen verwertet man zu Kleingerichten.

## 169 Gebratener Hasenrücken

Hasenrücken, Salz, Pfeffer, Speck, Fett, Zwiebeln, Wurzeln, Rahm, 1 Glas Rotwein oder Madeira, Schwarzbrotrinde, Butter, Zitrone, Würze, Kräuter
Garzeit: 40–60 Min.

Der aus der Beize genommene oder aus dem Essigtuch gewickelte, abgetrocknete Hase wird sorgfältig gehäutet, mit Salz und Pfeffer eingerieben und in zwei bis drei Reihen dem Rücken entlang gespickt. Man zieht dabei die Speckstreifen schräg ein, damit sie dann in den aufgeschnittenen Wildpretscheiben als Flöckchen stecken bleiben. Noch zarter wird der Hase, wenn man ihm ein Speckhemdchen anzieht, das heißt, wenn man ihn in Speckstreifen wickelt, die schuppenförmig übereinandergelegt

*Hirschsteaks (Rezept 89)*
*Hirschrouladen (Rezept 103)*

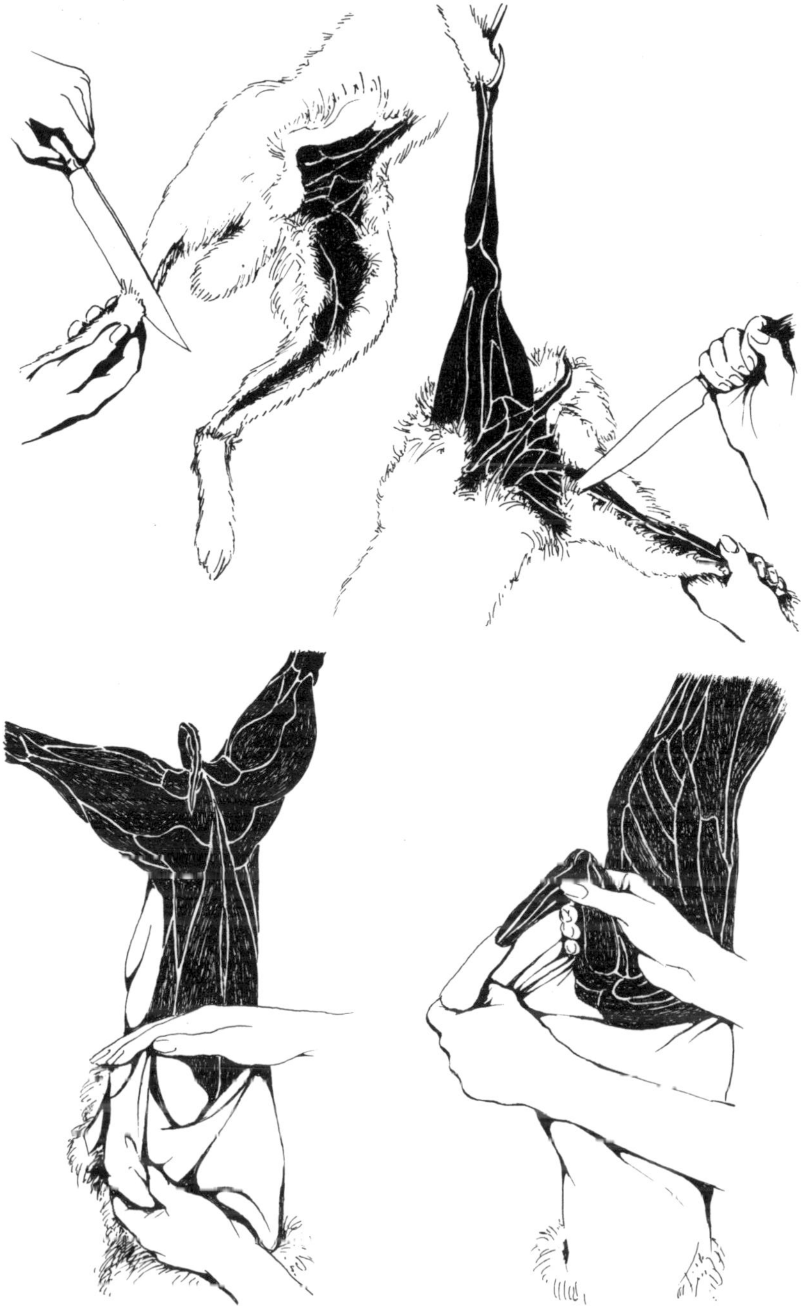

*Abbalgen eines Hasen*
*(s. Seite 85/86)*

*Hirschgoulasch (Rezept 104)*

und mit einem Faden festgebunden werden. Dadurch wird das Wildpret besonders saftig.

Das *Tranchieren* wird wesentlich erleichtert, wenn man das Rückgrat schon vor dem Braten in einigen Zentimeter Entfernung, so wie man die Bratenstücke haben möchte, mit dem Beil einhackt. Dann braucht man sie hernach nur noch völlig durchzuschneiden; auch die Keulen lassen sich schön tranchieren, wenn man den Knochen auslöst. Dazu muß man ihn vorsichtig entfernen, damit das Fleisch nicht zerreißt und die Öffnung zu groß wird.

Zuerst werden die Sehnen der Gelenke durchschnitten; dann lassen sich die Knochen durch eine geschickte Wendung abdrehen und aus dem Wildpret herausziehen. Man entfernt nun die Filets auf der Unterseite des Ziemers und schiebt sie in die entstandenen Öffnungen der Keulen. Die Gelenke bindet man unten zusammen und drückt die Keulen in ihre ursprüngliche Lage. Beim Tranchieren sind die Knochen nun nicht mehr hinderlich und man kann auch aus den Keulen sehr schöne Wildpretscheiben schneiden, wodurch der Braten wesentlich besser ausgibt.

Der so zurechtgemachte, ungespickte oder gespickte oder in ein Speckhemd gewickelte Hasenrücken wird mit Salz und Pfeffer eingerieben und mit reichlich Zwiebeln und Wurzeln in heißem Fett angebraten. Man gießt, wenn er angebräunt ist, ein wenig Rahm auf und fügt Rotwein oder Madeira, ein Stück Schwarzbrotrinde und Fleischbrühe hinzu. Die Soße wird zuletzt noch mit einem Stückchen frischer Butter verlängert und mit ein wenig Zitronensaft, Würze und frischen Kräutern abgeschmeckt.

## 170 Bayerischer Hasenziemer

1 Hasenziemer, Beize, Speck, Salz, Pfeffer, Fett, Zwiebel, Gelbe Rüben, Sellerie, Zitrone, 1 Lorbeerblatt, 2–3 Wacholderbeeren, Pfefferkörner, 1 Nelke, Brotrinde, saurer Rahm, Pilze, Butter
Garzeit: 60–90 Min.

Der gehäutete Ziemer wird in zwei Reihen schräg gespickt, mit Salz und Pfeffer eingerieben und mit heißem Fett und reichlich aufgeschnittener Zwiebel und mit zerkleinerten Gelben Rüben sowie Sellerie angeschmort. Man gibt kleingeschnittene Zitronenschale, Lorbeerblatt, einige Wacholderbeeren, Pfefferkörner und eine Nelke sowie ein Stück Brotrinde dazu. Während des Bratens wird die Soße mit Fleischbrühe und etwas Beize aufgegossen. Der Braten soll schön durchgaren, was je nach Alter und Größe des Hasen ein bis eineinhalb Stunden dauert. Kurz bevor er fertig ist, gießt man sauren Rahm darüber und schmeckt die Soße mit gehackten und in Butter geschmorten Pilzen ab. Der Braten wird hierauf in schöne Stücke geteilt und mit der Soße übergossen. Man reicht Preiselbeeren oder Pflaumenmus oder gedämpfte und mit Preiselbeeren gefüllte Äpfel und Sauerkraut oder Blaukraut mit Kartoffelknödeln oder Kartoffelnudeln dazu.

## Schweizer Hasenbraten — 171

Der Hasenziemer wird gehäutet, schön zurechtgemacht und nach Belieben gespickt. Man schneidet am besten die Keulen ab, denn diese brauchen länger als der zartere Rücken. Man kann sie aber auch, wie bei Nr. 169 beschrieben ist, vorbereiten.
In die Pfanne gibt man reichlich Butter oder Fett und etliche Speckscheiben. Man legt den Hasen darauf, fügt oben noch ein Stückchen Butter hinzu, damit er nicht trocken wird und dreht ihn nach etwa 1/4 Stunde um. Nach ungefähr 1 Stunde, wobei er immer wieder mit Soße und saurem Rahm begossen wird, soll er gar sein; das Wildpret darf innen aber noch rosa aussehen. Man überstreut den Hasen zuletzt dick mit geriebenem Parmesankäse und läßt diesen ankrusten. Die Soße wird mit etwas Madeira abgeschmeckt. Als Beilage reicht man Blaukraut.

1 Hasenziemer, Speck, Butter, saurer Rahm, Parmesan, Madeira
Garzeit: 60–80 Min.

## Gespickter Hase — 172

Der Hase wird in Rücken und Läufe zerlegt. Aus dem Weißwein, der geschnittenen Zwiebel, dem Lorbeerblatt, den Pfefferkörnern, Wacholderbeeren und den übrigen Gewürzen wird eine Beize bereitet. Sie wird über den Hasen gegossen. Man läßt ihn darin zugedeckt zwei Tage beizen und wendet ihn dabei einige Male. Er wird herausgenommen, gut abgetrocknet und die Beize durchgesiebt. Die Hasenteile werden nun von allen Seiten in Öl angebraten und mit Beize gelöscht. Man läßt sie 1 1/2 Stunden schmoren und gießt von Zeit zu Zeit etwas Beize nach. Zum Schluß wird die Sauce mit dem sauren Rahm oder mit Crème fraîche gebunden. Der Hase wird mit den halbierten Orangenscheiben und Traubenbeeren garniert. Dazu gibt es Blaukraut und Kartoffelknödel.

1 bratfertiger, gespickter Wildhase, 1/2 l herben Weißwein, 1 Zwiebel, 1 Lorbeerblatt, 5 Pfefferkörner, 5 Wacholderbeeren, Salz, Thymian, 1 Teel. Paprikapulver, 4 Eßl. Öl, 1/8 l saurer Rahm, Orangen und Weintrauben

(Farbbild Seite 139)

## Hase nach brasilianischer Art — 173

Der Hase wird nach Rezept Nr. 172 gespickt und fertig gebraten. An die Soße gibt man zerdrückte Banane und Weißwein. Dann schmort man je Person noch eine geschälte und halbierte Banane in etwas Fett goldbraun und legt sie zu dem angerichteten Hasen.

Wie zu Hasenbraten 172 und Bananen, 1 Glas Weißwein, Fett
Garzeit: 60–80 Min.

## 174 Gefüllter Hase

1 kleiner, junger Hase, Speck, Salz, Pfeffer, Majoran, 100 g Schinken, 100 g Nierenfett oder Rindermark, 3 Semmeln, 2 Eier, Petersilie, Zitrone, Zwiebel, saurer Rahm, Soßenlebkuchen, Rotwein, Johannisbeergelee
Garzeit: 50–60 Min.

Ist der Hase nicht sehr groß, dann ist es vorteilhaft, ihn zu füllen. Der nach Rezept Nr. 169 hergerichtete Hase wird gesalzen, leicht gepfeffert und gespickt. Man hackt dann die gewässerte Hasenleber fein und gibt dazu gewiegten Schinken, aufgeriebenes Nierenfett oder Rindermark, eingeweichte und ausgedrückte Semmeln, Eier, gehackte Petersilie, geriebene Zitronenschale und Zwiebel, etwas Majoran und ein wenig Salz. Diese Fülle wird in den Hasen gefüllt und dieser dann zugenäht. Man brät ihn unter ständigem Begießen mit Soße und saurem Rahm goldbraun. Hierauf wird er vorsichtig tranchiert. Man kann ihn aber auch aufschneiden, die Bauchlappen in Portionsstücke teilen und den Rücken wie üblich in Scheiben schneiden. Die Fülle wird ebenfalls aufgeschnitten und rings um den Hasen gelegt. Die Soße wird gesondert serviert; sie wird mit Soßenlebkuchen, Rotwein oder etwas Essig und Johannisbeergelee abgeschmeckt. Man gibt Salzkartoffeln und Selleriesalat dazu.

## 175 Gedämpfter Hase

1 Hase, Speck, Salz, Pfeffer, Schweinefett, Wurzeln, 1–2 Zwiebeln, 1–2 Tomaten, 1 Glas Madeira, saurer Rahm, Fett, Mehl oder 1 Würfel Bratensoße, 1 Eßl. Johannisbeergelee
Garzeit: 70–80 Min.

Dazu läßt sich vor allem ein älteres Tier verwenden. Der gehäutete Hase wird gesalzen, leicht gepfeffert und gespickt oder auch mit dünnen Speckstreifen umwickelt. Man gibt ihn in gut vorgehitztes Schweinefett und fügt reichlich kleingeschnittenes Wurzelwerk, aufgeschnittene Zwiebeln und ebensoviel Tomaten, Madeira und sauren Rahm hinzu und läßt ihn langsam weich schmoren. Zuletzt bereitet man eine kleine, dunkle Schwitze oder löst einen Würfel Bratensoße auf und gibt das Johannisbeergelee daran. Man vereint diese Soße mit der Schmorsoße des Hasen, zerlegt ihn und bringt ihn mit Makkaroni oder Spätzle und Apfelmus zu Tisch. Die Soße wird teils über das Wildpret gegossen, teils gesondert gereicht.

## 176 Hase, blau gekocht

1 Junghase, Wein, Essig, Zwiebel, Wurzeln, 2–3 Pfefferkörner, 1 Nelke, Zitrone, 1 Lorbeerblatt, Salz, Würze, Petersilie
Garzeit: 50–60 Min.

Ein junger, zarter Hase wird gehäutet und in große Stücke zerlegt. Dann bereitet man aus Salzwasser, Wein, Essig, Zwiebeln, reichlich Wurzeln, Pfefferkörnern, Gewürznelke, Zitronenschale und Lorbeerblatt eine würzige Brühe, in die man den Hasen gibt, sobald sie kocht. Er soll knapp bedeckt und der Topf gut geschlossen sein. Nach etwa 50 Min. dürfte er gar sein. Man richtet ihn in einer Schüssel an, kocht inzwischen die Fleischbrühe etwas mehr ein und gießt 1–2 Schöpflöffel voll, nachdem sie mit Suppenwürze und Petersilie versehen wurde, über den Hasen. Dazu gibt es Weinkartoffeln Nr. 399 und Wirsing- oder Rosenkohl.

## Gefüllte Hasenbrust 177

Die vom Rücken abgeschnittenen Bauchlappenteile werden vorsichtig von den Rippenenden gelöst. Dann legt man sie aufeinander und schneidet sie gleichmäßig zu, damit man sie wie eine Tasche zusammennähen kann. Die eine, offen gebliebene Schmalseite dient zum Füllen. Man gibt entweder gekochten Reis hinein, der mit feingehackter Hasen- oder Kalbsleber, Zwiebeln, Zitronenschale, reichlich Kräutern und Salz vermischt wurde, oder man treibt die restlichen Wildpretstücke vom Kopf usw. durch die Maschine, fügt eine in Milch geweichte Semmel, 1 Ei und Gewürze hinzu und füllt diese Masse in die Brust ein. Sie darf nicht zu stramm gefüllt werden, damit sie nicht platzt! Man näht sie zu und brät sie in der Röhre, wie bei »Hasenrücken« Nr. 169 angegeben ist, gar. Wenn die Brust einige Minuten gestanden ist, läßt sie sich in schöne Scheiben schneiden. Die Soße wird gesondert serviert. Man reicht Petersilie-Kartoffelgemüse und Essiggurken dazu.

2 Bauchlappen, Reis,
Hasen- oder Kalbsleber,
Zwiebel, Zitrone, Kräuter,
Salz oder Hasenfleisch,
1 Semmel, Milch, 1 Ei,
Gewürze Fett
Garzeit: 50–60 Min.

## Gefüllter Hasenschlegel (Keule) 178

Die in ein Essigtuch gewickelten oder in Buttermilch gebeizten Hasenschlegel werden abgewaschen, abgetrocknet und gehäutet. Man schlitzt sie auf der Innenseite soweit auf, daß man die Knochen herausnehmen kann; auch die Sehnen werden ausgelöst. Das Wildpret wird leicht geklopft, gesalzen und gepfeffert. Nun legt man die beiden Schlegel mit der Innenseite aufeinander und näht sie an drei Seiten zu, so daß eine Tasche entsteht. In diese gibt man eine Fülle aus gewürztem Hackfleisch, das mit Ei und Bröseln gebunden wurde. Man fügt noch eine fein zerdrückte Knoblauchzehe, etwas geriebene Zwiebel und Zitronenschale, ein wenig Ingwerpulver, eine Messerspitze Piment und etwas Petersilie hinzu. Nach dem Einfüllen näht man auch die letzte Seite der Tasche zu; dann legt man die Knochen wie einen Rost in die Pfanne mit heißem Fett und macht den kleinen gesalzenen Braten auf die übliche Weise fertig. Die Soße wird mit saurem Rahm und mit Johannisbeersaft oder mit Rotwein oder Most abgeschmeckt und mit Bröseln eingedickt. Man gießt sie über den aufgeschnittenen Braten, der mit Sauerkraut zu Tisch gegeben wird.

2 Hasenschlegel, Salz,
Pfeffer, 100 g Hackfleisch,
1 Ei, Brösel, Knoblauch,
Zwiebel, Zitrone, Ingwer,
Piment, Petersilie, Fett,
saurer Rahm, Johannisbeersaft oder Rotwein, Brösel
Garzeit: 50–60 Min.

## Hasenkoteletts 179

Von einem großen Hasen wird der Rücken in der Mitte längs geteilt; dann schneidet man möglichst schöne Kotelettchen herunter. Diese werden geklopft, gesalzen, mit Zitronensaft beträufelt, mit Ei und Bröseln pa-

Hasenrücken, Salz, Zitrone,
Ei, Brösel, Fett
Garzeit: 8–10 Min.

niert und rasch in sehr heißem Fett auf beiden Seiten knusprig braun gebraten. Man reicht junges Gemüse und Bratkartoffeln oder Pommes frites dazu.

## 180 Hasenfilets

2 Hasenfilets, Butter, oder Öl, Salz, 1–2 Äpfel, Speck, Zwiebel, Fett
Garzeit: 4–6 Min.

Aus einem großen, gut abgelagerten Hasenrücken löst man die beiden Filets heraus und schneidet sie in schräge, etwa 3 cm dicke Stücke, die mit der Hand leicht geklopft werden. Man bestreicht sie mit Butter oder Öl und grillt sie im Grillapparat oder auf einer Grillpfanne beiderseits rasch goldbraun; dann erst salzt man sie. In einer Pfanne schmort man nun ebensoviel Apfel- und Speckscheiben wie Hasenfilets mit reichlich Zwiebeln kurz an und richtet abwechselnd immer ein Hasenfilet und eine Apfel- und Speckscheibe auf einer Platte an. Darüber gibt man die gebräunten Zwiebeln. Als Beilage eignen sich junge, in Fett goldbraun gebratene Kartoffeln und Blaukraut.

## 181 Hase mit Orangenscheiben

1 gebratener Junghase, Butter, 1 Orange, Petersilie, 1 Gläschen Grand Marnier, Butter
Garzeit: 12–15 Min.

Von einem zarten, fertiggebratenen Hasen löst man das Wildpret von den Knochen und schneidet möglichst gleichmäßige, dünne Scheiben daraus. Dann läßt man in einer Pfanne ein Stück Butter zerlaufen und legt Scheiben einer sehr gut geschälten Orange hinein; die Kerne müssen sorgfältig entfernt sein. Das Hasenwildpret legt man darauf und läßt es in einem geschlossenen Topf ziehen, damit es sich mit Orangensaft vollsaugt. Beim Anrichten gibt man die angeschmorten Orangenscheiben auf die Wildpretscheiben und garniert sie mit reichlich Krauspetersilie. Die wie üblich fertiggemachte, mit geriebener Orangenschale oder etwas Grand Marnier abgeschmeckte Bratensoße wird gesondert gereicht; dazu Reis.

## 182 Hasenfilet im Hemdchen

2 Hasenfilets, Speck, Salz, Rahm, Madeira, Würze, Zitrone, Zucker, Dill
Garzeit: 15–20 Min.

Aus einem großen Hasenrücken löst man die beiden Filets aus, salzt sie leicht und wickelt jedes Filet in eine Speckscheibe, die mit einer Schnur festgehalten wird. Man brät diese Rouladen in der sehr heißen Röhre rasch goldbraun und gießt dabei mit Fleischbrühe auf. Die Filets werden von der Schnur befreit und dann in schöne, schräge Scheiben geschnitten. Die Soße macht man entweder mit etwas saurem Rahm, Madeira, Würze, Zitronensaft, einer Spur Zucker und gehacktem Dill fertig oder läßt sie klar. Sie wird über die angerichteten Filets gegossen. Dazu gibt es Apfelmus oder mit Preiselbeeren gefüllte Birnen.

## Hasenragout 183

Der vorbereitete Hase wird so von den Knochen gelöst, daß man gleichmäßige Würfel daraus schneiden kann. Diese gibt man leicht durchgesalzen in eine Pfanne mit reichlich Fett und kleingeschnittenen Zwiebeln, streut etwas Mehl darüber und läßt das Wildpret gut anbräunen. Dann gießt man mit Wasser und Rotwein auf und würzt die Brühe mit Petersilie, ein wenig Thymian, Lorbeerblatt und 1 Löffel gekörnter Fleischbrühe. Wenn das Wildpret weich ist, gibt man das mit etwas Essig verrührte Hasenblut dazu und dickt die Soße leicht ein. Sie muß gut süßsauer schmecken und wird mit ein wenig Zucker und Essig nachgewürzt. Das Ragout wird in einen Reisrand gefüllt und mit geriebenem Käse überstreut.

1 Hase, Hasenblut, Salz, Fett, Rotwein, Petersilie, Thymian, 1 Lorbeerblatt, Essig, Mehl, Käse
Garzeit: 30–40 Min.

## Hasenpfeffer 184

Kopf, Brust, Hals, Vorderläufe, Lunge, Herz und Leber werden in würziger Essigbeize nahezu weich gekocht. Man löst das Fleisch ab und gibt es in eine braune Butterschwitze, die mit Rotwein, einem Stückchen Soßenlebkuchen, Rheinischem Apfelkraut oder etwas Apfelgelee, dem verrührten Hasenblut, saurem Rahm, Wildbeize, Zitronensaft und Würze nachgeschmeckt wird. Sie soll dicklich, dunkel und glänzend sein.

1 Hase, Beize, Fett, Mehl,
1 Glas Rotwein,
Soßenlebkuchen,
1 Eßl. Rheinisches Apfelkraut,
Zitrone, Würze
Garzeit: 40–50 Min.

## Paprikahase (Hasengoulasch) 185

Die unansehnlichen Wildpretteile des Hasen, also Kopf, Hals, Läufe, Bauchlappen usw. schneidet man in grobe Würfel. Dann laßt man die fein geschnittenen Zwiebeln mit würfelig geschnittenem Speck oder fettem Schweinefleisch anlaufen und gibt milden Delikateßpaprika dazu. Nachdem man 2 Schöpflöffel Wasser zugegossen hat, gibt man das Wildpret hinein und läßt es mit in Streifchen geschnittenen Karotten und der ebenfalls in Streifen geschnittenen Knolle Sellerie langsam gar dämpfen. Man würzt noch mit etwas saurem Rahm und – wenn möglich – mit ein wenig Sauerkrautsaft und Fleischextrakt oder Suppenwürze. Nach Belieben kann das Ragout auch mit wenig Mehl gebunden werden. Als Beilage gibt es Semmelknödel oder Bandnudeln.

3/4 kg Hasenwildpret,
200 g Speck,
200 g Zwiebeln,
2 Teel. milden Paprika,
2–3 Karotten,
1/2 Knolle Sellerie,
saurer Rahm,
Sauerkrautsaft,
Würze, Mehl
Garzeit: 40–50 Min.

## 186 Hase in Specklinsen

1 Hase, Mehl, 2–3 Zwiebeln, 250 g Speck, 250 g Linsen, Salz, Pfeffer, Senf, Tomatenketchup, Petersilie
Garzeit: 40–60 Min.

Von einem abgelagerten Hasen, besonders wenn er zerschossen ist, trennt man alles Fleisch ab, schneidet es in gleichmäßige Würfel und entfernt dabei sämtliche Knochen, Häute und Sehnen. Man mehlt das Wildpret und schmort es mit reichlich Zwiebel in gewürfeltem Speck an. Inzwischen kocht man die vorgeweichten Linsen salzlos weich, gibt sie an das Hasenragout und gart es völlig durch. Man schmeckt es mit Salz, Pfeffer, Senf, Würze, etwas Tomatenketchup und viel gehackter Petersilie sehr würzig ab. Dazu reicht man Kartoffelbrei oder Reis oder – was besonders gut schmeckt – kleine, halbierte Eierkuchen.

## 187 Rheinischer Tippehase

1 Hase, Hasenblut, 3–4 Zwiebeln, Speck, 125 g Schwarzbrotbrösel, 1 Glas Rotwein, 1 Glas Essigwasser, Zitrone, Salz, Pfeffer, Thymian, Rahm, Würze, Petersilie
Garzeit: 70–80 Min.

Ein Hase wird roh in portionsgroße Stücke zerlegt. Man schmort große, aufgeschnittene Zwiebeln in Fett an und gibt das Hasenwildpret, ferner ein Stück gewürfelten Speck, Schwarzbrotbrösel, Rotwein, Essigwasser, gut 1/2 Liter Fleischbrühe oder Wasser mit einem Würfel Rindsbouillon, etwas geriebene Zitronenschale, Salz, Pfeffer sowie Thymian hinzu. Dies alles muß in einem sehr gut verschlossenen Topf, dessen Deckel am besten mit etwas Mehlteig aufgeklebt wird, langsam weich schmoren. Dann wird der Topf geöffnet und die Soße mit saurem Rahm, etwas Hasenblut, ganz wenig Zucker, Würze und Petersilie abgeschmeckt und noch kurz durchgekocht. Man reicht Kartoffelbrei dazu.

## 188 Römisches Hasenragout

1 Junghase, 2–3 Zwiebeln, 1/2 Sellerieknolle, Schweinefett, 1/4 l Rotwein, 1 Teel. gekörnte Fleischbrühe, Zimt, Nelken, Salz, Pfeffer, Piment, Essig, Buttermilch, Schwarzbrotbrösel, Parmesan
Garzeit: 70–80 Min.

In eine große Pfanne gibt man in Scheiben geschnittene Zwiebeln, grob aufgerissenen Sellerie und ein gutes Stück Schweinefett. Dann löst man von einem jungen Hasen das Wildpret von allen Knochen und schneidet es in grobe Würfel. Man läßt es im Bratfett kurz anschmoren, gießt den Rotwein daran und würzt mit gekörnter Fleischbrühe, etwas Zimt und Nelken, Salz, ganz wenig Pfeffer und einer kleinen Messerspitze Piment. Darin läßt man den Hasen langsam weich schmoren. Zum Schluß rührt man das mit Essig verquirlte Hasenblut darunter, fügt ein wenig Buttermilch hinzu und macht die Soße mit Schwarzbrotbröseln fertig. Das Ragout wird beim Anrichten mit geriebenem Parmesankäse überstreut und hierauf nochmals kurz bei Oberhitze in die Röhre gestellt, damit der Käse zum Schmelzen kommt. Am besten geschieht dies in einer feuerfesten Backform. Man reicht Kartoffelnudeln als Beilage.

## Serbisches Hasenragout 189

Wie »Serbisches Wildschweinsragout« Nr. 158. Man reicht ein scharf gewürztes Gemüse aus roten, gelben und grünen Paprikaschoten dazu.

Wie zu Nr. 158

## Hasenknödelchen in pikanter Soße 190

Von einem (alten) Hasen löst man das rohe Wildpret von den Knochen und gibt es mit Speck durch die Maschine. Man fügt Eidotter, Salz, Paprika, eine Spur Muskat, geriebene Zwiebel, ein wenig Knoblauch und Brösel dazu und macht den Teig mit etwas Wein geschmeidig. Daraus formt man kleine Knödelchen. Dann schmort man ein Büschel gehackte Kräuter, wie Petersilie, Sellerie, Estragon, wenig Raute und Liebstöckl in Öl, gibt noch etwas geriebene Zwiebel dazu und gießt mit Fleischbrühe oder mit Wasser und gekörnter Fleischbrühe auf. In dieser Brühe läßt man die Knödelchen gar ziehen. Man nimmt sie heraus und schmeckt die Soße mit Kapern, etwas Weißwein, geriebener Zitronenschale und einer guten Messerspitze Sardellenpaste pikant ab. Sie wird mit wenig Mehl gebunden und über die Knödel gegossen.

1 Hase, 150–200 g Speck, 2 Eier, Salz, Paprika Muskat, 1/2 Zwiebel, Knoblauch, 3–4 Eßl. Brösel, Wein, 2–3 Eßl. Öl, Kräuter, Zwiebel, Kapern, Zitrone, Sardellenpaste, Mehl
Garzeit: 15 Min.

## Hasenröllchen in Rotweinsülze 191

Die Keulen vom Hasen werden auf der Innenseite aufgeschlitzt und von den Knochen befreit. Man schneidet sie so flach, daß aus jeder Keule große Schnitzel entstehen. Diese klopft man gut, belegt sie mit Speckstreifen und gehackter Essiggurke oder Kapern, rollt sie auf und bindet sie mit Faden zusammen. Die Röllchen werden in einer sehr gut gewürzten Fleischbrühe, die mit reichlich Wurzeln, Zwiebeln, Kochrotwein oder Essig, Lorbeerblatt, Pfefferkörnern, Nelkenkopf und Salz gewürzt wurde, weich gekocht. 1 Liter Brühe wird gesiebt und mit weißer und roter Gelatine versehen. Man gießt einen kleinen Sockel davon in eine wassergespülte Schüssel und legt, wenn die Sülze erstarrt ist, die Röllchen darauf, gießt mit dem Rest der Sülze voll und stürzt sie nach dem Erkalten. Die Sülze wird mit Ei- und Tomatenscheiben, Essiggurken, Kapern und Zitronenschnitzen garniert. Man reicht Bratkartoffeln und eine Cumberland- (Nr. 390) oder eine Kräutersoße dazu.

2 Hasenkeulen, Speck, 1–2 Essiggurken oder Kapern, Wurzeln, Zwiebeln, Rotwein, Salz, Lorbeerblatt, Pfefferkörner, 1 Nelke, 12 Blatt weiße, 1/2 Blatt rote Gelatine, Sülzegarnitur
Garzeit: 60–70 Min.

## 192 Hubertus-Rollen

Etwa 500 g Hasenreste, Hasenleber oder 80–100 g Kalbsleber, etliche Pilze, 1/2 Zwiebel, Salz, Ingwer, Zitrone, Petersilie, 2 Eier, Knoblauch, Weinbrand, Brösel, Fett
Garzeit: 10–12 Min.

Hasenwildpretreste löst man von den Knochen und treibt sie mit der gewässerten Hasenleber oder einem Stückchen Kalbsleber, einigen Pilzen und 1/2 Zwiebel durch den Fleischwolf. Daran gibt man Salz, die 2 Eier und geriebene Zitronenschale, gehackte Petersilie, ganz wenig Knoblauch, ein wenig Ingwer und einen Schuß Weinbrand. Die Masse wird mit Bröseln gebunden. Man formt längliche Rollen daraus, wendet sie in Ei und Bröseln und bäckt sie in der Pfanne oder noch besser im heißem Fett schwimmend aus. Man gibt eine Remouladen- (Nr. 391) oder eine Kräutersoße dazu und legt die Röllchen um gekochten und mit Bröseln bestreuten Blumenkohl.

## 193 Farcierter Hasenbraten

Wie zu Nr. 336, aber statt Sardellenpaste Pilze
Garzeit: 55–60 Min.

Die Masse wie bei »Wildkrapfen« vermischt man noch mit der gleichen Menge an feingehackten, geschmorten Pilzen, die gut abgetropft wurden. Man füllt sie in eine gefettete oder noch besser in eine mit dünnen Speckstreifen ausgelegte Form und brät sie in der Röhre goldbraun. Der Braten wird gestürzt und kalt oder warm aufgetragen. Als Soße nimmt man einen aufgelösten Würfel Bratensoße, gießt etwas Wildbeize oder Rotwein und ein wenig sauren Rahm auf und würzt mit Zitronensaft und einer Spur Zucker. Dazu gibt es schwäbische Spätzle.

## 194 Hasenbouletten

Hasenbratenreste, ebenso viel Schweine- oder Kalbfleisch, 125 g Nierentalg, 1 Tasse gekochten Reis, 1–2 Eier, Petersilie, Zitrone, Zwiebel, Salz, Pfeffer, Würze, Fett
Garzeit: 8–10 Min.

Reste von Hasenbraten oder sonstigen Hasengerichten löst man von den Knochen und treibt sie mit ebensoviel rohem Schweine- oder Kalbfleisch durch die Maschine. Man gibt aufgeriebenen Nierentalg, gekochten Reis, Eier, Petersilie, geriebene Zitronenschale und Zwiebel, Pfeffer und Salz sowie Würze dazu. Daraus formt man Bouletten, die gebraten und mit Salaten aufgetragen werden.

## 195 Hasensalat

Hasenbratenreste, Sellerie, etliche Mandeln, Petersilie, Salz, 1–2 Eßl. Mayonnaise, Garnitur

Reste von einem Hasenbraten schneidet man in feine Streifchen und gibt gekochten Sellerie, der in ebensolche feine Streifchen geschnitten wurde, einige geschälte und geröstete, länglich geschnittene Mandeln, gehackte Petersilie, Salz und Mayonnaise darunter. Der Salat wird auf grüne Salatblätter oder in Muscheln oder in kleine, ungesüßte Mürbteigförmchen gefüllt und mit einer Rumkirsche oder Preiselbeeren verziert. Er dient als feine Vorspeise.

## Kaltes Hasengericht — 196

Hasenbratenreste, 1 Ei, Essiggurke, Tomaten, Wurzeln, Essig, Zitrone, Würze, Salz, Zucker, 6 Blatt Gelatine, Sülzegarnitur

Reste von Hasenbraten werden in schöne, gleichmäßige Stücke geschnitten und auf eine Platte gelegt. Man gibt das hartgekochte und aufgeschnittene Ei, Essiggurken, Tomatenscheiben oder was sonst zur Verfügung steht, dazu. Dann bereitet man aus 1/2 Liter mit Wurzeln gekochtem Essigwasser, etwas Zitronensaft, Suppenwürze, Salz, einer Prise Zucker und der aufgelösten Gelatine eine Sülzbrühe und gießt sie über das Gericht. Die Sülze wird kalt gestellt, mit Petersilie verziert und mit Mayonnaise-Kartoffelsalat serviert.

## Hase in Gelee — 197

1 Hase, Speck, Beize, Rotwein, Essig, Würze, Salz, Zucker, Muskat, 12 Blatt Gelatine, Gelbe Rübe, Ei, Tomaten, Pfeffergurke
Garzeit: 60–70 Min.

Zu diesem Gericht eignet sich auch ein älterer Hase! Nachdem er in der üblichen Weise vorbereitet und gespickt ist, läßt man ihn in Wildbeize zugedeckt langsam garkochen und zerlegt ihn dann in zierliche Stücke. Die Brühe wird abgesiebt, entfettet und kräftig mit etwas Kochrotwein, Weinessig, Würze, Salz, ganz wenig Zucker und Muskat abgeschmeckt. Dann rührt man in 1 Liter dieser Brühe die aufgelöste Gelatine und füllt damit eine ausgespülte Form 1 cm hoch ein. Wenn dieser Sockel erstarrt ist, legt man ein Muster aus Gelben Rüben, Ei- und Tomatenscheiben sowie Pfeffergurken ein und gießt wieder etwas Brühe auf. Jetzt kommt das Wildpret darauf, zuletzt gießt man den Sülzerest darüber und läßt alles erstarren. Die gestürzte Sülze wird mit einer Preiselbeersenfsoße aufgetragen.

## Hasenpastete — 198

1 Hasenrücken, 250 g Schweinefleisch, 250 g Mehl, 80–100 g Fett, 2 Eier, Salz, Zitrone, Muskat, 1 Eßl. Rahm, 1–2 Essiggurken, 1 Semmel, Zwiebel, Knoblauch,

Zuerst bereitet man aus Mehl, Fett, einem Ei (etwas Eidotter zurückbehalten!), Salz, geriebener Zitronenschale, einem Strich Muskat und Rahm einen pikanten Mürbteig. Während er ruht, löst man den eingebeizten Hasenziemer so ab, daß das Filet rechts und links des Rückgrates und auch die schmalen Wildpretstücke unterhalb des Ziemers gewonnen werden. Sie werden zu einem länglichen Bratenstück zusammengelegt; in die Mitte gibt man eine große oder zwei kleine Essiggurken. Dann ver-

Salz, Pfeffer
Garzeit: 45–50 Min.

knetet man fettes Schweinehackfleisch mit einer milchgeweichten Semmel, 1 Ei, etwas geriebener Zwiebel, ein wenig Knoblauch, Salz und Pfeffer und umgibt damit die leicht gesalzenen Wildpretteile. Nun legt man eine gut gefettete Form mit dem ausgewellten Teig aus, füllt alles Fleisch ein, drückt es fest an und deckt es mit einem Teigdeckel zu. Er wird mit quer darüber gelegten Teigstreifen verziert. Man bestreicht den Teig mit Eidotter und bäckt die Pastete bei guter Hitze schön knusprig goldbraun. Sie schmeckt warm und kalt ausgezeichnet! Dazu reicht man Tomatensalat und Essiggurken.

# Wildkaninchen

Rücken, also Ziemer, sowie Keulen und Läufe des Wildkaninchens werden wie die des Hasen zubereitet. Das Wildpret ist nicht dunkel, sondern weiß, schmeckt aber herber und pikanter als das vom zahmen Kaninchen. Es wird in ein Essigtuch oder in saure Milch gelegt. Junge Kaninchen gibt man also nicht in eine Beize, denn dadurch werden sie nur trocken. Der zurechtgemachte Braten wird enthäutet, gespickt und mit etwas Senf bestrichen, sonst schmeckt er langweilig.

## 199 Kaninchenrücken

Wild-Kaninchenrücken, Essig, Salz, Pfeffer, Sardellenpaste, oder Senf oder Curry, Tomatenmark, Zwiebel, Speckscheiben, Fett, Rahm, Rotwein oder Preiselbeeren, Schwarzbrotrinde, Würze, Pilze
Garzeit: 35–40 Min.

Der Rücken wird ausgelöst und 1–2 Tage in ein Essigtuch gelegt. Dann häutet man ihn, salzt und pfeffert ihn oder reibt ihn mit Sardellenpaste oder Senf oder Curry ein. Man bestreicht ihn weiterhin noch mit dickem Tomatenmark, streut dicht Zwiebelscheiben darauf und bindet den ganzen Rücken in dünne, aber möglichst große Speckscheiben ein. Hierauf brät man ihn in gut heißem Fett mit Zwiebeln knusprig und gießt die Soße mit etwas saurem Rahm auf. Sie wird nach Wildart noch mit Rotwein oder Preiselbeeren, Schwarzbrotrinde, Würze und nach Belieben noch mit gehackten Pilzen abgeschmeckt. Der Braten wird zuletzt von der Bindeschnur befreit, in schöne Scheiben geschnitten, angerichtet und mit der Soße übergossen. Man gibt Teigwaren dazu.

## Kaninchenschnitzel 200

Von einem jungen, fetten Wildkaninchen verwendet man die Schlegel (Keulen) zu Schnitzeln. Der Knochen wird ausgelöst, dann schneidet man das Wildpret der Schlegel in zwei Hälften, klopft sie ein wenig, salzt und pfeffert sie, bestreicht sie mit Senf und wendet sie in Mehl. Hierauf brät man sie in reichlich Fett goldbraun und gibt ein Stückchen Sardellenbutter und Tomatenschnitze sowie Salate dazu.

2 Kaninchenschlegel,
Senf, Salz, Pfeffer, Mehl,
Fett, Sardellenbutter,
Tomaten
Garzeit: 15–20 Min.

## Kaninchenrouladen 201

Die Bauchlappen von einem Wildkaninchen werden bis zum Ansatz der Rippen abgeschnitten; dann löst man die Rippenenden heraus und schneidet jeden Lappen in zwei Teile. Man bestreicht sie mit Senf, streut etwas Salz und Pfeffer darüber und gibt kleine, gehackte Essiggurken, etwas gehackten Speck und Tomatenmark darauf. Man wickelt nun die Rouladen zusammen, bindet sie und schmort sie in heißem Fett mit reichlich Zwiebeln langsam gar. In die Soße gibt man eine zerdruckte Knoblauchzehe, etwas Kümmel, Johannisbeergelee und sauren Rahm; man bindet sie mit ganz wenig Speisestärke und serviert sie gesondert. Dazu gibt es Reis.

2 Kaninchenbauchlappen,
Senf, Salz, Pfeffer,
3–4 kleine Essiggurken,
Speck, 1 Eßl. Tomatenmark,
Fett, Zwiebel, Knoblauch,
Kümmel,
1 Teel. Johannisbeergelee,

## Wildkaninchenfrikassee 202

Das Wildpret wird roh abgelöst und in möglichst große, gleichmäßige Würfel geschnitten, die man rasch etwa 3–4 Minuten in Salzwasser kocht, damit sie schön weiß bleiben. Man tropft sie ab und schmort sie mit Weißwein gar. Zuletzt bereitet man eine weiße Schwitze, gießt sie mit wenig Milch und der Kochbrühe auf, würzt sie mit Zitronensaft, Muskat, Salz, Angostura und einer kaum spürbaren Prise Zucker. Man legiert das mit dem Wildpret noch kurz durchgekochte Frikassee mit Eidotter und streut Petersilie darüber. Dazu gibt es Reis und junge Erbsen.

1 Wildkaninchen, Salz,
1 Glas Weißwein, Butter,
Mehl, Milch, Zitrone,
2–3 Tropfen Angostura,
Zucker, 1 Eidotter,
Petersilie
Garzeit: 30–40 Min.
Rahm, Speisestärke
Garzeit: 30–40 Min.

## Wildkaninchen in Currysoße 203

Ein zurechtgemachtes Kaninchen wird wie üblich unter häufigem Begießen braun gebraten. Währenddessen schmort man reichlich Zwiebel, Karotten und Petersilie, etwas Lauch und Sellerie, alles kleingeschnitten, in Fett an und gibt den Curry und den geriebenen Apfel dazu. Die Soße

1 Wildkaninchen, Zwiebel,
Karotte, Petersilie, Lauch,
Sellerie, Fett,
2–3 Eßl. Curry

(Farbbild Seite 176)

1 Apfel, Speisestärke, Salz, Pfeffer, Zucker
Garzeit: 50–60 Min.

(Farbbild Seite 176)

wird sehr gut durchgekocht und dann durch ein Sieb gedrückt. Man bindet sie mit ein wenig Speisestärke, gießt sie soweit nötig auf und würzt sie mit der entstandenen Kaninchensoße, Salz, Pfeffer und nach Bedarf auch mit einer kleinen Prise Zucker. Hierauf teilt man das Kaninchen in gefällige Stücke und gießt die schön scharfe Soße darüber. Nach Belieben garniert man noch mit Teigwaren und je einer roten und gelben Paprikaschote, die mit in Butter glasig geschmorten Zwiebelringen gefüllt werden. Dazu gibt es beliebigen Salat.

## 204 Kaninchenbraten nach französischer Art

1 Wildkaninchen, Speck oder Fett, Rosmarin, Wurzeln, Rotwein, Rahm, Knoblauch, je 1 Teel. Tomaten- und Paprikamark, Würze, Zucker, Garnitur
Garzeit: 50–60 Min.

Ein vorbereitetes Kaninchen wird mit Fett oder Speckwürfeln angebraten; man streut geriebenen Rosmarin darüber und läßt das reichlich beigegebene, feingehackte Wurzelwerk braun anrösten. Dann erst gießt man mit Rotwein und ein wenig Rahm auf, schmeckt die Soße mit etwas Knoblauchpulver, Tomaten- und Paprikamark, ein wenig Zucker und Suppenwürze ab. Das zart gebratene Kaninchen wird in schöne Stücke zerlegt und auf einer heißen Platte angerichtet; die Keulen werden mit weißen Papiermanschetten versehen. Man stellt um das Fleisch kleine Schälchen, die mit Delikatessen beliebiger Art, wie Cumquats (fernöstliche Zwergorangen, in dickem Sirup eingemacht), Tomatenketchup, Mango-Chutney, Cornichons (grüne Essiggürkchen) und pikanten Ingwer-Mixed-Pickles gefüllt sind. Die Soße wird mit etwas Petersilie oder Bachkresse und Pommes-frites gesondert serviert.

## 205 Kaninchenpain

1 Wildkaninchen ohne Rücken und Keulen, etwa 250 g Schweinebauch, Speck oder Schinken, 1 Zwiebel, 3 Eier, Salz, Pfeffer, Majoran, Zitrone, Petersilie, Senf
Garzeit: 60–70 Min.

Lunge, Herz und das Wildpret vom Kopf und von den Läufen werden mit den anderen Abfällen, wie sie beim Tranchieren übrig bleiben, weich gekocht und durch den Wolf gedreht. Dazu gibt man etwa die Hälfte der Menge an fettem Schweinebauch und ein kleines Stückchen geräucherten Speck oder Schinken, die gehäutete Leber und eine ganze Zwiebel. Mit etwas heißer Fleischbrühe und 3 Eiern rührt man die streichfähige Masse ab und fügt Salz, Pfeffer, ein wenig Majoran oder Thymian, etwas feingeriebene Zitronenschale und gehackte Petersilie sowie etwas Senf hinzu. Man legt dann eine feuerfeste Backform mit Speckscheiben aus, füllt die Masse hinein und deckt sie mit einer Speckplatte ab. Das Pain wird in der Röhre gebacken; nach dem Erkalten stürzt man es und schneidet Scheiben davon.

## Kaninchen in Currysoße

206

Ein junges Wildkaninchen wird roh in Würfel zerlegt, leicht gemehlt und mit aufgeschnittener Zwiebel in genügend Butter angeschmort. Dabei achtet man darauf, daß es keine Farbe annimmt und gießt früh genug mit etwas Wasser oder Fleischbrühe auf. Man gibt einen geschälten und aufgeschnittenen Apfel, Curry, Salz, etwas Würze und Rahm dazu und läßt nun das Ragout zugedeckt langsam zart-weich schmoren. Zuletzt streut man gehackte Petersilie darüber und serviert es mit körnig gekochtem Reis.

1 junges Wildkaninchen, Mehl, 1 Zwiebel, Butter, 1 Apfel, 1–2 Teel. Curry, Salz, Würze, 1 Tasse Rahm oder Crème fraîche, Petersilie
Garzeit: 50–60 Min.

## Kaninchenschinken

207

Der Rücken und die fetten Keulen werden ausgelöst, so daß schöne, große Wildpretstücke entstehen. Diese werden 3 Tage in eine normale Pökellake gelegt. Dann werden sie abgetrocknet und je 2 Filets und 2 Keulen fest zusammengebunden. Sie werden in dünne Gazesäckchen genäht und 2 Tage in den Rauch gehängt. Die Gazesäckchen haben den Zweck, den hauptsächlichen Ruß abzufangen, so daß das Wildpret nur kurz gewaschen werden muß und nicht viel Fett dabei verloren geht.
Dieser Schinken, luftig aufgehängt, hält sich, wenn man das Gazesäckchen entfernt, mehrere Wochen. Man kocht ihn, weil er sonst ein wenig zäh ist. Er schmeckt sehr pikant und zart und läßt sich gut aufschneiden.

Rücken und Keulen eines großen Wildkaninchens, Pökellake
Garzeit: 30–40 Min.

## Kaninchensalat

208

Reste von einem gebratenen Kaninchen werden von den Knochen befreit. Man schneidet das Wildpret feinnudelig auf und nimmt dabei ein besonders schönes Stück weg, um es als Garnitur obenauf legen zu können. Dann schneidet man einige gekochte Karotten und das Herz von grünem Salat ebenfalls zu feinen Streifen auf, gibt das Fleisch, den aufgerissenen Apfel, etwas aufgerissenen Sellerie, einige Estragonblätter, Salz, Pfeffer, Öl und Essig dazu und richtet den Salat in einer Glasschüssel an. Er wird mit einem Kranz gefälliger Fleischscheiben, die möglichst aus dem Ziemer genommen wurden, umgrenzt. Man legt Karottenscheiben und Eischeiben darum und garniert das Gericht mit etwas Feldsalat und in der Mitte mit einem Häufchen Mayonnaise und Estragonblättchen. Die Glasschüssel wird auf eine große Platte gestellt, die man noch mit halben Ananasscheiben oder mit Kiwis dekoriert.

Kaninchenreste, Karotten, Salat, 1 Apfel, Sellerie, Estragon, Salz, Pfeffer, Öl, Essig, Ei, Mayonnaise, 2–3 Ananasscheiben oder 1–2 Kiwi

# Wildgeflügel

## (Federwild)

Federwild kann praktisch zu allen Jahreszeiten anfallen. Die Behandlung des Wildgeflügels nach dem Schuß wurde bereits ausführlich im Kapitel »Wenn das Wild in die Küche kommt« (Seite 9) beschrieben.

Zum Braten eignet sich nur junges Federwild, älteres kocht oder schmort man (Ragouts, Pasteten). Hinweise auf das Alter der Vögel gibt es allenfalls von Art zu Art verschieden. So sind beim Rebhuhn gelbe (statt graue) Füße, beim Fasanenhahn der noch kurze und stumpfe Sporn, bei der Ringeltaube der noch fehlende Halsring, verläßliche Zeichen für Jugend.

Ganz frisch angeliefertes Wildgeflügel muß erst noch einige Tage in einem kühlen Raum »abhängen«, damit das Wildpret zart und mürb wird. Am besten läßt man es im Federkleid hängen und rupft, häutet, reinigt und wäscht es erst unmittelbar vor der Zubereitung. Es soll nicht direkt auf Eis gelegt werden, denn davon bekommt es häßliche, dunkle Stellen.

Natürlich sind die in der freien Natur aufgewachsenen Wildvögel meist mager und brauchen daher ein Speckhemdchen. Sehr empfehlenswert ist es, zuerst ein Weintrauben- oder Salbeiblatt und dann erst das Speckhemd um den Braten zu wickeln. Die Bratzeit darf nur sehr kurz sein, damit das Wildpret innen noch zart rosa ist, denn sonst wird es trocken und hart und verliert sein feines Aroma. Als Regel gilt, daß das Fleisch am Knochen noch rosa sein soll. Für kleine Wildvögel genügen 12–15 Minuten, größere brauchen je nach Alter 20–40 Minuten.

Besonders appetitlich sieht das Geflügel aus, wenn es goldbraun gebraten auf den Tisch kommt. Um dies zu erreichen, muß man es die letzten 10 Minuten aus dem Speckhemd nehmen, mit brauner Butter übergießen und dann noch bräunen lassen.

Am besten schmeckt Wildgeflügel, das sich von wilden Beeren, insbesondere von Wacholderbeeren ernährt. Aber auch durch Zugabe von Wacholderbeeren an die Soße wird der aparte Wildgeschmack sehr unterstützt. Andere, insbesondere scharfe Gewürze, wie Lorbeerblatt, Pfeffer, Zwiebel und dergleichen sind tunlichst zu vermeiden, denn sie beeinträchtigen den feinen Eigengeschmack des Geflügels.

# Bekassine

Bekassinen sind eine (in Deutschland nicht bejagbare) Art von Schnepfen in der Größe etwa einer Wachtel, aber mit einem 5–6 cm langen Stecher (Schnabel). Bekassinen haben einen sehr guten Geschmack und werden im Herbst auch feist. Man rupft sie vorsichtig bis auf den Hals, zieht dann die Haut über den Kopf, sticht die Augen aus und bricht den unteren Stecher ab. Die langen Ständer werden gesengt, damit die Haut abgeht. Dann streckt man sie nach hinten aus und bindet sie auf einen Holzspan. Man entfernt den Magen, den Schlund und die Gurgel; das übrige Eingeweide bleibt nach Belieben im Körper. Der Stecher wird zurückgeschoben und in die Brust gesteckt. Sehr zerschossene Bekassinen oder solche, die sehr mager sind, verwendet man zu Ragout, Pain oder zu Pastete, aber auch zu Suppen.

## Gebratene Bekassine — 209

Man bestreut den Vogel mit Salz, wickelt ihn in eine Speckscheibe und brät ihn in heißer, brauner Butter. Will man das Eingeweide ausnehmen, so werden die Leber und der übrige Inhalt der Bauchhöhle ohne Magen fein gewiegt und mit Salz, ein wenig Suppenwürze, geriebener Zitronenschale und Petersilie abgeschmeckt, auf geröstete Weißbrotscheiben gestrichen und kurz überbacken. Man richtet diese Brötchen wie Schnepfendreck-Brötchen (Nr. 223) um die Vögel auf der Platte an.

Je Person 1–1½ Bekassinen, Speck, Butter, Salz, Würze, Zitrone, Petersilie, Weißbrot
Garzeit: 15–20 Min.

## Bekassinen in Rotwein — 210

Einige sorgfältig gereinigte und ausgenommene Bekassinen brät man mit etwas gewürfeltem Speck und reichlich Zwiebeln nahezu gar. Dann fügt man Rotwein, kleingeschnittenen, rohen Schinken und geriebene Zwiebel hinzu. Diese Soße muß noch dicklich einkochen. In der Zwischenzeit röstet man einige dicke, mit Butter bestrichene, Weißbrotscheiben goldbraun oder formt von gekochtem Reis kleine Sockel, auf die man nun je eine halbierte, fertig gebratene Bekassine legt. Zuletzt gießt man die Soße darüber. Als Beilage reicht man grünes Erbsenpüree und Salate.

Je Person –1½ Bekassinen, Speck, Zwiebel, 1 Glas Rotwein, 100 g Schinken, Weißbrot, Butter, Reis
Garzeit: 15–20 Min.

## 211 Bekassinen-Frikassee in Muscheln

6–8 Bekassinen, Speck,
1 Tasse Champignons oder Steinpilze, Petersilie,
Butter, Zwiebel, Weißwein,
Fett, Mehl, Milch, Salz,
1 Wacholderbeere, Muskat,
Zitrone, Würze
Garzeit: 15–20 Min.

Die Bekassinen werden auf die beschriebene Weise vorbereitet; dann nimmt man die Brüstchen ab und entfernt die Eingeweide. Diese werden (mit Ausnahme des Magens) ebenso wie das von den Knochen abgelöste Wildpret zusammen mit Champignons oder Steinpilzen und mit Petersilie klein geschnitten. Man schmort alles in Butter mit ganz wenig gehackter Zwiebel an und füllt mit Fleischbrühe und Weißwein auf. Gleichzeitig bereitet man eine kleine, weiße Schwitze, die mit etlichen Eßlöffeln Milch und dem kleinen Frikassee aufgegossen wird. Man würzt mit Salz, einer feingeriebenen Wacholderbeere, einem Strich Muskat, geriebener Zitronenschale und einigen Tropfen Suppenwürze und richtet das nicht zu dünnsoßige Frikassee in Muscheln an. Die Brüstchen werden leicht gesalzen, in Speck gewickelt und gebraten; man gibt sie in die Mitte einer heißen Schüssel und stellt außenherum die Muscheln mit dem Frikassee. Zuletzt garniert man das Gericht mit Salbeiblättern oder Petersilie.

## 212 Bekassinen nach Budapester Art

6–8 Bekassinen, Zwiebel,
Knoblauch, Wurzeln, Salz,
Pfeffer, 2–3 Wacholderbeeren, Zitrone,
1–2 Gläser Rotwein,
2 Zwiebeln, Schweinefett,
1–2 Teel. milder Delikateß-Paprika,
2 Eßl. Tomatenmark, Rahm
Garzeit: 25–30 Min.

Die Bekassinen, die auch schon etwas älter sein dürfen, befreit man von ihrer Haut, wie eingangs beschrieben. Man entfernt Kopf, Hals und Ständer und kocht diese mit einer gehackten Zwiebel, 1–2 Zehen Knoblauch, reichlich Suppenwurzeln, Salz, Pfeffer, Wacholderbeeren und etwas dünn abgeschnittener Zitronenschale in Rotwein und ganz wenig Wasser gut durch. Dann löst man alles Fleisch davon ab und schneidet es sehr klein. Inzwischen schmort man die halbierten Bekassinen in Fett langsam goldbraun an, gießt mit der Rotweinbrühe auf und läßt die Vögel zugedeckt garen; zuletzt werden sie in gefällige Stücke geschnitten, wobei man möglichst alle Knochen auslöst. Gleichzeitig schmort man große, feingehackte Zwiebeln in Schweinefett an, bis sie hellglasig sind, gibt milden Delikateß-Paprika und Tomatenmark, das Bekassinenfleisch, auch das von den Knochen befreite, die durchgedrückten Suppenwurzeln, eine Prise Zucker, Salz, ein wenig Rahm und nötigenfalls noch einmal Rotweinbrühe hinzu. Die Soße muß durch die weichgeschmorten Zwiebeln genügend Bindung haben; sie braucht also keine Mehlbindung. Dieses gulaschartige Gericht muß gut scharf schmecken; man serviert es mit Teigwaren, Spätzle oder Semmelknödeln.

## Bekassinen-Ragout **213**

Von den Bekassinen zieht man die Haut ab, wie eingangs beschrieben, und entfernt die Köpfe, die Hälse und die Ständer. Diese werden gut gewaschen, zerstoßen und mit Zwiebeln und Wurzeln, Pfeffer, Wacholderbeeren und Rotwein 1 Stunde gut durchgekocht. Man fügt die Rindsbouillon dazu und gießt damit eine kleine, braune Mehlschwitze auf. Die Bekassinen selbst werden hierauf halbiert, gesalzen und in Butter goldbraun gebraten. Man gibt sie nochmals kurz in die Soße, die mit der Bratbutter, etwas Würze und Zitronensaft sowie einer winzigen Prise Zucker würzig abgeschmeckt wird. Zuletzt legt man die Bekassinenhälften mit etwas Soße in eine Mulde aus Kartoffelbrei und reicht Sauerkraut oder Blaukraut mit glacierten Kastanien oder gerösteten Brotwürfelchen dazu. Den Rest der Soße reicht man gesondert.

6–8 Bekassinen, Zwiebel, Wurzeln, Salz, Pfeffer, 1–2 Wacholderbeeren, 1/2 Flasche Rotwein, 1 Würfel Rindsbouillon, Fett, Mehl, Butter, Würze, Zitrone, Zucker
Garzeit: 70–80 Min.

# Schnepfe (Waldschnepfe)

Schnepfen läßt man mit dem Eingeweide im Federkleid kurz abhängen, sonst sind sie zäh. Während man sie früher samt dem Eingeweide gebraten hat, ist unser heutiger Geschmack doch soweit verändert, daß man sie im allgemeinen lieber ausnimmt und den »Schnepfendreck« – das ist der Inhalt der Bauchhöhle ohne Magen – in appetitlicher Form gesondert verwendet. Im übrigen bereitet man sie vor wie bei »Bekassinen« angegeben.
Schnepfen gibt es durch Importe, auch wenn sie bei uns Schonzeiten haben; daher sind Rezepte dafür stets interessant.

## Schnepfen auf Försterin-Art **214**

Die Schnepfen werden wie zu Braten dressiert, aber nicht ausgenommen. Man entfernt nur die Magen, salzt die Vögel leicht und wickelt sie in schmale Speckstreifen. Dann legt man sie auf dicke Weißbrotscheiben

6–8 Schnepfen, Speck, Salz, Weißbrot, Butter, Rahm, 1 Glas Burgunder,

Champignons
Garzeit: 25–30 Min.

und gibt sie in die gut gebutterte Bratpfanne. Während des Bratens übergießt man sie mehrmals mit Butter, wobei das Brot das Fett aufsaugt. Man nimmt es dann heraus, übergießt die Schnepfen mit etwas saurem Rahm und Burgunder, brät sie schön fertig und nimmt die Speckscheiben ab, die kleingeschnitten und mit den Schnepfen auf frisch geröstete Brotscheiben gelegt werden. Die Soße, die mit einigen feingeschnittenen Champignons oder Steinpilzen und einem Stückchen frischer Butter abgeschmeckt wurde, gießt man darüber.

## 215 Gefüllte Schnepfen

6–8 Schnepfen, Speck,
6–8 Semmeln, Milch,
Petersilie, Zitrone,
Salz, Paprika, Würze, 1 Ei,
Butter, Rahm, Madeira
Garzeit: 30–35 Min.

Für jede ausgenommene Schnepfe weicht man eine Semmel in Milch ein, drückt sie aus und gibt gehackte Petersilie, geriebene Zitronenschale, Salz, ein wenig Paprika und Suppenwürze sowie das Ei dazu. Damit füllt man die gerupften und leicht gesalzenen Tiere und steckt die Öffnung zu. Man wickelt sie in dünne Speckscheiben und brät sie unter häufigem Begießen mit etwas Butter und saurem Rahm 20 Min. Die Soße wird mit Madeira abgeschmeckt. Dann wickelt man sie aus dem Speck, bräunt sie noch 5 Min., halbiert sie und legt sie in die Mitte eines gestürzten Reisringes. Sie müssen innen noch rosa sein. Der Speck wird in schmale Streifen geschnitten und außen um den Reisring gelegt; dieser selbst wird mit Schnittlauch bestreut oder mit Tomaten garniert.

## 216 Gedämpfte Schnepfen

6–8 Schnepfen, Salz,
Mehl, Butter, Speck,
Schnepfendreck Nr. 223,
Knoblauch, Würze
Garzeit: 40–50 Min.

Dazu lassen sich auch ältere Vögel verwenden. Sie werden ausgenommen, gereinigt und außen und innen mit Salz eingerieben. Dann bestreut man sie dünn mit Mehl und dünstet sie mit etwas heißer Butter und kleingewürfeltem Speck an, wobei man nach einiger Zeit ein Glas Weißwein dazugibt, und den Topf zudeckt. An die Soße gibt man den feingewiegten »Schnepfendreck« (Nr. 223), bindet sie mit etwas Mehl und schmeckt sie zuletzt mit ein wenig feinzerdrücktem Knoblauch und Würze ab. Die Schnepfen werden halbiert und auf Sauerkraut angerichtet.

## Schnepfensalmi 217

Einige Schnepfen und – wenn möglich – noch 1–2 Krammetsvögel werden gereinigt, ausgenommen und wie bei Nr. 216 beschrieben in Butter weich gedämpft. Die Vögel werden dann in gefällige Stücke zerlegt und beiseite gestellt. Inzwischen röstet man eine gehackte Zwiebel in Fett an und gibt die Knochen und die Eingeweide der Schnepfen und Krammetsvögel (ohne Magen), etliche gewiegte Kapern und Pilze sowie Salz und etwas Suppenwürze daran, stäubt Mehl darüber und gießt dann mit etwas Fleischbrühe und Madeira auf. Die Soße wird mit Zitronensaft und Zucker leicht süßsauer abgeschmeckt und abgesiebt. Man gibt das Wildpret und 1 Tasse geschmorte Pilze hinein und richtet das Salmi in einer nicht zu tiefen Schüssel an. Es wird mit gerösteten Brotscheiben oder Blätterteigmonden umgeben.

4–6 Schnepfen, 1–2 Krammetsvögel, Butter, Speck, Salz, 1 Zwiebel, Kapern, Pilze, Würze, 1 Eßl. Mehl, 1 Glas Madeira, Zitrone, Zucker.
Garzeit je nach Alter: 30–50 Min.

## Schnepfenbrüstchen nach Kardinalsart 218

Von jungen Schnepfen nimmt man die Brüstchen ab, klopft sie leicht und schneidet sie seitlich auf, so daß Taschen entstehen. Man füllt sie mit Schnepfendreck (Nr. 223) und brät sie in heißer Butter goldbraun. Von den Lebern und einem weiteren Geflügelstück oder einem Stückchen gekochter Kalbsleber, von dem zerkleinerten Wildpret, den kleinen Schnepfenschenkeln und einigen Pilzen, ganz wenig geriebener Zwiebel, Zitronenschale, Petersilie, etwas Salz, einigen Tropfen Angostura Bitter und einem Stückchen Butter macht man eine feine Soße, die über die fertigen Schnepfenbrüstchen gegossen wird.

8 Schnepfen, Schnepfendreck Nr. 223, Butter, Pilze, Zwiebel, Zitrone, Petersilie, Salz, Angostura, Butter
Garzeit: 20–25 Min.

## Schnepfenkrustaden 219

Von den Schnepfen löst man die Brüstchen aus, spickt sie mit dünnen Streifchen von Räucherspeck und schmort sie in Butter hell an. Dann bereitet man aus dem Schnepfendreck Nr. 223 (ohne Magen!), etwas Salz, gehackter Petersilie, ganz wenig Zitronensaft und -schale sowie einem Stückchen Butter und Suppenwürze eine dickliche Farce, die man auf geröstete Weißbrotscheiben streicht. Gleichzeitig kocht man 250 g Makkaroni, tropft sie ab und schwenkt sie in Butter; man fügt 2–3 Eßlöffel geriebenen Parmesankäse und ebensoviel Tomatenmark hinzu, gibt sie auf eine Platte und garniert sie ringsum mit den Schnepfenbrüstchen und den Schnepfendreck-Brötchen.

6–8 Schnepfen, Speck, Butter, Schnepfendreck Nr. 223, Salz, Petersilie, Zitrone, Würze, Weißbrot
Garzeit der Brüstchen: 20–25 Min.

## 220 Schnepfenpüree auf Warschauer Art

6–8 Schnepfen, Salz,
Butter, Schnepfendreck
Nr. 223, Fett, Mehl, Muskat,
Würze, Zitrone, Eier
Schinken oder Käse
Garzeit: 30–50 Min.

Das Wildpret einiger gedünsteter (auch älterer) Schnepfen wird nach dem Erkalten von den Knochen abgelöst; es wird fein gewiegt und mit dem Schnepfendreck (Nr. 223) vermengt. Nun bereitet man eine kleine, weiße Schwitze, gibt das Wildpret hinein und würzt das Gericht pikant mit Salz, einem Strich Muskat, Würze und ein wenig geriebener Zitronenschale. Das dickliche Püree wird auf einer Platte erhaben angerichtet und mit Spiegeleiern umgeben. Man bestreut es in der Mitte mit kleinen Schinkenwürfeln oder mit geriebenem Hartkäse.

## 221 Feines Schnepfenpain

5–6 Schnepfen, Salz, Butter,
Schnepfendreck Nr. 223, Fett,
Mehl, Rotwein, 5 Eier,
Zitrone, Petersilie
Garzeit: 45–50 Min.

Zuerst brät man die Schnepfen, wie bei Nr. 214 beschrieben, zart rosa, läßt sie dann erkalten und schneidet feine Streifchen davon. Von den Eingeweiden mit Ausnahme der Magen bereitet man nach Rezept Nr. 223 Schnepfendreck. Aus den zerstoßenen und mit Butter scharf angerösteten Knochen, die mit wenig guter Fleischbrühe aufgegossen werden, macht man eine pikante Soße, die mit ganz wenig brauner Schwitze eingedickt und mit etwas Rotwein aufgegossen wird. Man gibt das Schnepfenwildpret, den Schnepfendreck und die Soße zusammen, schlägt die Eidotter darunter, schmeckt die Masse noch mit Salz, etwas Zitronensaft und sehr fein gehackter Petersilie ab. Man hebt den steifen Eischnee darunter und füllt die Masse in eine mit Butter bestrichene Porzellanschüssel. Diese wird im Wasserbad etwa 3/4 Stunden gekocht und dann gestürzt. Man kann das Pain heiß oder kalt auftragen und es mit einer Cumberlandsoße oder mit einer guten Kräutersoße servieren.

## 222 Schnepfenpastete

Aus Mehl, Schweinefett, etwas Salz, Ei, geriebener Zitronenschale, Muskat und ganz wenig saurer Milch bereitet man einen mürben Teig. Man läßt ihn eine Weile liegen und dämpft währenddessen 1–2 sauber geputzte, ausgenommene junge Schnepfen, die dann gewürzt und mit wenig Zwiebel und Speckwürfelchen gargedämpft werden. Man hebt sie heraus und umhüllt sie so mit dem Schweinehackfleisch (gut gewürzt), daß ein Kopf mit dem Schnabel herausragt. Diesen Fleischkloß gibt man auf den ausgewellten Mürbteig und schlägt diesen so darum, daß die Schnepfe aussieht, als ob sie im Nest säße. Den Teig streicht man ringsum wie eine Halbkugel glatt und setzt eine Art Flügel aus Teig dar-

auf; die Pastete wird hierauf mit Eidotter bestrichen. Den Kopf mit dem Schnabel bedeckt man mit etwas Speck und hüllt ihn noch in Pergamentpapier ein, damit er nicht so rasch verbrennt. Dann bäckt man die Pastete in der Röhre goldbraun; erst zum Schluß nimmt man Papier und Speck ab. In die Augenhöhlen gibt man kleine Speckstückchen.
Die Schnepfenpastete kann auch in einer feuerfesten Form gebacken und warm oder kalt aufgetragen werden. Sie wird mit Zitronenscheiben garniert.

1–2 große Schnepfen, Speck,
250 g Schweinehackfleisch,
200 g Mehl,
100 g Schweinefett, 1 Ei,
Salz, Pfeffer, Muskat,
Zitrone, Milch, Zwiebel
Garzeit der Pastete:
45–50 Min.

## Schnepfendreck 223

Der gesamte Inhalt der Bauchhöhle – also Herz, Leber und Gedärme, aber ohne Magen! – wird mit etwas Speck fein gehackt, mit wenig geriebener Zwiebel und Petersilie vermengt und mit Salz und Rotwein, noch besser Portwein, kurz gekocht. Diese Masse wird mit Butter verfeinert und nach Belieben mit etlichen Semmelbröseln gebunden. Man streicht sie auf kleine, gebutterte Weißbrotscheiben und übergießt sie nochmals mit etwas Butter; man kann auch geriebenen Parmesankäse darüberstreuen. Dann bäckt man die Brötchen in der Röhre.
Schnepfendreck ist für viele Leute eine besondere Delikatesse, die allerdings nicht überall Anklang findet. Man muß sie einige Male und sehr gut zubereitet gegessen haben, um auf den Geschmack zu kommen.

Eingeweide von
3–4 Schnepfen, Speck,
Zwiebel, Petersilie,
Salz, 1 Glas Rot- oder
Portwein, Butter, Brösel,
Weißbrot, Parmesan
Garzeit: 6–8 Min.

# Krammetsvogel (Wacholderdrossel)

Dieser (bei uns nicht bejagbare) Zug- oder Strichvogel lebt hauptsächlich von Insekten, im Winter von Wacholderbeeren und Vogelbeeren. Diesen schreibt man den angenehmen und pikanten Geschmack des Wildprets zu. Man kann die Vögel nach allen Rezepten für Bekassinen, Schnepfen, Wildtauben und Rebhühner zubereiten. Für jede Person muß man wenigstens einen Vogel rechnen.
Die Tiere werden vorsichtig gerupft, gesengt und dressiert; ob man sie ausnimmt, ist ebenso Liebhabersache wie bei den Schnepfen. Jedenfalls muß man aber den Magen entfernen.
Auch kleinere Vögel kann man auf diese Weise zubereiten.

## 224 Gebratene Krammetsvögel

6–8 Krammetsvögel,
Speck, Salz, Pfeffer,
Butter, Rotwein, Brösel
Garzeit: 15–20 Min.

Die möglichst jungen Vögel werden gerupft, gesengt und nach Belieben ausgenommen; unbedingt entfernt man den Magen. Dann schneidet man die Köpfe und die Ständer ab. Man bestreut die Tiere mit etwas Salz und Pfeffer und wickelt sie in eine Speckscheibe oder in gut gefettetes Pergamentpapier. Nun kann man sie in der Bratpfanne oder, ohne Papier, halbiert und flachgedrückt auf dem Grill rösten oder auf einen Spieß gesteckt in der Bratpfanne braten. Wenn man sie am Spieß oder im Grill brät, gibt man statt Soße gebräunte Butter dazu. Bei den in der Pfanne gebratenen Krammetsvögeln wird die Soße mit Butter verlängert und mit Kochrotwein aufgegossen. Zuletzt wickelt man die gebratenen Vögel aus dem Papier, bestreut sie mit etwas Semmelbröseln, beträufelt sie mit Butter und läßt sie noch kurz schön braun werden. Dann bringt man sie mit Sauerkraut zu Tisch.

## 225 Gedämpfte Krammetsvögel mit Trauben

6–8 Krammetsvögel,
Salz, Zucker, Zimt,
Muskat, Würze
Trauben, Weinblätter
Garzeit: 30–40 Min.

Die Krammetsvögel werden wie Schnepfen (Nr. 216) gar gedämpft, wobei man die Soße mit ganz wenig Zucker und Zimt, etwas Muskatnuß und Würze gut würzt. Zuletzt gibt man an die Soße eine Tasse dünnschalige Trauben. Die Platte wird mit Weinblättern verziert.

## 226 Krammetsvögel nach Hausfrauenart

6–8 Krammetsvögel, Speck,
Fett, 2–3 Wacholderbeeren,
1–2 Eßl. Schwarzbrotbrösel,
Rahm, 1 Glas Rotwein,
Würze, Zitrone, Zucker
Garzeit: Junge 15–20 Min.
Alte 30–40 Min.

Die vorbereiteten, ausgenommenen, gewürzten und in Speckscheiben gebundenen Vögel werden in heißem Fett angebraten, dann ausgewickelt und fertig gebräunt. In die Soße gibt man einige zerstoßene Wacholderbeeren, 1–2 Eßlöffel Schwarzbrotbrösel, etwas dicken, sauren Rahm und 1 Glas Rotwein. Darin läßt man die Vögel nochmals kurz ziehen und schmeckt die Soße mit Würze, Zitronensaft und einer Spur Zucker pikant ab. Die Vögel werden halbiert und schön angerichtet; den kleingeschnittenen Speck streut man darüber. Dazu Toast und Fleischbrühe in Tassen.

## 227 Krammetsvogel-Pain

Wie »Schnepfenpain« Nr. 221

## Krammetsvögel auf italienische Art — 228

Die kleinen, frischen Krammetsvögel werden gerupft, gesengt, gewürzt und so, daß die Füße über den Bauch gekreuzt sind, dressiert. Dann wikkelt man sie zuerst in Salbeiblätter und hierauf in eine Scheibe Speck. Man schneidet nun ebensoviele fingerdicke Weißbrotscheiben, wie Vögel, und steckt je einen Vogel und eine Semmelscheibe auf lange Holzstäbe oder Spieße. Hierauf bestreut man die Vögel mit Salz und beträufelt sie und die Brotscheiben mit reichlich Butter. Man legt die Spieße quer auf eine Bratpfanne, so daß sie frei schweben; bei sehr guter Hitze werden die Krammetsvögel nun gebraten und dabei mehrmals mit Fett übergossen. Mit den vollgesaugten Brotscheiben und Salaten zu Tisch gegeben, schmecken sie hervorragend!

6–8 Krammetsvögel, Salz, Pfeffer, Salbeiblätter, Speck, Weißbrot, Butter
Garzeit: 20–35 Min.

## Krammetsvögel auf holländische Art — 229

Die vorbereiteten Vögel werden einige Stunden in einer scharfen Wildbeize mariniert, dann abgetropft, in heißer Butter gebraten und mit reichlich saurem Rahm und Essigmarinade fertig gedämpft. Dazu Bratkartoffeln und Preiselbeeren oder glacierte Kastanien.

6–8 Krammetsvögel, Beize, Butter, Rahm
Garzeit: 20–35 Min.

# Wachtel

Wachteln gehören zu den Hühnervögeln. In Deutschland werden sie zur Zeit nicht mehr bejagt, wohl aber gezüchtet. In ihren Hauptverbreitungsgebieten sind sie weiterhin ein wichtiges und kulinarisch hochgeschätztes Jagdwild. Sie sind schön feist; das Männchen übertrifft an Gewicht die kleinere Wachtelfrau. Wachteln müssen nach der Jagd sehr bald und ohne langes Abhängen verwertet werden. Das Wildpret hat keinen besonderen Eigengeschmack und muß deshalb gut gewürzt werden. – Neben den hier angegebenen Rezepten lassen sich Wachteln auch noch nach den Rezepten für Rebhühner, Krammetsvögel und Fasane zubereiten.

## 230 Gebratene Wachteln

4–6 Wachteln, Salz,
Pfeffer, Speck,
Fett, Brot
Garzeit: 20–30 Min.

Die frischen, ausgenommenen und gereinigten Wachteln werden gewürzt und mit Speck umwickelt, dann in heißem Fett gebraten. Man nimmt kurz vor dem Bräunen den Speck ab, halbiert sie und richtet sie mit gerösteten Brotscheiben und dem kleingeschnittenen Speck an. Besonders gut paßt Reineclaudensoße (Nr. 395) dazu.

## 231 Wachteln nach Jäger-Art

4–6 Wachteln,
1–2 Schalotten, Petersilie,
Zitrone, Salz, Pfeffer,
Butter, 1 Glas Rotwein,
Rahm
Garzeit: 25–35 Min.

Die gerupften, gesengten und ausgenommenen Wachteln werden dressiert und innen und außen mit einem Gemisch aus feingehackten Schalotten und Petersilie, Salz und geriebener Zitronenschale bestrichen. Man brät sie in reichlich Butter goldbraun und gießt dann Rotwein und etwas fette Fleischbrühe sowie sauren Rahm an die Soße und läßt sie noch kurz einmal darin dämpfen. Dann werden sie halbiert und auf Tomatenreis angerichtet. Es handelt sich dabei um weichgekochten Reis, der mit dickem Tomatenmark untermischt und mit etwas Zitronensaft, ganz wenig Zucker, Salz und Suppenwürze abgeschmeckt wurde. Die Soße wird gesondert gereicht.

## 232 Wachteln mit Kräutern

4–6 junge Wachteln,
Salz, Pfeffer, Speck,
Kräuter, Zitrone, Butter
Garzeit: 25–30 Min.

Die Wachteln werden, wie bei Nr. 230 angegeben ist, mit einem Speckhemdchen halbgar gebraten. Man nimmt dann den Speck ab, wiegt ihn klein und gibt ihn mit reichlich feingehackten Würzkräutern, etwas Zitronensaft, ganz wenig geriebener Zitronenschale und noch einem Stückchen Butter an die Soße, die über die halbierten Wachteln gegossen wird.

## 233 Wachteln italienisch

4–6 Wachteln, Salz,
Pfeffer, Speck, Butter,
125 g Reis oder Polenta,
3 Eßl. Parmesan
Garzeit: 20–25 Min.

Den Reis kocht man in Fleischbrühe oder Wasser mit einem Würfel Rindsbouillon weich und gibt 1 guten Eßlöffel Butter, Salz sowie geriebenen Parmesan daran. Man richtet den Reis erhaben an und legt die nach dem vorherigen Rezept gebratenen und halbierten Wachteln darauf. Die Bratensoße reicht man gesondert. Sehr gut schmeckt auch Polenta, mit Parmesan untermischt, dazu. Man schneidet Scheiben davon und legt die Wachteln darauf. Rezept Seite 185.

## Wachteln in Weinlaub 234

Dazu eignen sich ganz junge Wachteln am besten. Sie werden geputzt, gesalzen, dressiert, zuerst in Weinlaub und dann in eine dünne Speckscheibe gewickelt und gebunden. Dann macht man sie, wie in Nr. 230 beschrieben, fertig. Man nimmt den Speck ab, schneidet ihn in kleine Stückchen und legt ihn auf geröstete Weißbrotscheiben. Auf je eine solche Scheibe legt man dann eine halbe Wachtel und gießt die Soße darüber. Als Beilage gibt es geschmorte Äpfel, die mit Orangen-Marmelade oder Preiselbeeren gefüllt sind. Das Weinlaub wird, kleingeschnitten, dazugelegt.

4–6 junge Wachteln, Salz, Weinlaub, Speck, Weißbrot
Garzeit: 20–25 Min.

## Wachteln in Salbeiblättern 235

Sie werden genauso zubereitet, wie »Krammetsvögel auf italienische Art« Nr. 228.

## Gedämpfte Wachteln 236

Von den gereinigten, gesengten und ausgenommenen Wachteln schneidet man den Hals und die Füße ab. Dann bindet man die Schenkel an den Körper, bestreut sie mit Salz und Pfeffer sowie mit Mehl und brät sie in sehr heißem Fett rasch goldgelb. Man gießt nun etwas fette Fleischbrühe und Rotwein daran und würzt die Brühe mit Lorbeerblatt und gehackter Zwiebel. Die Wachteln werden halbiert und auf eine Platte gelegt. Die Soße wird noch mit saurem Rahm abgeschmeckt und über die Wachteln gegossen. Man reicht Pommes frites und Preiselbeergelee oder Kartoffelbrei und Cumberlandsoße (Nr. 390) dazu. Auch Sauerkraut mit Ananas und Knödel sind gute Beilagen.

4–6 Wachteln, Salz, Pfeffer, Mehl, Fett, 1/2 Glas Rotwein, 1/2 Lorbeerblatt, Zwiebel, Rahm
Garzeit: 20–25 Min.

# Wildtaube (Ringel- und Türkentaube)

Junge Wildtauben kann man wie Rebhühner zubereiten. Alte kocht man nach dem Ablösen der Brüste zweckmäßig mit Wurzelwerk zu einer Suppe. Die Brüste verwendet man, in Speck gewikkelt und gebraten, zu einem gesonderten Gericht. Junge Wildtauben brauchen 25–30, ältere bis zu 60 Min., um gar zu werden.

## 237 Gebratene Wildtauben

Wie »Gebratene Wachteln« Nr. 230

## 238 Gefüllte Wildtauben

Wie »Gefüllte Rebhühner« Nr. 264, nur mit entsprechend weniger Fülle.

## 239 Gebratene Wildtaubenbrüste

Brüstchen von 5–6 Tauben, Speck, Salz, Paprika, Zitrone, Zwiebel, Petersilie
Garzeit: 25 Min.

Die sorgfältig ausgelösten Bruststücke werden leicht gesalzen, ein wenig mit Paprika gepudert und mit einem Gemisch aus geriebener Zitronenschale und Zwiebel sowie gehackter Petersilie eingerieben und in dünne Speckscheiben gewickelt. Man brät sie in reichlich Butter an, nimmt den Speck dann ab und läßt sie noch gut bräunen. Dann serviert man sie mit kurz geschmorten Tomaten, die ausgehöhlt und mit Rührei gefüllt sind. Ebenso kann man die Brüste noch auf gerösteten Weißbrotscheiben anrichten.

## 240 Gedämpfte Wildtauben

4–6 junge Tauben, Speck, Salz, Schinken, Pfeffer, 2–3 Gelbe Rüben, Sellerie, 2 Zwiebeln, Kräuter, 1 Glas Weißwein, 1 Gläschen Weinbrand
Garzeit: 30–35 Min.

Die jungen Wildtauben werden sauber geputzt und halbiert. Nun gibt man in eine feuerfeste Backform mit gutschließendem Deckel eine Lage Speckscheiben, darauf eine Lage magere Schinkenscheiben und dann ein Gemisch aus geschnittenen Gelben Rüben, Sellerie, Zwiebeln und genügend gehackten Kräutern. Man gießt Weißwein, Weinbrand und 1 Tasse Fleischbrühe dazu und läßt darin die Tauben langsam bei geschlossenem Topf weich dämpfen. Die fertigen Tauben richtet man auf Kartoffelbrei an, schneidet Schinken und Speck in Streifen, mengt sie unter das abgetropfte Gemüse und legt dieses außenherum. Die verbleibende, gut abgeschmeckte Soße wird gesondert aufgetragen.

## 241 Wildtauben mit Steinpilzen

4–5 Tauben, 3–4 Semmeln, Leber, Petersilie, Salz, Pfeffer, Zwiebel, Zitrone,

Einige junge Wildtauben werden mit einer Semmelfülle, zu der man die Lebern oder ein Stückchen Kalbsleber, viel Petersilie und Zitronensaft verwendet, versehen und dann zugenäht. Man brät sie in reichlich Butter goldbraun und begießt sie dabei immer wieder mit einer Brühe aus etwas Wasser, ein wenig Weißwein und saurem Rahm. Zuletzt gibt man reichlich kleinaufgeschnittene Steinpilze in die Soße und läßt sie darin garschmoren. Man serviert die halbierten Täubchen in ihrem Pilzgemüse im Topf und reicht Kartoffelnudeln oder Spätzle dazu.

Butter, Weißwein, Rahm, Steinpilze
Garzeit: 30–35 Min.

## Wildtaubenfrikassee — 242

Junge Täubchen werden sauber geputzt, geviertelt und zart gesalzen. Man schmort dann kleingeschnittene Zwiebeln und Suppengrün in etwas Fett an, gießt Zitronensaft und Fleischbrühe dazu und läßt darin die Täubchen langsam durchgaren. Die Soße schmeckt man mit Weißwein, Würze, Salz, Pfeffer und einer kleinen Prise Zucker oder mit etwas geriebenem, süßem Apfel und noch einem Stück Butter ab, bindet sie mit einer sehr kleinen, weißen Butterschwitze und gießt sie über die angerichteten Tauben. Als Beilage reicht man mit Preiselbeeren gefüllte Äpfel und Reis oder Teigwaren oder auch hausgemachte Spätzle dazu.

4–5 Tauben, Salz, Pfeffer, Zwiebel, Wurzeln, Fett, Zitrone, Weißwein, Würze, 1/2 Apfel, Butter, Mehl
Garzeit: 30–35 Min.

## Wildtauben als Brotaufstrich — 243

Alte Tauben werden in gut gewürztem Salzwasser langsam weichgekocht, dann abgelöst und mit etwas Speck feingewiegt. Man würzt das Püree mit Würze, Salz, Ingwer, ein wenig Muskat, geriebener Zitronenschale und Zwiebel und streicht es auf geröstete, gebutterte Semmelscheiben. Nach Belieben kann man ein wenig Käse darüber streuen und die Brötchen in der Röhre noch kurz überkrusten. Dazu passen krachfrische Radieschen oder Tomaten.

4–5 alte Tauben, Salz, Wurzeln, Speck, Würze, Ingwer, Muskat, Zitrone, Zwiebel, Semmeln, Käse
Garzeit: 50–60 Min.

# Krähe

Junge Krähen sind recht schmackhaft, obwohl ihnen viele Leute ein Vorurteil entgegenbringen. Am besten sind sie, wenn sie gerade erst flügge geworden sind; dann sind sie schön fett. Der Geschmack ist ähnlich dem von Tauben; sie werden auch wie diese zubereitet.

Man darf sie nur nicht zu lange liegen lassen. Statt des Rupfens wird am besten die Haut abgezogen, denn sie ist dunkel und sieht dadurch nicht sehr appetitlich aus. Wenn die Tiere allerdings schön braun gebraten werden, kann man sich diese Mühe ersparen.

## Eichelhäher

Eichelhäher schmecken sehr gut. Sie werden 1–2 Tage in eine kräftige Wildbeize gelegt, dann abgetrocknet und in Butter gebraten; wenn man sie in ein Speckhemd wickelt, werden sie besonders gut. Man bereitet sie wie Wachteln oder Krammetsvögel zu, würzt sie aber nicht zu stark, damit das eigene Aroma noch zur Geltung kommt. Aus diesem Grund werden Wacholderbeeren, Lorbeerblatt, Nelke und Pfeffer zweckmäßig weggelassen; saurer Rahm und Madeira oder Rotwein oder einige Pilze dagegen schmecken ausgezeichnet dazu.
Man macht auch nach den verschiedenen Rezepten feine Suppen, pikanten Brotaufstrich, Wildklößchen und dergleichen mehr. Man kocht dazu die Vögel in Salzwasser mit Wurzelwerk langsam weich, löst dann das Wildpret ab und gibt es durch die Maschine. Eichelhähersuppe (Nr. 373) war früher besonders als Festsuppe bei Jägerhochzeiten beliebt.

## Haselhuhn

Das Haselhuhn, zu den Waldhühnern gehörend, ist von ganz ausgezeichnetem Geschmack! Sein feines Aroma erinnert an den Fasan oder das Perlhuhn; es kann auch genauso wie dieses edle Federwild zubereitet werden. Im Gegensatz zum Fasan muß es aber ganz frisch sein, sonst wird es im Geschmack bitter und auch der feine Nadelduft geht verloren. Da man das Wildpret nicht abmürben lassen kann, muß man das Huhn mit reichlich Butter oder



*Wildschweinsrücken (Rezept 138)*

Speck versehen und in großer Hitze kurz braten. Allzuviel Gewürze sind nicht zweckmäßig, denn sie überdecken das natürliche Aroma des Haselhuhns.
Nur junge Hühner sind zum Braten geeignet. Man erkennt ihre Jugend an den struppigen Federn, die als kurze Krause um die Ständer stehen. Auch die Krallen müssen noch weich und stumpf sein. Ein fettes Huhn genügt für 2 Personen.
In Deutschland hat das Haselhuhn z. Z. ganzjährige Schonzeit. In anderen Ländern (z. B. Skandinavien) ist es noch immer ein begehrtes Jagdwild.

## Gebratenes Haselhuhn 244

2 Haselhühner, Salz, Pfeffer, Fülle Nr. 264, Wacholderbeere, Butter, oder Speck
Garzeit: 20–30 Min.

Die Vögel werden gerupft, gereinigt und ausgenommen; nach Belieben kann man sie, wie bei Rezept 264 angegeben ist, füllen und dann mit einer zerdrückten Wacholderbeere in reichlich Butter oder in einem Speckhemdchen garbraten. Das Wildpret muß an den Knochen noch zart rosa sein; wenn man es zu stark durchbrät, bekommt es eine dunkle Farbe. Die Soße wird mit einem Stück frischer Butter oder saurem Rahm abgeschmeckt; man kann auch ein wenig Zitronensaft darangeben.
Sehr fein schmecken auch geröstete Mandeln dazu, die man dicht über die angerichteten Hühner streut.

## Haselhuhn vom Grill 245

2–3 junge Haselhühner, Öl
Garzeit: 6–8 Min.

Sehr junge, noch kleine Haselhühner werden gerupft, gesengt und ausgenommen. Man schneidet Kopf und Ständer ab; dann halbiert man sie, wobei man das Rückgrat der Länge nach durchschneidet und die Brustknochen (die Karkasse) mit einem Ruck herauszieht. Man badet die mit der Faust leicht plattgeschlagenen, halben Vögel in genügend Öl und tropft sie nach 20–30 Min. gut ab. Sie werden auf dem inzwischen vorgeheizten Grillrost auf jeder Seite 2–4 Minuten gegrillt, erst dann mit etwas Salz bestreut und rasch auf einer gut vorgewärmten Platte serviert.
Man garniert sie mit Zitronenschnitzen und Petersilie und gibt nur braune Butter und frische Salzkartoffeln oder Kartoffelbrei oder Toast sowie Salate dazu.

*Hirschleberpastete (Rezept 124)*

## 246 Haselhuhnbrüstchen

2–3 große Haselhühner,
Salz, Pfeffer, Speck,
Butter, Zwiebel, Pilze,
Zitrone, Petersilie, Rahm,
Fenchel oder Dill
Garzeit: 20–30 Min.

Von einigen großen Haselhühnern löst man die Brüstchen aus. Man wikkelt sie in Speck und brät sie in Butter mit etwas gehackter Zwiebel gar. Dann nimmt man den Speck ab und schmort die Brüstchen noch eine Weile mit gehackten Pilzen, etwas Petersilie, geriebener Zitronenschale und mit dem kleingeschnittenen Einwickelspeck. Die Soße wird mit ganz wenig saurem Rahm aufgefüllt und mit Zitronensaft und Fenchel oder Dillkraut pikant abgeschmeckt; man gießt sie über die angerichteten Brüstchen und gibt Reis oder Kartoffelbrei und Steinpilzgemüse oder in Butter geschmorte, frische Champignons dazu.

## 247 Haselhuhn mit Orangen und Rosinen

1–2 Haselhühner, Speck,
Salz, Pfeffer, Brösel,
1 Ei, Salbeiblätter,
1–2 Orangen, Rosinen,
Zitrone, Würze, Rahm,
1–2 Gläschen Grand Marnier
Garzeit: 20–25 Min.

Die vorbereiteten Hühner werden mit einem Gemenge aus der gewiegten Leber, dem Herz, Ei, einigen Bröseln und Gewürzen gefüllt und zugesteckt. Man wickelt sie in Salbeiblätter und Speck und brät sie rasch gar, so daß sie innen noch schön rosa sind. Dann richtet man die halbierten und geviertelten Hühner auf der Fülle an, umgibt sie mit Orangenscheiben, die von allem Pelz befreit sind, und macht die Soße mit etwas saurem Rahm und Rosinen, Suppenwürze, ganz wenig Zitronensaft und zuletzt mit Grand Marnier fertig. Die angerichteten Haselhühner werden mit reichlich in wenig Wasser aufgequollenen Rosinen überstreut.

## 248 Haselhuhnpain

Wie »Schnepfenpain« Nr. 221

## 249 Haselhuhnsalat

2–3 Haselhühner, Salz,
Pfeffer, Butter, 1 Tasse
Kräuter, 4–5 Eier, Öl,
Essig oder Mayonnaise,
Zitrone, Zucker, Garnitur
Garzeit: 25–30 Min.

Etliche Haselhühner werden saftig gebraten und kaltgestellt; man tranchiert sie so, daß möglichst schöne, gleichmäßige Fleischstückchen entstehen und nimmt dabei alle Knochen weg. Dann bereitet man aus einer Tasse voll gemischten Würzkräutern, wie Petersilie, Estragon, Schnittlauch, Zitronenmelisse und etwas grünem Lauch, die alle sehr fein gehackt wurden, sowie gekochten Eidottern, Salz, Pfeffer, Öl, Essig oder etwas Mayonnaise, Zitronensaft, einer Spur Zucker und Salz eine feine, grüne Soße, die man zwischen die schön angerichteten Fleischstückchen und zuletzt über den Salat gießt. Man läßt ihn gut durchkühlen und garniert ihn mit Radieschen, die man zu Rosen geschnitten hat, oder mit Champignonköpfen in Essig oder mit Ei- und Tomatenschnitzen.

# Auerhahn

Ein ausgewachsener Auerhahn, auch »Urhahn« genannt, wiegt nicht selten 4–5 kg. Alte Hähne sind zäh und kein besonderer Genuß, man erkennt sie u. a. an der langen Schnabelfurche. Jedenfalls muß man ältere Semester sehr gut ablagern; sie lassen sich dann noch zu Kleingerichten, Ragouts und dergleichen verwenden. Die jungen Hahnen dagegen ergeben ausgezeichnete Braten, besonders im Herbst, zu welcher Jahreszeit sie in Skandinavien, Schottland, Rußland etc. erlegt werden. Man spickt sie oder wickelt sie in ein Speckhemdchen und bereitet sie nach den gleichen Rezepten, wie sie bei »Rebhuhn« und »Fasan« zu finden sind.
Junge Hähne brauchen 30–40 Min. Garzeit.

## Gefüllter Auerhahn — 250

Hierzu verwendet man einen jungen, einjährigen Hahn und bereitet ihn wie »Gefüllten Fasan« Nr. 283 zu.

## Auerhahn mit Früchten — 251

Sehr apart schmeckt gebratener Auerhahn mit Ananas oder Preiselbeer-Äpfeln, gebratenen Bananen, Sauerkirschen oder Mandarinen. Man bereitet ihn wie üblich vor, wickelt ihn in große, dünne Speckscheiben und brät ihn zart gar. Zuletzt nimmt man den Speck ab, bräunt ihn und tranchiert ihn. Dann gibt man Zitronensaft sowie etwas Kirsch- oder Preiselbeer-, Mandarinen- oder Ananassaft dazu. Die Früchte werden zur Dekoration verwendet. Kurz vor dem Servieren flambiert man den Braten mit vorgewärmten Weinbrand. Die würzige Soße reicht man gesondert.

1 junger Auerhahn, Salz, Pfeffer, Speck, Butter, Früchte,
3–4 Eßl. Weinbrand
Garzeit: 30–40 Min.

## Gebratene Auerhahnbrüste — 252

Wenn man mehrere alte Hähne hat, deren Wildpret zu Ragouts, Pasteten oder dergleichen verwendet wird, so sollte man jedenfalls die Brüstchen auslösen und sie gesondert zubereiten. Sie werden etliche Tage in saure Milch oder in Rotwein gelegt, dann reichlich gespickt, in Butter gebraten und auf goldgelb gerösteten Weißbrotsockeln angerichtet. Man reicht junge Erbsen oder anderes Gemüse dazu.

Brüstchen von 2–3 Auerhähnen, saure Milch oder Rotwein, Butter, Weißbrot
Garzeit: 20–25 Min.

## 253 Auerhahn auf bayerische Art

1 Auerhahn, Salz, Pfeffer, Speck, Butter, Zwiebel, Wein, Rahm, Gemüse
Garzeit: 40–50 Min.

Von einem gehäuteten, auch alten Auerhahn entfernt man zuerst die Brüste, salzt sie leicht, wickelt sie in Speck und brät sie gesondert in Fett. Das übrige Wildpret wird in gefällige Stücke zerlegt und dabei möglichst von den Knochen befreit. Man brät es mit reichlich Speckwürfeln und gehackter Zwiebel in Fett an und gießt dann ein wenig Wein und Rahm auf. Wenn das Wildpret nahezu gar ist, fügt man ein Gemisch aus grünen Bohnen, Gelben Rüben, Erbsen und Blumenkohlröschen oder Pilze und Tomaten hinzu, salzt leicht und schmort das mit etwas Brühe aufgegossene Gericht fertig. Das mit Zitronensaft und Petersilie abgeschmeckte Gericht wird in einer tiefen Schüssel angerichtet; die gebratenen Brüstchen legt man obenauf.

## 254 Auerhahn nach Jäger-Art

1 junger Auerhahn, Speck, 100 g Wurstbrät, 100 g Schinken, Zwiebel, Kräuter, Salz, Pfeffer, Wacholderbeere, Zitrone, 40–50 g Mandeln, Würze, Fett, Gelatine
Garnitur
Garzeit: 40–50 Min.

Der Hahn wird am Rücken aufgeschnitten und von allen Knochen und den Eingeweiden befreit. Von den Knochen löst man das Fleisch ab und treibt es durch die Maschine und gibt Wurstbrät, ebensoviel in Streifen geschnittenen, fetten Schinken, geriebene Zwiebel, gehackte Würzkräuter und Mandeln, Salz und Pfeffer, eine zerdrückte Wacholderbeere, etwas Zitronensaft und Würze daran. Diese Masse füllt man in den Auerhahn ein und näht ihn zu. Er wird zuerst in ein Speckhemdchen oder in gefettetes Pergamentpapier gewickelt und angebraten; dann entfernt man die Hülle, damit der Vogel noch bräunen kann. Man schneidet ihn heiß oder auch kalt in schöne Scheiben und gibt die entstandene Soße darüber. Wenn der Auerhahn kalt aufgetragen werden soll, überglänzt man ihn mit der entfetteten Soße, die mit etwas Gelatine gesteift wurde. Zuletzt legt man ein Muster aus Eischeiben, Essiggurken, Kapern und Petersilie darauf und gibt ein grünes Bett aus Petersilie oder Bachkresse und die aufgeschnittene Fülle darum.

## 255 Auerhahnpastete

Dazu kann man alte oder zerschossene Hähne verwenden. Man reinigt sie gut und schmort sie in einem geschlossenen Topf mit reichlich Speck langsam weich oder gibt sie in einen Dampftopf und bereitet eine Pastete, wie bei »Schnepfenpastete« 222 beschrieben ist, daraus.

Alte Auerhähne kann man auch noch zu Suppen, zu Haschee usw. verwenden.

## Gesülzter Auerhahn 256

Wie »Gefüllter Fasan in Gelee« Nr. 304.

# Birkwild

*Birkwild* ist in vielen Bergwäldern und Moorgegenden Europas heimisch. Sein Wildpret ist schmackhafter als jenes der Auerhühner; gut schmecken aber nur wirklich junge Tiere und hier wiederum sind die viel kleineren Hennen zarter als die Hahnen. Am besten schmeckt es, wenn es im Herbst und Spätsommer geschossen wird, wie das u. a. in Skandinavien, Schottland und Rußland üblich ist.

*Rackelwild* entstammt einer Kreuzung zwischen Birkhahn und Auerhenne, nur selten umgekehrt. Der Birkhahn, anscheinend ein bekannter Fremdgänger, kreuzt sich außerdem nicht selten mit Fasanen, Haushühnern und Truthennen (Puten). Diese oft schwer erkennbaren Blendlinge werden alle wie Birkhühner zubereitet.

Junge Birkhennen sind sehr zart und daher meist in 30 Minuten gar. Birkhähne brauchen 50–60 Min. zum Braten oder werden zweckmäßig langsam gargedämpft.

## Gebratenes Birkhuhn 257

1 Birkhuhn, Salz, Pfeffer, Paprika, Speck, Butter
Garzeit: 25–30 Min.

Das gerupfte Huhn wird über einer Kerze oder Spiritusflamme gesengt, ausgenommen und mit einem sauberen Tuch ausgewischt. Es ist falsch, das Huhn auszuwaschen! Man salzt und pfeffert es im Innern, bestreut es außen mit Salz und Paprika und wickelt es in dünne Speckscheiben oder gibt es in Bratfolie. Dann brät man es mit Butter goldbraun, damit es schön saftig bleibt.

## 258 Schottischer Birkhahn

1 junger Birkhahn, Salz, Pfeffer, Speck, Mehl, Butter, Muskat, Zitrone, Petersilie
Garzeit: 25–60 Min.

Ein junger Birkhahn wird gut gewürzt, in ein Speckhemd oder in Bratfolie gehüllt und angebraten. Dann nimmt man Speck oder Folie ab, streut etwas Mehl darüber und läßt es bräunen. Inzwischen bereitet man eine weiße Butterschwitze (kein anderes Fett!), gießt sie mit Wasser und etwas Weißwein auf und fügt noch ein gutes Stück Butter, Salz, Pfeffer, reichlich Muskat und Zitronensaft dazu. Diese zarte »Holländische Soße« wird mit der Bratensoße vereint und über den tranchierten Birkhahn gegossen. Man streut reichlich Petersilie darüber.

## 259 Gedämpfter Birkhahn

1–2 Birkhahnen, Salz, Pfeffer, Speck, Butter, Zwiebel, Wacholderbeeren, Pfeffer- und Senfkörner, Majoran, Weißwein, Rahm, Schwarzbrotbrösel
Garzeit: 2×30–40 Min.

Dazu eignen sich auch ältere Hahnen, die sich nicht mehr braten lassen. Der Hahn wird vorbereitet und in Speck gewickelt und kurz mit Zwiebeln und Fett angebraten. Man gießt Weißwein auf, fügt einige Wacholder-, Pfeffer- und Senfkörner, Zwiebel und Majoran dazu und läßt den Hahn 2–3 Tage in der erkalteten Beize liegen. Hierauf wird er abgetrocknet und in heißer Butter angebraten; man gibt etwas Marinade und sauren Rahm dazu und dämpft den Hahn darin fertig. Zuletzt wird die Soße mit Schwarzbrotbröseln eingedickt und mit Suppenwürze pikant abgeschmeckt.

## 260 Farcierter Birkhahn

1 Birkhahn, 200 g Schinken, Speck, 1–2 Teel. Sardellenpaste, Zwiebel, Zitrone, Salz, Pfeffer, Curry, 3 Eßl. Pinienkerne, 1–2 Eier, Fett, Wurzeln, 1 Glas Rotwein, Orangenschale
Garzeit: 50–60 Min.

Ein schöner, fetter Birkhahn wird am Rücken entlang aufgeschnitten. Man nimmt alle Knochen sorgfältig aus, löst das Fleisch davon ab und gibt es mit fettem Schinken durch die Maschine. Dazu fügt man Sardellenpaste, reichlich geriebene Zwiebel und Zitronenschale, Salz, Pfeffer, Curry, die Pinienkerne sowie die Eidotter. Die Masse wird wieder in die Haut des Hahns, der außen unversehrt sein muß, gefüllt. Man wickelt ihn in Speckscheiben oder in Bratfolie und brät ihn wie üblich goldbraun. Die ausgelösten Knochen röstet man mit Fett und Suppenwurzeln scharf an, gießt Rotwein dazu, läßt die Soße einkochen und gibt sie, durch ein Sieb gestrichen, an die Bratensoße. Vom Hahn nimmt man den Speck ab, schneidet ihn klein und streut ihn mit in schmale Streifen geschnittenen, in dickem Zuckerwasser gekochten Orangenschalen über den angerichteten Birkhahn.

## Salmi von Birkhahn 261

Wie »Salmi von Fasan« Nr. 302. Je nach Größe der Vögel nimmt man 2 oder 3 Stück. Wenn sie nicht mehr ganz jung sind, dämpft man sie langsam gar.

## Birkhuhnsalat 262

Übriggebliebenes Birkhuhn schneidet man in feine Streifchen, wobei man alle Knochen auslöst. Man mischt je nach Menge aufgeschnitzelten Apfel, etwas kleingeschnittenen Sellerie, Essiggurke, Petersilie, Salz, eine Spur Zucker und Mayonnaise darunter. Den Salat gibt man auf marinierte Salatblätter und verziert ihn mit Eischeiben, Radieschen und Tomaten.

Birkhuhnreste, 1/2 Apfel,
Sellerie, Essiggurke,
Petersilie, Salz, Zucker,
1–2 Eßl. Mayonnaise
Garnitur

# Rebhuhn

Das Rebhuhn ist bei uns in jüngster Zeit stark zurückgegangen, freilich nicht durch die Jagd. So sollte man heute Rebhühner mit besonderer Andacht verspeisen.
Tiefkühlware gibt es das ganze Jahr.
Nur das junge Rebhuhn ist ein Leckerbissen, während das alte schon mit besonderer Umsicht zubereitet werden muß, um dem Gaumen noch Genuß zu bereiten. Man erkennt das junge Rebhuhn an den geschmeidigen Ständern mit gelber Haut und an dem schwarzen, spitzen und sehr scharfrandigen Schnabel, während das alte Huhn graue bis schwarzgraue Ständer hat. Die beiden äußeren Schwungfedern sind spitz, während sie später abgerundet sind; die dritte, vierte und fünfte Schwungfeder stehen noch im weichen Kiel. Außerdem sind beim jungen Rebhuhn die Knochen weicher als beim alten, aber zu jung sollten die Tiere auch wieder nicht sein, denn erst ein ausgewachsenes Huhn erreicht die volle Feinheit seines spezifischen Geschmackes.
Junge Rebhühner benötigen eine Bratzeit von 15–20 Min.; das Wildpret soll am Knochen noch rosa sein. Ihr ausgesprochener Eigengeschmack verbietet stark betonte Gewürze, während Speck

und Rahm, Küchenkräuter und Rotwein sehr gut dazu passen. Alte Rebhühner werden wesentlich zarter, wenn man sie 3–4 Stunden vor dem Braten innen und außen mit doppeltkohlensaurem Natron einreibt, in eine Porzellanschüssel legt und zudeckt. Man wäscht sie kurz ab, trocknet sie, würzt sie sehr gut und wikkelt sie in Speck. Während des Bratens gießt man auch noch ein Gläschen Weinbrand darüber; das macht sie mürb. Besser aber werden alte Hühner zu Sülze verarbeitet oder in Brotteig im Backofen gebacken oder zu Kleingerichten verwendet. Anstelle von Speck kann man Bratfolie zum Einhüllen verwenden.
Andere Wildhühner wie Rothühner, Schneehühner etc., die bei der Auslandsjagd eine große Rolle spielen, kann man nach denselben Rezepten zubereiten.

## 263 Gebratene Rebhühner auf Sauerkraut

2–3 Rebhühner, Salz, Pfeffer, Speck, Butter, Sauerkraut, 1 Apfel, Zwiebel oder Ananas, 1 Glas Weißwein, Schweinefett, Zucker, Essig
Garzeit: 15–20 Min.

Junge, ausgenommene, gerupfte und gereinigte Rebhühner werden gesalzen, dressiert und in Speckscheiben eingewickelt. Man schmort sie mit einer gehackten Zwiebel in Fett an und begießt sie dabei häufig. Dann nimmt man die Speckscheiben ab, läßt das Huhn noch bei guter Hitze bräunen und tranchiert es hierauf in Hälften oder Viertel.
Inzwischen hat man Sauerkraut mit einem geriebenen Apfel und etwas geriebener Zwiebel oder mit Stückchen von Ananas, Weißwein und etwas Schweinefett, einer guten Prise Zucker und Essig weich gedämpft. Man türmt es auf eine Platte und legt außen herum das Wildpret und die Speckröllchen. Die Soße wird gesondert serviert.

## 264 Gefüllte Rebhühner in Pilzen

2–4 Rebhühner, Salz, Pfeffer, Speck, Pilze, 2–3 Semmeln, 1 Ei, Petersilie, Zwiebel, Würze, Butter, Speisestärke, Rahm, Petersilie
Garzeit: 20–25 Min.

Junge Rebhühner werden ausgenommen, gewürzt und in Speck oder Bratfolie gegeben. Dann werden reichlich Pilze angedämpft und zur Hälfte mit den Rebhuhnlebern und den Herzen, einigen eingeweichten Semmeln, Ei, Petersilie, Zwiebeln, Zitronenschale, Salz und Würze abgemengt. Man füllt damit die Rebhühner, steckt sie zu und brät sie in Fett gar. Den Rest der Pilze gibt man in die Bratensoße und schmeckt diese mit etwas angerührter Speisestärke, saurem Rahm, Weißwein und Petersilie ab. Die Fülle wird vor dem Zerlegen herausgenommen und in Scheiben geschnitten. Man reicht Schwenkkartoffeln dazu.

## Rebhühner in Wacholderbeersoße 265

Junge Rebhühner werden wie üblich vorbereitet, dann in Speck gewikkelt und zuletzt braun gebraten. In die Soße gibt man ganz feingehackte Zwiebeln, zerdrückte Wacholderbeeren und etwas Brotrinde. Man gießt mit Wasser auf und läßt die Rebhühner noch etwas in der Soße schmoren. Sie werden hierauf tranchiert und mit der abgesiebten Soße und Sauerkraut aufgetragen.

2–4 junge Rebhühner,
Salz, Pfeffer, Speck,
2 Zwiebeln,
8–10 Wacholderbeeren,
Brotrinde
Garzeit: 20–25 Min.

## Rebhühner nach Hubertus-Art 266

Dazu verwendet man etliche alte und einige junge Hühner. Die alten werden besonders weich gebraten oder gedämpft und von den Knochen gelöst. Man treibt das Wildpret mit etwas Zwiebel und 100 g Kalbsleber durch die Maschine und gibt die Eier, den Gin, die Zitronenschale, eine große, in Würfel geschnittene und ganz kurz angeschmorte Gänseleber, etliche Trüffeln, Salz, etwas Pastetengewürz und Suppenwürze dazu. Damit füllt man die jungen Rebhühner, die in Speckhemdchen gewickelt und wie üblich gebraten werden. Dann schmort man möglichst gleichgroße Champignons oder kleine Steinpilze in Butter, kleingehackter Zwiebel und Petersilie an und kocht ein Kalbsbries (Milchner) in Essigwasser gar. Es wird gesalzen und in brauner Butter überbraten, so daß es schön glänzt und braun ist.
Nun richtet man auf einer großen Platte sehr würzig gekochtes Sauerkraut in der Mitte an und gibt die halbierten, aus dem Speck gewickelten Rebhühner darauf. Von der Fülle formt man mit einem Löffel kleine Klößchen und gibt sie mit den Pilzen und dem in Scheiben geschnittenen Kalbsbries dazu. Man gießt etwas Soße darüber und serviert den Rest gesondert.
Damit die Soße gut reicht, kocht man die zerschlagenen Knochen der alten Rebhühner, nachdem sie in Fett mit Zwiebeln und Wurzeln scharf angebraten wurden, mit etwas Fleischbrühe gut durch und füllt damit die Soße auf, die noch mit saurem Rahm, Madeira und Suppenwürze abgeschmeckt und leicht eingedickt wird.

3–4 Rebhühner, 1 Kalbsbries, 100 g Kalbsleber,
Salz, Speck, Rotwein,
Rahm, 2 Eier,
1 Gläschen Gin, Zitrone,
1 große Gänseleber,
Trüffeln, Pastetengewürz,
Champignons oder Steinpilze, Butter, Petersilie,
Sauerkraut
Garzeit: 25 und 40 Min.

## Rebhühner auf Polenta oder Toast 267

Zuerst bereitet man die Polenta aus Polenta-Grieß in Packungen. Sie braucht nur 5–10 Min. Kochzeit und wird nach Vorschrift behandelt. Wenn man keine Polenta bekommt, verwendet man gebutterten Toast. Nun werden die Rebhühner halbiert und mit Salz eingerieben. Man wik-

1 Packung Polenta oder Toastbrot, 2–3 Rebhühner, Speck,
Salz, Rotwein, Rahm,
250 g Champignons, Butter,
Petersilie, Würze,

(Farbbild Seite 157)

kelt die Hälften in entsprechende Speckscheiben und brät sie unter häufigem Begießen mit Rotwein (am besten Burgunder) und Rahm zartweich. Dann nimmt man den Speck ab und läßt die Hühner noch etwas bräunen. Gleichzeitig schmort man frische, aufgeschnittene Champignons in Butter, würzt sie mit reichlich Petersilie, Salz und etwas Suppenwürze und gibt dieses Gemüse an die Soße, die über die angerichteten Polenta-Schnitten oder über geröstetes Weißbrot gegossen wird. Darauf setzt man die Rebhuhn-Hälften und garniert sie festlich mit kleinen Spießen, an die man Speckröllchen, Champignons und Paprikastreifen in Essig steckt.

## 268 Rebhühner vom Grill

2–3 junge Rebhühner, Öl, Salz, Butter, Zitrone, Petersilie
Garzeit: 8–10 Min.

Einige sehr junge, zarte Rebhühner werden halbiert, vom Rückgrat und dem Brustkorbgerippe befreit und mit der Faust flach geschlagen. Man bestreicht sie mit Öl und brät sie im Grill rasch auf beiden Seiten goldbraun. Dann erst werden sie leicht gesalzen; man bringt sie mit einer Soße von brauner Butter, Zitronensaft und Petersilie zu Tisch. Als Beilage eignen sich junge Kartoffeln oder Salzkartoffeln und Salate.

## 269 Rebhuhn in Backteig

2–3 junge Rebhühner, Zitrone, Salz, Ausbackteig, Backfett
Garzeit: 8–10 Min.

Etliche junge, zarte Rebhühner werden wie üblich vorbereitet und halbiert. Man schneidet die Flügelspitzen und die Knochenenden an den Schenkeln ab, entfernt das Rückgrat und das Gerippe des Brustkorbes, das man ruckartig herausreißt, schlägt sie mit der Faust flach, beträufelt sie mit etwas Zitronensaft, streut Salz darüber und wendet sie in Ausbackteig. Hierauf bäckt man die Hühner in heißem Fett schwimmend oder in der Pfanne goldbraun. Sie werden mit Remouladensoße (Nr. 391) serviert.

## 270 Rebhühner im Krautkopf

3–4 junge Rebhühner, 300 g Schinken, Salz, Fett, 1 Krautkopf, Petersilie, Zwiebel, Speck, Butter
Garzeit: 60–70 Min.

Ein großer Weißkrautkopf wird im Ganzen in Salzwasser nahezu weich gekocht, gut abgetropft, leicht ausgedrückt und auf der Unterseite keilförmig ausgeschnitten. Man stellt ihn warm und zerlegt die zarten, fertiggebratenen Rebhühner und löst dabei möglichst alle Knochen aus. Das Wildpret wird mit in Würfel geschnittenem, fetten Schinken in den vorsichtig auseinandergedrückten Krautkopf gefüllt. Man streut etwas Petersilie, geriebene Zwiebel und ganz wenig gepulverten Majoran darüber, deckt den Krautkopf mit einer Speckscheibe ab und setzt ihn, den Strunk nach unten, in eine feuerfeste Form oder Bratpfanne. Unter ständigem Begießen mit fetter Brühe wird der Krautkopf nun in der Röhre etwa 1 Stunde gebraten, bis er eine schöne Kruste hat. Man gibt ihn im Ganzen auf eine Platte, gießt braune Butter darüber und tranchiert ihn erst bei Tisch.

## Rebhühner italienisch 271

2–3 junge Rebhühner, Schinken, Speck, Salz, Sellerie oder Kastanien
Garzeit: 40–50 Min.

Junge, gereinigte Rebhühner werden gespickt und auf beiden Seiten hellbraun gebraten. In eine größere Kasserolle legt man nun Scheiben von recht fettem Schinken und die Rebhühner nebeneinander darauf. Dazu gibt man rohe Sellerieescheiben oder gekochte, geschälte Kastanien und die Bratensoße und läßt alles zusammen gardämpfen. Die Rebhühner werden in der Mitte der Platte aufgeschichtet, dann mit dem Sellerie oder den Kastanien garniert und zuletzt mit der Soße übergossen.

## Rebhühner auf Erbsenpüree 272

2–3 alte Rebhühner, Wurzeln, Zwiebel, Salz, 250 g Erbsen, Fett, Mehl
Garzeit: 50–60 Min.

Junge Erbsen werden weichgekocht und durch ein Sieb gedrückt; man kann auch grüne Trockenerbsen dazu verwenden. Gleichzeitig kocht man alte oder zerschossene Rebhühner, die entsprechend vorbereitet und sauber gereinigt wurden, in Salzwasser mit reichlich Wurzeln und Zwiebeln schön weich. Für die Erbsen bereitet man eine helle Schwitze, die mit Rebhuhnbrühe aufgegossen wird; dann schneidet man das Wildpret in Scheiben und legt diese auf das Erbsenpüree.

## 273 Rebhuhnbrüstchen auf Toast

2–3 junge große Rebhühner, Speck, Salz, Pilze, Zitrone, Würze, Muskat, Weißbrot, 1 Orange, Ananas oder Guaven, etliche Pistazien
Garzeit: 20–25 Min.

Von saftig gebratenen, jungen Rebhühnern, die nach Rezept Nr. 267 zubereitet wurden, löst man die Brüstchen aus und stellt sie warm. Aus den Rebhuhnkeulen und den Flügelspitzen, den Lebern, den weichgekochten Magen und etwas gebratenem Speck sowie etlichen Edelpilzen oder Champignons, ein wenig geriebener Zitronenschale und Petersilie macht man eine gewiegte Farce, die mit Salz, Würze und einer Spur Muskat pikant abgeschmeckt wird. Man streicht die Masse auf geröstete Weißbrotscheiben und legt je ein Brüstchen darauf. Diese belegt man noch mit einer geschälten Orangenscheibe oder einem Stückchen Ananas und streut gehackte Pistazien darauf. Als Beilage reicht man gebakkene Kartoffelbällchen sowie die Bratensoße der Rebhühner.

## 274 Überbackene Rebhuhnplatte

4–6 junge Rebhühner, Salz, Thymian, Zwiebel, Zitrone, Speck, Butter, Brösel, 1–2 Eßl. Tomatenmark, Pilze, 2 Eier, Käse
Garzeit: 2 × 30 Min.

Die jungen Rebhühner werden roh von den Knochen gelöst und dabei in schöne Stücke geteilt; man überstreut sie mit einem Gemisch aus Thymian, geriebener Zwiebel und Zitronenschale sowie ganz wenig Salz. Nach etwa 1 Stunde wird das Wildpret, mit kleingeschnittenem Räucherspeck und etwas Butter (zugedeckt) weich geschmort. Die abgelösten Knochen werden in Fett scharf angeröstet, dann mit wenig Fleischbrühe aufgegossen und gut durchgekocht. Man siebt die Brühe ab und fügt die feingehackten Lebern und die Herzen der Rebhühner, einige Brösel, Tomatenmark, nach Möglichkeit etliche gehackte Pilze, Eier und Gewürze hinzu. Diese Farce füllt man mit dem inzwischen weichgeschmorten Rebhuhnwildpret in eine feuerfeste Form, streut eine Schicht geriebenen Käse und etliche Brösel darüber, beträufelt sie mit Butter und bäckt die Form in der Röhre goldgelb. Dazu gibt es Salate.

## 275 Rebhühner in Brotteig

3–4 alte Rebhühner, Salz, Speck, Schwarzbrotteig, Butter
Garzeit: 45 und 60–80 Min.

Alte Rebhühner, die keinen schönen Braten mehr ergeben, werden recht mürb und saftig, wenn man sie etwa 3/4 Stunden vorkocht, abtropft, salzt, in etwas Speck und dann in Schwarzbrotteig wickelt. Man bekommt diesen Teig beim Bäcker und kann auch die darin eingewickelten Rebhühner in seinem Backofen backen lassen. Man zerlegt sie dann, viertelt sie und gibt sie auf die schön zurechtgeschnittenen, mit etwas brauner Butter übergossenen Stücke der goldbraunen Brotrinde. Als Beilage eignen sich Blaukraut, Sauerkraut oder Rosenkohl.

## Rebhuhnragout 276

Hierzu kann man alte Rebhühner oder zerschossene Tiere, wie auch Reste von gebratenen Rebhühnern verwenden. Das (gekochte) Wildpret wird in Streifen geschnitten. Man gibt Tomatenmark, sauren Rahm und ein wenig Kochbrühe dazu und bindet die Soße mit einem aufgelösten Würfel Bratensoße. Zuletzt schmeckt man noch mit geriebener Zwiebel, etwas Paprika, Zitronensaft und einer kleinen Prise Zucker pikant ab. Das Ragout wird mit Reis, Salzkartoffeln oder Kartoffelbrei aufgetragen.

2–3 Rebhühner,
2–3 Eßl. Tomatenmark,
1/2 Tasse saurer Rahm,
1 Würfel Bratensoße,
Zwiebel, Paprika, Zitrone,
Zucker
Garzeit: 20–25 Min.

## Rebhuhnkrapfen mit Pilzen 277

Von einem alten, weichgedämpften oder gekochten, großen Rebhuhn oder von übriggebliebenem Rebhuhnbraten schneidet man das Wildpret ab und hackt es grob. Man gibt die gleiche Menge grobgehackte, kurz angeschmorte und abgetropfte Pilze, etwas geriebene Zwiebel, reichlich Petersilie, Eier, Suppenwürze und so viel Brösel dazu, daß die Masse gerade zusammenhält. Hierauf paniert man die daraus geformten Krapfen in einem Gemisch aus Bröseln und geriebenem Käse und bäckt sie in der Pfanne in heißem Fett goldbraun. Als Beilage reicht man Salat und Preiselbeeren oder Spargelgemüse und Petersiliekartoffeln.

1–2 Rebhühner oder Reste,
gleichviel Pilze, Zwiebel,
Petersilie, 2 Eier, Würze,
Brösel, Käse, Fett
Garzeit: 5–8 Min.

## Rebhuhnkrusteln 278

Von einem alten, schön weichgedämpften Rebhuhn löst man das Wildpret ab und gibt es mit einem Stückchen Räucherspeck und den Lebern von 1–2 Rebhühnern oder einer Gänseleber oder einem Stückchen Kalbsleber durch die Maschine. Man würzt die Masse mit Salz, Paprika, Suppenwürze, geriebener Zitronenschale und Zwiebel, gehackter Petersilie und Selleriegrün und fügt Ei und Weinbrand dazu. Sie wird erhaben auf geröstete Weißbrotscheiben gestrichen; man beträufelt sie dann mit etwas Zitronensaft und erwärmter Butter, streut etwas Parmesankäse darüber und überbäckt sie in der Röhre kurz. Die Krusteln richtet man entweder um Spinatgemüse an oder reicht sie als Vorspeise mit Zitronenschnitzen und Salat.

1 Rebhuhn, Speck, Gänse- oder Kalbsleber, Salz,
Paprika, Würze, Zitrone,
Zwiebel, Petersilie,
1 Ei, 1 Gläschen Weinbrand,
Weißbrot, Butter, Parmesan
Garzeit: 8–10 Min.

## 279 Rebhuhn ungarisch

2–3 Rebhühner, Salz,
Paprikaspeck,
2–3 große Zwiebeln,
2–3 Teel. Delikateßpaprika,
Paprika, Tomaten,
Sauerkrautsaft,
Crème fraîche, Zitrone
Garzeit: 40–50 Min.

Große, aufgeschnittene Zwiebeln und ein Stückchen gewürfelten Paprikaspeck läßt man glasig anlaufen; man gibt noch süßen ungarischen Delikateßpaprika daran und gießt mit einem Schöpflöffel Wildpretbrühe oder Wasser mit einem Würfel Rindsbouillon auf. Darin läßt man die vorbereiteten und in Viertel geteilten, auch älteren Rebhühner nahezu weichschmoren und gibt aufgeschnittene und entkernte, grüne Paprikaschote, etliche Tomaten und, wenn möglich, etwas Sauerkrautsaft dazu. Hierauf schmeckt man das Gericht mit Crème fraîche, einer kleinen Prise Zucker, Zitronensaft und Salz ab und reicht Reis, Semmelknödel oder Teigwaren als Beilage.

## 280 Rebhühner auf Linsen

2–3 alte Rebhühner,
Speck, Wurzeln, Zwiebeln,
250 g Linsen,
½ Knolle Sellerie,
Fett, Mehl, Petersilie,
Rahm, Senf
Garzeit: 60–70 Min.

Hierzu eignen sich alte Rebhühner. Man schmort sie mit etwas gewürfeltem Speck, reichlich Wurzeln und Zwiebeln an, gibt ein wenig Fleischbrühe dazu und läßt sie langsam zugedeckt weich dämpfen. Gleichzeitig kocht man die Linsen mit zerkleinertem Sellerie schön weich und bindet sie mit einer hellen Schwitze. Man gibt die abgelösten Rebhühner darauf und überstreut sie mit dem geschmorten Speck, den Wurzeln und frischer Petersilie. Aus etwas Rebhuhnbrühe, Suppenwürze, Senf und saurem Rahm bereitet man eine kleine Soße, die mit ganz wenig Mehl eingedickt und gesondert aufgetragen wird.

## 281 Rebhuhn auf bayerische Art

2–3 alte Rebhühner, Salz,
Pfeffer, Speck, Fett,
½ Lorbeerblatt,
1 Teel. grüne Pfefferkörner,
1 Kopf Wirsing, Zwiebel
Garzeit: 50–60 Min.

Die alten Rebhühner werden wie üblich vorbereitet und schön braun angebraten. Dann gießt man Wasser oder Fleischbrühe auf, fügt ein Stückchen Lorbeerblatt und Pfefferkörner dazu und dämpft die Vögel langsam weich. Gleichzeitig wird der Wirsing kurz gebrüht und weich gekocht. Man tropft ihn ab und zerkleinert ihn grob, denn er soll nicht gehackt werden. Der auf der Pfanne kurz, wie Röstkartoffeln, umgestochene und gebräunte Wirsing wird auf eine Platte gelegt und mit den inzwischen weichgekochten, tranchierten Rebhühnern umgeben. Zuletzt schmort man etwas gewürfelten Räucherspeck mit einigen Zwiebelringen braun und gibt ihn darüber.

## Rebhuhnpastete 282

Alte Rebhühner werden mit reichlich Wurzeln und Zwiebeln weichgedämpft; man gießt etwas Brühe dazu und löst, wenn die Vögel zartweich sind, das Wildpret ab. Es wird mit der gleichen Menge an fettem Schweinefleisch zweimal durch den Wolf getrieben und mit den Eidottern, Salz, Pfeffer, Sardellenpaste, der Bratensoße, etwas Suppenwürze und kleinen Würfeln von Räucherspeck oder fettem Schinken vermengt. Die Masse muß sehr pikant schmecken! Man kann sie mit Pistazien verfeinern.
Nun legt man eine gefettete Back- oder Kastenform mit Pastetenteig aus, wie bei Nr. 222 beschrieben ist. Man streicht die Fleischmasse darauf, deckt sie mit Speckstreifen zu und legt einen Teigdeckel darüber, der am Rand fest angedrückt wird. Vom Rest des Teiges sticht man noch kleine Förmchen oder Streifen aus, legt sie auf die Pastete und bestreicht den Teig mit Eidotter. Dann wird die Pastete in der Röhre goldbraun gebakken. Man kann sie warm mit Salaten oder kalt mit Cumberlandsoße (Nr. 390) oder dergleichen, Essiggurken, Essigpilzen oder Mayonnaise auftragen.

2–3 alte Rebhühner,
200 g Schinken oder Speck,
gleichviel Schweinefleisch,
Fett, Wurzeln, Zwiebeln,
Salz, 2–3 Eier, Pfeffer,
1 Teel. Sardellenpaste,
Pistazien,
Pastetenteig (Nr. 222)
Garzeit: 60 Min.

*Rebhuhnsuppe* siehe Nr. 372.

# Fasan

Auch hier ist der wirklich »wilde« Fasan dem kunstvoll aufgezogenen Volierenvogel vorzuziehen.
Ob man die verschiedenen Fasanenrassen am Geschmack unterscheiden kann, ist zwischen Feinschmeckern strittig. Unbestritten ist jedoch, daß die hauptsächliche Ernährung den Geschmack beeinflußt: Viel gerühmt werden Fasanen, die sich oft an den Beeren des Sanddornstrauches gelabt haben.
Der Hahn ist schwerer als die Henne. Man erkennt seine Jugend an den noch kurzen und stumpfen Sporen. Die Hennen lassen ihr Alter kaum erkennen, aber manche Feinschmecker ziehen sie den Hähnen vor. Das Fett ist bei jungen Tieren ganz weiß, während ältere Vögel gelbliches Fett und Wildpret haben.
Länger aufbewahren lassen sich nur sauber erlegte, nicht durchnäßte Vögel. Man hängt sie mit einer Schlinge um den Hals in einem luftigen und kühlen Raum, bei Frost auch am Dachboden,

auf. So kann man sie einige Wochen im Federkleid hängen lassen, muß sie aber ausgehakelt, das heißt von dem Verdauungsapparat befreit haben. Sie werden durch das Abhängen besonders mürb und schmackhaft. Dann rupft man sie trocken unter Schonung der Haut und wischt sie mit einem Tuch ab. Wer will, kann sie auch waschen und dann wieder gut abtrocknen.

## 283 Gebratener Fasan

1 junger Fasan, Salz, Pfeffer, Speck, Butter
Garzeit: 40–60 Min.

(Farbbild Seite 158)

Zum Braten eignen sich nur junge, fette Tiere. Man kann sie nach dem Vorbereiten spicken oder noch besser in ein Speckhemdchen wickeln oder in Bratfolie garen. Damit die Brust, das zarteste Wildpret, während des Bratens nicht austrocknet, legt man den Fasan nicht auf den Rücken, sondern seitlich. Die Bratzeit richtet sich nach Alter und Größe; länger als 1 Stunde sollte ein Fasan jedoch nicht gebraten werden, da er sonst trocken wird. Kurz vor dem Garwerden nimmt man Speck oder Folie ab und läßt den Vogel unter häufigem Begießen mit Bratensoße oder frischer Butter bräunen und macht ihn wie bei Rebhuhn beschrieben fertig. Zum Anrichten kann man ihn mit Orangenscheiben umlegen, auf die man blaue und weiße Trauben häuft. Dazu passen Weinkraut und Maraschinokirschen.

## 284 Gefüllter Fasan

1 großer Fasan, Speck, Pastetengewürz,
375 g Bratwurstbrät,
20 g Trüffeln oder
100 g Champignons oder Steinpilze, Madeira, 50 g Mandeln oder Pinienkerne,
3–4 Tannennadeln
2 Wacholderbeeren
Salz, Zucker, Muskat oder Paprika
Garzeit: 50–60 Min.

Ein junger, großer Fasan wird entsprechend vorbereitet und innen mit etwas Pastetengewürz eingerieben. Dann vermengt man die Bratwurstmasse, wie man sie beim Metzger kaufen kann, mit einigen feingehackten Trüffeln und gestiftelten Mandeln, etwas Madeira, etlichen gehackten Tannennadeln, zerdrückten Wacholderbeeren, ein wenig Zucker, Salz und ganz wenig Muskat oder Paprika. Man füllt damit den Fasan und läßt ihn 2 Tage kühl liegen, damit der pikante Geschmack der Fülle das Wildpret richtig durchzieht. Dann wird er in Speck gewickelt und gebraten.

Beim Zerlegen nimmt man die Fülle vorsichtig heraus, schneidet sie in Scheiben und richtet sie schuppenartig auf der Platte an. Außenherum legt man den tranchierten Fasan, belegt ihn mit dem in Streifen geschnittenen Speckhemdchen und gießt etwas Soße darüber. Als Beilage passen Blaukraut, Sauerkraut, warmer Weißkrautsalat und Preiselbeeren oder auch Orangen-Marmelade, gebratene Bananen oder Pflaumen in Portwein nach Rezept Nr. 144.



*Gespickter Hase (Rezept 172)*

## Fasan auf Sauerkraut

**285**

Ein abgehangener Fasan wird gereinigt, innen gesalzen und leicht gepfeffert, außen nur gesalzen. Dann bereitet man eine pikante Brötchenfülle und gibt ein in etwas Butter geschmortes Gemenge aus Fasanenleber, geriebener Zitronenschale, Petersilie, gehackter Zwiebel und Apfelwürfel darunter. Der Fasan wird zugenäht, in große Speckscheiben gewickelt und gebraten; man nimmt den Speck, kurz bevor er gar ist, ab und läßt ihn noch schön bräunen. Zuletzt zerlegt man ihn in gefällige Stücke, richtet diese mit den aufgeschnittenen Speckstreifen auf einem Sockel von Sauerkraut an und gibt die Fülle löffelweise darum herum. An das Kraut kann man nach Belieben noch Würfel und Saft von Ananas geben.

1 großer Fasan, Speck,
Salz, Pfeffer,
2–3 Semmeln,
1–2 Eier, Gewürze,
Zwiebel, Zitrone,
Petersilie, Sauerkraut
Garzeit: 50–60 Min.

## Gefüllter Fasan im Topf

**286**

Der Fasan wird sauber geputzt. Dann bereitet man aus weichgekochten und gehackten Kastanien sowie aus kleinen, kurz vorgekochten Kartoffelwürfelchen, reichlich Majoran, dem zerkleinerten Magen, Herz und Leber des Vogels, Salz und Pfeffer, geriebener Zwiebel und Zitronenschale, Würze, saurem Rahm, etlichen Bröseln und Tomatenmark eine würzige Fülle, die in den Fasan gestopft wird. Man drückt die Keulen und die Flügel an den Körper, steckt den Kopf in die Kropföffnung und wickelt den Fasan in dünne, große Scheiben Räucherspeck. Er wird nun in der Röhre bei guter Hitze goldbraun gebraten; dann gibt man ihn auf Sauerkraut in einen Topf, in welchem er aufgetragen wird. Es ist sehr wirkungsvoll, wenn der Hausherr den leckeren Vogel mit Vorlegbesteck und Brettchen bei Tisch tranchiert.

1 Fasan, Speck,
300 g Kastanien,
2–3 Kartoffeln, Majoran,
Salz, Pfeffer, Zwiebel,
Zitrone, Würze, Rahm,
Brösel, 1–2 Eßl.
Tomatenmark, Sauerkraut
Garzeit: 40–50 Min.

## Fasan auf spanische Art

**287**

Ein junger Fasan wird wie üblich vorbereitet, innen mit etwas Salz und ein wenig Pfeffer sowie Paprika gewürzt und mit einem Gemisch aus gewürfelten Bananen, Äpfeln, etlichen Rosinen und rohen, kleinen Kartoffelwürfeln, ein wenig gehacktem Salbei, einer kleinen Prise Majoran und Petersilie gefüllt. Man steckt ihn zu, wickelt ihn in ein Speckhemd und brät ihn gar. Die Soße wird mit etwas Orangen- und Zitronensaft, saurem Rahm oder Crème fraîche und Sherry abgeschmeckt. Man gibt die Fülle als kleinen Berg in die Mitte und setzt den zerlegten Fasan mit den aufgeschnittenen Speckröllchen darum.

1 junger Fasan, Speck,
Salz, Pfeffer, Paprika,
1 Banane, 1 Apfel, Rosinen,
1–2 Kartoffeln,
1 Salbeiblatt, Majoran,
Petersilie, 1 Orange,
Zitrone, Rahm, Sherry
Garzeit: 40–50 Min.

(Farbbild Seite 140)

*Fasan auf spanische Art (Rezept 287)*

## 288 Ingwer-Fasan

1 Fasan, Speck, Butter, Wurzeln, 2 Wacholderbeeren, 1 große Zwiebel, Rotwein, Rahm, kandierter Ingwer, Speisestärke, 2 Semmeln
Garzeit: 40–50 Min.

Der vorbereitete und mit Speckscheiben eingewickelte Fasan wird in heißer Butter leicht angebräunt und dann mit reichlich zerkleinerten Wurzeln, Wacholderbeeren und gehackter Zwiebel fertig gebraten. Man übergießt ihn während des Bratens mit Rotwein und saurem Rahm und gibt kandierte Ingwerstücke in die Soße, die mit ein wenig Speisestärke eingedickt wird. Der schön zerlegte Fasan wird angerichtet, mit der Soße übergossen und mit gerösteten Semmelscheiben umlegt. Als Beilage reicht man Blaukraut, das pikant süßsauer abgeschmeckt wurde. Man garniert es noch mit dünn aufgeschnittenem, kandiertem Ingwer.

## 289 Gefüllter Fasan nach Brillat-Savarin

1 Fasan, Speck, Salz, Pfeffer, Fülle wie Nr. 284, Butter, Kräuter, Malaga, Toast
Garzeit: 40–50 Min.

Der Fasan wird vorbereitet und gefüllt, wie bei Rezept Nr. 284 angegeben ist, dann in Butter, Kräutern und Malaga gedünstet. Beim Anrichten umgibt man den schön zerlegten Vogel mit Toastscheiben, die mit Trüffelpüree bestrichen sind. Anstelle von Trüffelpüree kann man auch Schnitten von Gänseleberpastete verwenden und sie mit Trüffelscheiben belegen. Als Beilage Ananas-Marmelade und Kartoffelpüree.

## 290 Straßburger Fasan mit Gänseleber

1 junger Fasan, Salz, Pfeffer, Butter, Wurzeln, Crème fraîche, Madeira, 1 Gänseleber, 1 Apfel, 1 Zwiebel, Mehl
Garzeit: 40–50 Min.

Der Fasan wird mit reichlich Wurzeln in einer zuerst geschlossenen Kasserolle, dann offen saftig gebraten. Die Soße wird mit Crème fraîche eingedickt und mit Madeira abgeschmeckt. Inzwischen schneidet man eine rohe Gänseleber in Scheiben, salzt sie und stäubt etwas Mehl daran. Die Leber wird zusammen mit Apfelscheiben und Zwiebelringen in reichlich Butter gebraten und um den gefällig zerlegten Fasan garniert.

## 291 Fasan auf elsässische Art

1 junger Fasan, Speck, Salz, Pfeffer, Butter, Weißbrot, Zwiebel, Rahm, 1 Gläschen Weinbrand, Zitrone, Petersilie, Muskat, Sauerkraut, 1 Apfel, 1 Zwiebel, 1 Gänseleber
Garzeit: 40–50 Min.

Ein saftig gebratener, junger Fasan wird tranchiert. Weißbrotscheibchen werden in Ei gewendet und in Fett schwimmend goldbraun gebacken. Man bestreicht sie mit einer kurz geschmorten Farce aus der gewiegten Fasanenleber, geriebener Zwiebel, saurem Rahm, Weinbrand, Petersilie, Zitronenschale, Würze, Salz und Muskat. Diese mit den Fasanenstücken belegten Brote werden im Kranz angerichtet. In die Mitte gibt man Sauerkraut und streut den kleingeschnittenen Einwickelspeck des Fasans darüber. Man legt gebratene Apfel- und Zwiebelscheiben sowie Stückchen von in Butter gebratener Gänseleber dazu.

## Fasan auf Selleriepüree

**292**

Eine große Knolle Sellerie wird weich gekocht, geschält und durch die Maschine getrieben; dann wird der Sellerie fein abgewürzt und auf einer Platte angerichtet. Ein junger Fasan wird vorbereitet, gesalzen, mit Speckscheiben umwickelt und mit Wurzeln, Wacholderbeeren, Tannennadeln, saurem Rahm oder Madeira gebraten, tranchiert und auf dem Selleriepüree angerichtet; den Speck verteilt man außenherum. Dazu kleine, in Butter braun gebratene Kartoffeln.

1 Fasan, Salz, Pfeffer, Speck, Butter, Gewürze, 1–2 Knollen Sellerie, Rahm oder Madeira
Garzeit: 40–50 Min.

## Fasan nach Kurfürsten-Art

**293**

Ein großer, aber noch junger Fasan wird wie folgt gefüllt: Butter und Eidotter rührt man schaumig und gibt die Semmelbrösel, den geriebenen Apfel, Rahm, die geriebenen Mandeln und den Schnee der Eier darunter. Diese Fülle streicht man in den Fasan, der in Speckscheiben gewickelt und saftig gar gebraten wird. Man reicht Oliven, Mango-Chutney, Ingwer, Mixed-Pickles, Paprika in Essig, Essigzwetschgen und dergleichen dazu.

1 Fasan, Speck, Salz, Pfeffer, 2 Eßl. Butter, 2 Eier, 4–5 Eßl. Brösel, 1/2 Apfel, Rahm, 6 Eßl. Mandeln, Pikanterien
Garzeit: 40–50 Min.

## Fasan nach Magyaren-Art

**294**

Ein fetter Fasan wird mit Salz, Curry und reichlich mildem, ungarischem Delikateßpaprika gewürzt; dann füllt man ihn mit einem Gemisch aus 2 gehackten und angeschmorten Zwiebeln und gehackten Äpfeln, bindet die Masse mit Ei und würzt sie mit Salz und nochmals Paprika. Man deckt den zugenähten, gebundenen Fasan mit dicker Speckschwarte zu, brät ihn unter häufigem Begießen bei guter Hitze an, nimmt die Speckschwarte ab und läßt ihn schön bräunen. Den Speck würfelt man klein und schmort darin 3–4 große, geschnittene Zwiebeln und etliche quer durchgeschnittene Paprikatomaten. Der Fasan wird tranchiert auf die Fülle gelegt und mit Häufchen von Zwiebel sowie Paprika umgeben. Zuletzt garniert man mit Petersilie.

1 junger Fasan, Speck, Salz, Curry, Paprika, 4–6 Zwiebeln, 2 Äpfel, 1 Ei, 2–3 Paprikatomaten
Garzeit: 50–60 Min.

## Fasan nach Gutsherrn-Art

**295**

Ein junger Fasan wird innen mit Salz, Pfeffer und etwas Knoblauchpulver, außen nur mit Salz eingerieben. Hierauf bereitet man aus gerührter Butter, Ei und Bröseln, Erdnüssen, dem gehackten Magen, Herz (beide gekocht) sowie der Leber, Salz und Pfeffer, geriebener Zitronenschale und

1 junger Fasan, Speck, Salz, Pfeffer, Muskat, Knoblauch, Butter, 1 Ei, je 2 Eßl. Brösel und Erdnüsse, Zitrone, Zwiebel,

Meerrettich, 1 Apfel,
150 g Schinken, 2–3 große Zwiebel, Petersilie
Garzeit: 50–60 Min.

Zwiebel, Zitronensaft und Würze, geriebenem Apfel und Meerrettich eine pikante Fülle, die man in den Vogel schiebt. Man näht oder steckt ihn zu und brät ihn bei guter Hitze goldbraun. Gleichzeitig schmort man gewürfelten Schinken mit Butter und aufgeschnittenen Zwiebeln kurz durch und gibt diese mit Salz und Muskat gewürzte Mischung auf eine heiße Platte als Unterlage für den Fasan. Er wird mit Papiermanschetten und Petersilie festlich garniert. Als Beilage Kartoffelbrei, der mit geriebenenem Meerrettich abgeschmeckt wurde.

## 296 Fasan auf Kreolen-Art

1 Fasan, Speck, Salz, Curry, Butter, 1 Ei, Brösel, 100 g Kastanien, Zitrone, Zwiebel, Würze, Bananen, Ananas
Garzeit: 50–60 Min.

Der vorbereitete Fasan wird wie »Fasan nach Gutsherrn-Art« zubereitet. In die Füllmasse gibt man statt Erdnüssen gekochte gehackte Kastanien und statt Knoblauch reichlich Curry. Um den tranchierten Vogel legt man gebratene Bananen und Ananasscheiben.

## 297 Fasan mit Linsen

Wie »Rebhühner auf Linsen« Nr. 280

## 298 Fasanenbrüstchen

Brüstchen von 2–3 jungen Fasanen, Salz, Pfeffer, Butter oder Speck
Garzeit: aufgeschnittene Brüstchen 4–5 Min., ganze Brüstchen 10–15 Min.

Die ausgelösten, von der Haut befreiten Brüstchen werden entweder in fingerdicke Scheiben geschnitten und zart flach geschlagen oder im Ganzen in ein Speckhemdchen gehüllt und dann in reichlich Butter zart gar gebraten. Man nimmt den Speck ab und läßt sie noch etwas bräunen. Die Brüstchen werden entweder mit Champignongemüse oder auf Kastanienpüree oder Toast angerichtet.

## 299 Fasane im Topf

2–3 junge Fasane, Salz, Pfeffer, Speck, Butter, 1 Gläschen Weinbrand, 2 Wacholderbeeren, 2 Eßl. Perlzwiebeln, 100 g Champignons
Garzeit: 50–60 Min.

Die Fasane werden geputzt und gewürzt. Man drückt sie zu länglichen Päckchen zusammen, wickelt sie in Speck und bindet diesen fest. Dann brät man die Fasane in Butter an, wobei sie gelegentlich etwas übergossen werden. An die Soße gibt man den Weinbrand und die zerdrückten Wacholderbeeren. Sobald die Vögel halb gar sind, nimmt man sie heraus, gibt in die Soße noch ein Stück Butter, Perlzwiebeln und kleingeschnittene Champignons. Man schneidet den Speck in Streifchen und formt Röllchen daraus. Dann deckt man den Topf nochmals zu, läßt die Fasane völlig garen und richtet sie darin an. Dazu reicht man Kartoffelbrei.

## Fasanenragout 300

Wie »Rebhuhnragout« Nr. 276

## Fasanen-Auflauf 301

Das Fleisch der langsam weichgeschmorten Fasane wird abgelöst und durchgedreht. Die Knochen werden gehackt, scharf in Fett mit Zwiebeln angeröstet, leicht aufgegossen und gut ausgekocht. Unter das Fasanengehack gibt man die milchgeweichten, ausgedrückten Semmeln, Salz, Pfeffer, die zerstoßenen Wacholderbeeren, die Eidotter und den Eischnee. Die Masse wird in einer gefetteten Form gebacken, aus der Knochenbrühe und Tomatenmark oder einer kleinen braunen Butterschwitze bereitet man eine pikante Soße.

1–2 ältere Fasane, Zwiebel, Fett, 4 Eier, Salz, Pfeffer, 2 Wacholderbeeren, 3 Semmeln, Tomatenmark oder Fett und Mehl, Gewürze
Garzeit: 50 und 30 Min.

## Salmi von Fasan 302

Die zart gebratenen Fasane werden tranchiert, in Scheiben geschnitten und dabei von Haut und Knochen befreit. Man wiegt die Leber, die Haut und den Einwickelspeck fein und gibt alles samt der Fasanensoße, Salz, Pfeffer, Wacholderbeeren und etwas geriebener Zwiebel in eine braune, buttrige Schwitze. Sie wird mit Rotwein oder Madeira aufgegossen und mit Zitrone, Zucker oder der zerdrückten Banane sowie Pilzen abgeschmeckt.

1–2 junge Fasane, Speck, Rotwein, Fett, Mehl, Salz, Pfeffer, 2 Wacholderbeeren, Pilze, Zwiebel, Zitrone, Zucker oder ½ Banane
Garzeit: 30 und 10 Min.

## Fasanenmus mit Eiern 303

Hierzu kann man einen älteren Fasan verwenden, der langsam weich gekocht wurde. Das Wildpret wird von den Knochen gelöst; man gibt es mit gekochtem Reis durch den Wolf, mischt alles gut und würzt sehr pikant mit Zitronenschale, etwas Zitronensaft, Würze, Curry, Paprika und

1 älterer Fasan, Salz, Pfeffer, 150 g Reis, Zitrone, Fondor, Curry, Paprika,

1 Gläschen Weinbrand, Eier, Butter
Garzeit: 60–70 Min.

Weinbrand. Hierauf wird das Mus auf eine vorgewärmte Platte gestrichen und mit Spiegeleiern oder verlorenen Eiern umgeben. Man kann die Eier mit Kaviar bekrönen.

### 304 Gefüllter Fasan in Gelee

1 großer Fasan, Speck, 400–500 g Bratwurstbrät, Zwiebel, Zitrone, Würze, Salz, Pfeffer, Paprika, Piment oder Curry, 2 Eier, 1 Gläschen Weinbrand, 30 g Nüsse, Petersilie, Fett, Garnitur: 1/4 l Fleischbrühe, Essig, 3 Blatt Gelatine, Mayonnaise
Garzeit: 60 Min.

Ein großer Fasan wird nach dem Reinigen am Bauch aufgeschnitten, so daß man von innen her alle Knochen auslösen kann, ohne die äußere Haut zu beschädigen. Die Öffnungen am Hals und an den Flügeln sowie an den Keulen werden von innen zugenäht. Dann bereitet man aus Bratwurstmasse (Metzger), reichlich geriebener Zwiebel und Zitronenschale, Würze, Salz, Pfeffer, Paprika, etwas Piment oder Curry, Eiern, Weinbrand, geriebenen Haselnüssen und gehackter Petersilie eine pikante Fülle, die in den Fasan gegeben wird. Man näht oder steckt ihn zu und brät ihn, in eine Speckscheibe gewickelt, in gut heißem Fett zart gar. Er wird dann aus dem Speck gewickelt, schön in Form gedrückt und kaltgestellt. Hierauf legt man ihn auf eine Platte, gibt außenherum gefüllte Tomaten, in Fächer geschnittene Essiggurken sowie Eischeiben und überzieht den Fasan mit einer pikant abgeschmeckten Sülzbrühe. Dazu entfettet man eine Fleischbrühe und gibt auf 1/4 Liter etwas Essig und die aufgelöste Gelatine. Der Fasan, der nach dem Erstarren schön glänzen muß, wird noch mit Mayonnaise und Krauspetersilie elegant verziert. Dazu gibt man eine Hagebuttensoße Nr. 396.

# Perlhuhn

Das Perlhuhn bleibt, auch wenn es heimisch geworden ist und bei uns im Hühnerhof gehalten wird, ein tropischer Wildvogel und wird wie anderes Wildgeflügel zubereitet. Man verwendet es nach den Rezepten von Rebhuhn, Fasan oder Wildente.

Junge Perlhühner müssen einige Tage, ältere bis 10 Tage, in der Kälte sehr gut abgehangen werden.

Junge Tiere erkennt man, wie bei zahmen Hühnern, an den hellen und weichen Ständern und Krallen sowie an dem noch biegsamen Schnabel. Ältere Perlhühner werden am besten vorgekocht und dann fertig gebraten oder gedämpft. Sie brauchen je nach Größe 1–2 Stunden zum Durchgaren.

## Gefülltes Perlhuhn 305

Man bereitet das Huhn wie üblich vor, indem man es rupft, sengt, ausnimmt und wäscht. Dann trocknet man es ab, reibt es innen und außen mit Salz und Pfeffer oder etwas Paprika ein und füllt es entweder mit einer Semmel- oder mit einer Bratwurstfülle, wie in Rezept Nr. 264 oder Nr. 284 angegeben ist. Eine andere feine Fülle besteht aus rohen gehackten Champignons, reichlich gehackter Petersilie, ein wenig Zitronensaft und -schale, ganz wenig geriebener Zwiebel und Salz. Man steckt die Öffnung zu und brät das Huhn, das man nach Belieben noch mit Speck einwickeln oder spicken kann, auf der Seite liegend, schön goldbraun. Die Soße wird mit Madeira oder Rotwein aufgegossen. Das tranchierte Huhn wird auf einem Reissockel angerichtet und mit einem Kranz von in Butter geschmorten Champignons umgeben.

1 Perlhuhn, Speck, Salz, Pfeffer, Paprika, Fülle Nr. 264 oder Nr. 284 oder 100 g Champignons, Zitrone und Petersilie, Madeira oder Rotwein
Garzeit: 90–100 Min.

## Perlhuhn nach italienischer Art 306

Einen Tag, bevor man das Perlhuhn braten will, legt man getrocknete, sauber gewaschene Feigen in Marsala oder Madeira; sie müssen davon bedeckt sein. Inzwischen richtet man das Huhn wie üblich vor. Man vermengt die kurz angebratene Perlhuhnleber mit einer angebratenen Zwiebel und einem Stück Kalbsleber (durch die Maschine gedreht) sowie der Bratwurstmasse. Diese Fülle arbeitet man mit Salz, Pfeffer, wenig Bröseln und Eiern gut durch, gibt reichlich Petersilie daran und füllt sie ein. Dann brät man das Huhn langsam bei guter Hitze, entfettet die Bratensoße und gießt sie mit Marsala- oder Madeirasaft auf; die Soße kann mit Speisestärke eingedickt werden. Das Perlhuhn wird tranchiert, auf eine Platte gelegt und mit der Fülle und den abgetropften Feigen umgeben. Dazu Kastanienpüree und Teigwaren.

1 Perlhuhn, je 100 g Kalbsleber und Bratwurstbrät, Zwiebel, Salz, Pfeffer, Brösel, 1–2 Eier, Petersilie, 12 Trockenfeigen, 1–2 Gläser Marsala oder Madeira
Garzeit: 90–100 Min.

## Perlhuhn-Auflauf 307

Von einem älteren Huhn, das langsam weich gekocht wurde, löst man das Wildpret ab und hackt es klein. Dann bereitet man eine helle, dickliche Butterschwitze und fügt 3–4 Eidotter, das gehackte Wildpret, Gewürze und zuletzt den steifen Eischnee darunter. Man füllt die Masse in eine gefettete Auflaufform, überstreut sie mit Bröseln und Butterflöckchen, nach Belieben auch noch mit geriebenem Käse und bäckt den Auflauf in der Röhre goldgelb.

1 Perlhuhn, Butter, Mehl, 3–4 Eier, Salz, Pfeffer, Pastetengewürz, Brösel, Käse
Garzeit: 2 Stunden und 30 Min.

# Wildente

Die Wildenten teilen sich in Schwimmenten und Tauchenten und dann noch in viele Arten. Am häufigsten ist im Binnenland die Stockente, die Wildform unserer Hausente. Der Erpel hat im Prachtkleid einen dunkelgrünen, metallisch schimmernden Hals und wird deshalb auch Grünhals genannt. Von den übrigen Schwimmenten sind die wesentlich kleineren Krick- und Knäkenten wegen ihres Wohlgeschmacks in der Küche begehrt. Im Küstengebiet wird die Pfeifente oft in größerer Anzahl erbeutet.
Die Tauchenten, kenntlich an dem verhältnismäßig gedrungenen Körperbau und den Hautlappen an der hinteren Zehe, der den Schwimmenten fehlt, besitzen meist einen unangenehmen, tranigen Geschmack, der von ihrer Nahrung in Form von Schnecken und Muscheln herrührt. Tafelente und Reiherente sind die häufigsten von ihnen, die auch als Jagdbeute in Betracht kommen.
Schwimmenten, die sich hauptsächlich von Pflanzen ernähren, schmecken nur im vorgeschrittenen Alter oder, wenn sie als Zugvögel von der Meeresküste kommen, infolge ihrer Fischnahrung tranig. Man merkt das sofort, wenn man mit der Hand gegen das Gefieder streift. Sie riecht dann tranig. Solche Tiere müssen nicht nur gerupft, sondern sogar gehäutet werden. Man entfernt auch noch das obenauf sitzende Fett sorgfältig und taucht die ausgenommenen und gut gereinigten Vögel kurz in kochendheißes Wasser, wodurch sich das Fett noch mehr ablöst und in Form von Fettaugen auf dem Wasser schwimmt. Dann füllt man die Enten mit gewaschener Holzkohle oder mit rohen Gelben Rüben, die während des Bratens noch ein gut Teil des unangenehmen Geruches an sich nehmen. Beim Tranchieren werden Kohle oder Gelbe Rüben natürlich sorgfältig entfernt. Man kann die Enten auch in Blätter von wildem Wein und dann erst in Speck wickeln und sie mit Sellerieblättern füllen. Das alles verbessert sie im Geschmack.
Junge, frische Enten ergeben ausgezeichnete Braten. Wie bei fast allen Vögeln ist das Weibchen etwas kleiner und zarter. Alte Wildenten sind trocken und zäh; sie werden am besten zu Ragout und Kleingerichten verwertet. Ablagern hilft nichts, denn Wassergeflügel muß ganz frisch verwendet werden. Sobald das sonst

feste und weiße Wildpret am Bauch weich und grünlich ist, taugt der Vogel nichts mehr. Besonders an heißen Tagen geht die Zersetzung äußerst rasch vor sich, und es entwickelt sich ein unangenehmer, fauliger Geruch, der mit dem Trangeruch nichts zu tun hat.

## Gebratene Wildente 308

Die vorbereitete Ente wird mit Salz und Pfeffer eingerieben, in Butter rasch angebraten und dabei immer wieder mit heißer Butter und Soße übergossen. Ein Stückchen Zitronenscheibe, in die Leibeshöhlung gesteckt, verleiht ihr einen besonders feinen Geschmack; auch ein Büschel Petersilie oder Salbei oder Beifuß schmecken ausgezeichnet. An die Soße gibt man nach kurzem Anbraten feingeschnittene Wurzeln und später ein paar Löffel sauren Rahm, Würze und Wein. Zarte, noch junge und fettarme Entchen umbindet man, wie bei Rebhuhn und Fasan angegeben ist, mit einer Scheibe Speck. Die Bratzeit ist bei guter Hitze kurz.

1 Wildente (Speck), Salz, Pfeffer, Butter, Zitrone, Petersilie oder Salbei oder Beifuß, Wurzeln, Rahm, Würze, 1/2 Glas Wein
Garzeit: 20–25 Min.

## Wildente mit Orangensoße 309

Die Ente wird, wie beschrieben, vorbereitet, dann mit Salz eingerieben und nötigenfalls in ein Speckhemd gewickelt. Man brät sie in heißem Fett an; sie soll dabei innen noch schön rosa bleiben. Dann gibt man an die Soße den Saft von 1/2 Orange, etwas geriebene Orangenschale und Grand Marnier. Die tranchierte Ente wird mit Orangenscheiben und Kirschen sowie mit gemandelten Kartoffelbällchen serviert.

Wildente, Speck, Salz, Pfeffer, Butter, 1 Orange, 1 Gläschen Grand Marnier
Garzeit: 20–25 Min.

(Farbbild Seite 175)

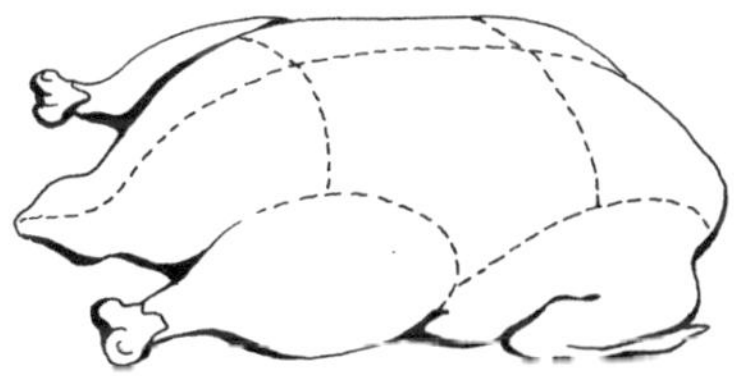

## 310 Wildente mit Pilzen

1 Wildente, Speck, Salz, Pfeffer, 2–3 Wacholderbeeren, Weißwein, Rahm, Petersilie, Pilze, Speisestärke
Garzeit: 25–40 Min.

Die Ente wird vorbereitet, innen und außen mit Salz, Pfeffer und einigen Wacholderbeeren eingerieben und dann in eine dünne, große Speckscheibe gewickelt. An die Soße gibt man etwas Weißwein, sauren Rahm, Petersilie und grobgehackte Pilze. Nach Belieben kann man sie zuletzt mit Speisestärke eindicken. Als Beilage sind Bandnudeln geeignet.

## 311 Gefüllte Wildenten

2–3 Wildenten, Speck, 200 g Rinderhackfleisch, 3–5 Semmeln, Milch, 500 g Kastanien, 2 Eier, Petersilie, Salz, Pfeffer, Majoran, Zwiebel, Zitrone, Rotwein, 1 Eßl. Johannisbeer-Gelee, Speisestärke
Garzeit: 30–50 Min.

Große Wildenten werden, wenn sie tranig sind, abgezogen und vom Fett befreit. Man weicht je nach der Zahl der Enten 3–5 Semmeln in Milch ein oder kocht die Kastanien weich und gibt Eier, etwas geriebene Zwiebel, gehackte Petersilie und geriebene Zitronenschale sowie ein gutes Stück feingewürfelten und angeschmorten Speck, Hackfleisch, Salz, Pfeffer und Majoran und Kochrotwein daran. Diese gut gewürzte Fülle wird in die Vögel verteilt; man steckt sie zu und brät sie in der üblichen Weise goldbraun. Vom Rest der Fülle macht man Klößchen, die gekocht und dann zum Braten gelegt werden.

Die Soße wird mit Zitronenschale und Zitronensaft herzhaft gewürzt und mit Rotwein, Johannisbeer-Gelee und ganz wenig Speisestärke versehen. Man gießt sie durch ein Sieb und gibt sie zum kleineren Teil über die tranchierten Enten; den Rest reicht man gesondert. Als Beilagen Apfelmus oder süßsaure Pflaumen oder Essiggurken und beliebiger Salat.

## 312 Gedämpfte Wildente

1 große Wildente, Speck, Butter, Salz, Pfeffer, Sellerie, Petersiliewurzel, Gelbe Rüben, Zwiebel, 2 Wacholderbeeren, ½ l Fleischbrühe, Tomatenmark
Garzeit: 60–90 Min.

Dazu läßt sich auch eine ältere Madame verwenden. Sie muß ganz frisch sein und wird nach dem Häuten 1–2 Tage in Milch gelegt, so daß sie etwas mürber wird. Man trocknet sie ab, reibt sie mit Salz und Pfeffer ein, wickelt sie in Speck und brät sie in heißer Butter an. Dann gibt man reichlich kleingehackten Sellerie, Petersiliewurzeln, Gelbe Rüben und Zwiebeln und nach kurzer Dämpfzeit noch einige Wacholderbeeren und ½ Liter Fleischbrühe daran. Zugedeckt läßt man die Ente je nach Alter 1–1½ Stunden dämpfen. Die Soße wird mit Tomatenmark abgeschmeckt, noch einmal aufgekocht und durch ein feines Sieb gegeben. Die Ente wird dann tranchiert und mit einem Teil der Soße übergossen; als Beilagen Knödel, beliebigen Salat und Apfelmus.

## Wildente in Malaga-Soße 313

Die entsprechend vorbereitete Ente wird in Butter oder in etwas Öl mit etwas fein geschnittener Zwiebel angebraten; man fügt einige in Streifchen geschnittene Scheiben Schinken, etliche Pilze, Gelbe Rüben und gehackte Petersilie hinzu. Nach etwa 3/4 Stunden Bratzeit gibt man Malaga und Würze daran und läßt die Ente darin weich werden. Die Soße wird mit einem Soßenlebkuchen oder ein wenig dunklem Soßenbinder eingedickt. Dann tranchiert man den Vogel und legt ihn mit gerösteten Brotscheiben auf eine vorgewärmte Platte. Einen Teil der Soße gießt man darüber; der Rest wird gesondert gereicht. Als Beilage gibt es Makkaroni oder Spaghetti.

1–2 Wildenten, Öl, Zwiebel, Gelbe Rüben, Schinken, Champignons, Salz, Pfeffer, Butter, 1/4 l Malaga, Würze, Petersilie, 2 Wacholderbeeren, Tomatenmark, Soßenlebkuchen
Garzeit: 60–90 Min.

Alte Wildenten, die keinen guten Braten mehr gewährleisten, verwendet man zu Ragout, zu Pasteten, Suppen und dergleichen. Man kann sie auch wie Gänseklein zubereiten. Die Ente wird dazu zweckmäßig einige Tage in eine gekochte und erkaltete, starke Essigbeize gelegt; das macht das Wildpret mürber und aromatischer.

## Ragout von alten Wildenten 314

Die Wildenten werden wie üblich vorbereitet, mit etwas Essig, Salz und Pfeffer eingerieben und dann in gut heißem Fett angebraten; man gießt nach kurzer Zeit, wenn das Wildpret ringsum angebräunt ist, mit Fleischbrühe auf und fügt etwas Essig, gehackte Zwiebel, gewässerte Sardellen und reichlich Kräuter hinzu. Sobald das Wildpret darin weich gedämpft ist, wird die Soße mit geriebener Schwarzbrotrinde, etwas dikkem, saurem Rahm und Kochrotwein versehen. Man treibt sie nach Belieben durch ein Sieb, gibt die Entenstücke noch einmal hinein und kocht sie 1/4 Stunde darin. Die Soße wird zuletzt nochmals mit Salz, etwas Zukker und Suppenwürze abgeschmeckt; man serviert das Gericht in einer tiefen Schüssel. Dazu gibt es Reis oder Spätzle.

1–2 Wildenten, Essig, Salz, Pfeffer, Butter, 1/2 l Fleischbrühe, 1 Zwiebel, 2 Sardellen, Kräuter, Brotrinde, Rahm, 1/2 Glas Rotwein, Würze
Garzeit: 80–90 Min.

## Salmi von Wildente 315

Wie »Salmi von Fasan« Nr. 302

## 316 Wildente auf chinesische Art

Wie »Wildgans auf chinesische Art« Nr. 320

## 317 Wildente in Gelee

1–2 ältere Wildenten,
Salz, Pfeffer, Lorbeerblatt, Wurzeln, Zitrone,
Zwiebel, Gewürzkörner,
1 Eiweiß, Essig,
12–13 Blatt Gelatine,
Garnitur
Garzeit je nach Alter:
1–2 Stunden

Hierzu kann man auch ältere Enten verwenden. Sie werden entsprechend vorbereitet, in kaltem Wasser aufgesetzt und mit reichlich Salz, Pfeffer, Lorbeerblatt, Zitronenschale, Zwiebel und Gewürzkörnern 1–2 Stunden weich gekocht. Man hebt die Tiere heraus, läßt die Brühe etwas einkochen und nimmt das Fett ab; dann klärt man sie, indem man zerschlagenes Eiweiß darin aufkocht. Dieses nimmt alle Unreinheiten an sich, und die Brühe ist, wenn man sie durch ein Tuch abgießt, völlig klar. Man schmeckt sie noch mit genügend Essig ab und gibt dann auf 1 Liter Brühe die aufgelöste Gelatine. Sie wird über die in der Schüssel angerichteten Entenstücke gegossen. Nach dem Erkalten stürzt man das Gericht auf eine flache Platte, garniert es hübsch mit Zitronenschnitzen, Scheiben von gekochtem Ei und Tomaten, kleinen Fächern von Essiggurken, Tupfen von Mayonnaise sowie Kapern. Salat und Röstkartoffeln bilden die Beilage.

## 318 Gesülztes Wildentenpüree

1 große Wildente, Salz,
Pfeffer, Muskat, Fett,
Fleischbrühe, Rahm, Essig,
Würze, Zitrone,
11 Blatt Gelatine,
Mayonnaise, Garnitur
Garzeit: 1–2 Stunden

Von einer zerschossenen oder alten Wildente, die sehr zart weich gebraten oder gedämpft wird, löst man nach dem Erkalten alle Knochen aus und treibt das Fleisch durch die Maschine. Man füllt die Masse mit fetter Fleischbrühe auf 1 Liter auf und würzt diesen aufgegossenen Fleischbrei mit etwas saurem Rahm, Essig, Suppenwürze, ein wenig Salz, Muskat und Pfeffer sowie ganz wenig Zucker und fügt Zitronensaft und die aufgelöste Gelatine darunter. Dann füllt man die Masse in eine mit Wasser gespülte Form und stürzt sie nach dem Erkalten. Die Sülze wird mit Mayonnaise, Ei- und Tomatenscheiben, Sardellenringen und Petersilie garniert und mit Salat zu Tisch gebracht. Man reicht noch eine pikante Soße (Nr. 386–398) dazu.

# Wildgans

Wildgänse kommen bei uns fast nur auf dem Durchzug vor. Sie sind Zugvögel, die ihre Jungen möglichst im langen Tageslicht der Nordlandsommer aufziehen. Junge Wildgänse, die noch nicht gebrütet haben, sind im Herbst recht gut; sie ergeben auch saftige, zarte Braten, während alte Gänse, genau wie die Hausgans, zäh und trocken sind und am besten zu Ragouts, Pains usw. verwendet werden. Man kann die Wildgans nach Art der Wildente zubereiten; am besten zieht man ihr die Haut ab, denn diese schmeckt meistens tranig. Man muß sie ganz frisch verwenden.

## Pikanter Wildgansbraten 319

Eine junge Gans wird entsprechend vorbereitet; dann brät man sie in sehr heißer Butter goldbraun an und gibt an die Soße etwas Orangensaft, Lorbeerblatt, eine gute Prise Thymian, Ingwer, sauren Rahm, einige Tropfen Angostura und feingeriebene Zitronenschale. Die Soße muß noch gut einkochen und eine schöne, braune Farbe bekommen. Man gibt sie dann durch ein Sieb und gießt sie über die weichgebratene und in Stücke zerlegte Gans. Als Beilage Apfelmus, Kartoffelklöße oder Grießnocken und Sauerkraut oder Kastanienpüree.

1 Wildgans, Salz, Pfeffer, Butter, Orange, 1 Lorbeerblatt, Thymian, Ingwer, 1/2 Tasse Rahm, Angostura, Zitrone
Garzeit: 45–60 Min.

## Wildgans auf chinesische Art 320

1 oder 2 junge Wildgänse werden sorgfältig gerupft und gesengt, ausgenommen und roh in Würfel geschnitten. Diese werden leicht gemehlt und in Butter zart gargebraten. Dann gießt man mit etwas Wasser und Weißwein auf, fügt gereinigte Rosinen, gebrühte und geschälte Mandeln, Reis und so viel Wasser oder Fleischbrühe hinzu, daß alles gerade bedeckt ist. Man würzt mit Salz und weißem Pfeffer und schmort das Gericht bei milder Hitze zugedeckt gar. Notfalls wird der Reis nochmals aufgegossen und vorsichtig umgerührt. Zuletzt gibt man etwas Würze, eine Prise Zucker und Petersilie dazu. Nach Belieben kann man noch gewaschene Krabben und ein lockeres Rührei daruntergeben.

1–2 Wildgänse, Mehl, Butter, Weißwein, 2 Eßl. Rosinen, 2–3 Eßl. Mandeln, 1 Tasse Reis, Salz, Pfeffer, Würze, Zucker, Petersilie, 100 g Krabben, 2–3 Eier
Garzeit: 30 Min.

## 321 Gedämpfte, alte Wildgans

1–2 alte Wildgänse, Speck, Schinken, Butter, Salz, Wurzeln, Wacholderbeeren, Essig oder Wein, Pfeffer, Paprika, Ingwer, Piment, Soßenbinder oder Soßenlebkuchen
Garzeit: 2–2½ Stunden

Alte Gänse, die nicht mehr fett genug sind, werden entsprechend vorbereitet, abgezogen, in ein Speckhemdchen gewickelt und mit Schinkenstreifchen, reichlich Butter, Salz, Wurzelwerk und Wacholderbeeren scharf angebraten. Man gießt etwas Essigwasser oder Weißwein dazu und würzt herzhaft mit gekörnter Fleischbrühe, Salz, Pfeffer, Paprika, Ingwer und Piment.

In einem geschlossenen Topf wird nun die Gans langsam weichgedämpft; man übergießt sie dabei immer wieder mit der entstandenen Soße. Zuletzt bindet man diese mit einem Soßenbinder oder mit einem Soßenlebkuchen und gießt sie über die auf einem Reissockel angerichtete, tranchierte Gans.

## 322 Wildgansragout

1 Wildgans, Beize, Speck, Mehl, Würze, Zucker, Salz, Pfeffer, Curry
Garzeit: 40–50 Min.

Die Wildgans wird gerupft, gereinigt und in eine Beize Nr. 419–422 gelegt. Der Vogel wird nach 1–2 Tagen herausgenommen, in gefällige Stücke zerteilt und mit etwas kleingewürfeltem Räucherspeck kurz angebraten. Man stäubt Mehl hinzu, läßt es anbräunen und gießt dann mit der Rotweinbeize auf. Die Soße wird zuletzt mit Salz, Würze, einer Spur Zucker, Pfeffer und Curry pikant abgeschmeckt. Das Ragout wird in einer tiefen Schüssel oder im Reisring serviert.

## 323 Wildganspastete

Wie »Wildpain« Nr. 337 oder wie eine der Pasteten Nr. 64, 123, 124, 198 oder 222.

## 324 Wildganssuppe

Wie »Dicke Rebhuhnsuppe« Nr. 372

# Bläßhuhn

## Gebratene Bläßhühner 325

2–3 junge Bläßhühner,
Buttermilch, Salz,
1–2 Wacholderbeeren,
Pfeffer, Fett, Mehl,
Rotwein, Rahm, Zitrone,
Petersilie, Pilze
Garzeit: 25–35 Min. oder
1–1½ Stunden

Hierfür kann man nur junge Hühner verwenden, die ganz frisch in die Küche kommen. Sie werden abgezogen und in kochendheißes Wasser gegeben, damit das außen anliegende, leicht tranige Fett hochsteigt und auf diese Weise bequem entfernt werden kann. Ältere Hühner, die keinen guten Braten mehr ergeben, legt man 1–2 Tage in Buttermilch.
Man reibt die vorbereiteten Hühner nach dem Abtrocknen mit Salz, geriebener Wacholderbeere und etwas Pfeffer ein und brät sie in heißem Fett scharf an. Sie werden mit ganz wenig Mehl überstäubt und gebräunt; weich schmoren. Die Soße wird noch mit saurem Rahm oder Crème fraîche abgeschmeckt und mit Zitronensaft und Petersilie oder mit gehackten Pilzen versehen; man kann sie mit etwas zusätzlicher Crème fraîche oder Bröseln eindicken.
Die Hühner werden wie üblich tranchiert und auf Gemüse (Steinpilze, Erbsen oder Karöttchen, Auberginen oder Broccoli) angerichtet. Damit die Mahlzeit besser ausgibt, kann man bei sehr kleinen Tieren noch gebratene Würstchen oder Klößchen aus Hackfleisch dazulegen.

# Allgemeine Wildrezepte Resteverwertung

In jeder Küche gibt es Reste, in der Jägerküche besonders viele, weil ja nicht ein abgewogenes Stück Wildpret mit bestimmtem Gewicht, sondern meist ein ganzes Tier angeliefert wird. Der spezielle Wildgeschmack der Beute, der einerseits gerade die Köstlichkeit der verschiedenen Braten und Gerichte ausmacht, bringt es jedoch andererseits mit sich, daß man sich rasch daran satt ißt und daher Abwechslung nottut. Schließlich will man auch nicht allzu oft einen aufgewärmten Rest essen.
Daher bringt dieses Kapitel eine Menge Anweisungen zur vielseitigen Verwendung roher und gebratener Reste, des Aufbruches sowie zerschossener oder sonstwie minderwertiger Tiere oder Teile von ihnen. Zusammen mit Speck oder Schinken, Schweine- oder Kalbfleisch, mit aromatischen Küchenkräutern und pikanten Gewürzen, Rahm und Wein, kräftigen Soßen und leckeren Garnituren entstehen dann immer wieder andere, lockende, warme und kalte, große und kleine Gerichte für den Alltag und für Festlichkeiten, die den Appetit am Wildpret wachhalten helfen.

## 326 Jagdherrn-Spieße

Etwa 3/4 kg Wildpret, Speck, Salz, Pfeffer, Zwiebel, Paprikaschote, Pilzköpfe, Tomaten, Öl, Thymian, Petersilie
Garzeit 8–12 Min.

Gut abgelagertes Wildpret (Rehkoteletts oder Hirschfilet), das sorgfältig gehäutet wurde, spickt man mit Räucherspeck, schneidet es in Würfel und steckt diese abwechselnd mit Zwiebel- und Paprikaringen, mit großen Pilzköpfen und festen Tomatenkappen auf Spieße, ölt sie und grillt sie unter häufigem Wenden auf dem hochgestellten Grillrost einige Minuten bei guter Hitze. Vor dem Auftragen werden die Spieße noch mit Salz und Pfeffer, etwas gepulvertem Thymian und Petersilie überstreut.



*Rebhühner auf Toast (Rezept 267)*

## Wildhaschee 327

Hierzu kann man sowohl Reste von gebratenem oder gekochtem Wildpret wie auch unansehnliche Rohwildpretteile verwenden. Man kocht sie mit reichlich Wurzelwerk in Salzwasser weich.
Das Wildpret wird durch den Wolf gegeben; dann schmort man eine feingehackte Zwiebel in etwas Fett an, fügt das Wildpret hinzu, schmort es kurz durch und dickt das Haschee entweder mit angerührtem Mehl oder mit einer Mehlschwitze ein. Das Gericht wird mit Buttermilch oder saurem Rahm, nach Belieben auch mit ein wenig Essig oder Zitrone oder Rotwein, mit Würze und einer spürbaren Prise Zucker pikant abgeschmeckt. Dazu reicht man entweder Reis oder Nudeln oder Semmelknödel oder füllt Eierkuchen damit.

Wildpretreste, Wurzeln, Salz, Zwiebel, Fett, Mehl, Buttermilch oder Rahm, Essig oder Zitrone, Rotwein, Würze, Zucker
Garzeit: 20 Min.

## Bigos (polnisches Jagdessen) 328

Reste von gekochtem oder gebratenem Wild gibt man durch die Maschine und fügt reichlich gehackte Petersilie, Sardellenpaste, gehackte Essiggurken, geriebene Zwiebel, etwas Paprika oder Curry und Ingwer dazu. Die Masse wird mit einer hellen Schwitze vereint und mit Weißwein aufgegossen. Man schmeckt das Gericht noch mit ein wenig Zucker sowie Suppenwürze ab und bringt es mit Salzkartoffeln oder Kartoffelbrei zu Tisch. Auch Sauerkraut schmeckt gut dazu.

250–300 g Wildreste, Petersilie, 1 Teel. Sardellenpaste, 1–2 Essiggurken, Zwiebel, Salz, Paprika, Curry, Ingwer, Fett, Mehl, Wein
Garzeit: 15–20 Min.

## Große Wildpretomelette 329

Zuerst bereitet man wie üblich einen Eierkuchenteig mit Eischnee und gibt in diesen kleingeschnittene Wildpretreste beliebiger Art. Man fügt noch etwas geriebene Zwiebel, gehackte Petersilie, Kümmel, reichlich Salz und Würze dazu und gießt die Masse in eine große, mit reichlich Fett versehene Pfanne. Wenn die Omelette auf der einen Seite goldbraun ist, wendet man sie vorsichtig mit Hilfe eines Deckels. Dann läßt man sie auf eine große Platte gleiten und überstreut sie mit Petersilie und nach Belieben auch noch mit geriebenem Hartkäse. Als Beilage Salate.

Eierkuchenteig, Wildreste, Zwiebel, Kümmel, Petersilie, 1 Teel. Würze, Fett, Käse
Garzeit: 8–10 Min.

*Gebratener Fasan (Rezept 283)*

## 330 Hackbraten

Etwa 500 g Wildpret, Speck, Schinken oder Schweinefleisch, Zwiebel, Zitrone, Salz, Pfeffer, 1–2 Wacholderbeeren, 1–2 Eier, Brösel, 1 Soßenwürfel oder Rahm und Rotwein
Garzeit: 30–40 Min.

Beliebiges Wildpret wird roh oder gekocht durch die Maschine gedreht; wenn es sehr mager ist, fügt man ein Stückchen Speck oder Schinken oder fettes Schweinefleisch hinzu. Man würzt die Masse mit geriebener Zwiebel und Zitronenschale, Salz, Pfeffer sowie zerdrückten Wacholderbeeren und bindet sie mit Ei und Böseln oder in Milch eingeweichten und wieder ausgedrückten Semmeln. Daraus formt man wie üblich einen Braten und macht ihn in der Röhre oder in eine Form gedrückt fertig. Die Soße wird aus einem Soßenwürfel bereitet oder nur mit saurem Rahm aufgegossen; man kann auch etwas Rotwein hinzufügen. Als Beilage beliebiges Gemüse und Kartoffeln.

## 331 Hackbraten mit Pilzen

Zutaten wie zu Nr. 330, Petersilie, Pilze, Fett

In die gleiche Masse wie bei Nr. 330 gibt man reichlich Petersilie und nach Belieben noch andere Kräuter sowie einen Teller feingehackte Pilze. Wenn sie sehr naß sind, schmort man sie vorher in etwas Fett kurz an und tropft sie ab, ehe man sie an das Wildpret gibt. Der Braten wird dann, wie im vorhergehenden Rezept beschrieben, fertiggemacht.

## 332 Hackbraten mit Käse

Zutaten wie Rezept Nr. 330
100–200 g geriebenen Käse, Ei, Brösel

An die Rezeptmasse nach Nr. 330 gibt man 100–200 g geriebenen Käse und etwas mehr Ei und Brösel, damit der Braten gut zusammenhält.

## 333 Hackbraten in der Form

Zutaten wie Rezept Nr. 330
Speck

Die Masse von Nr. 330 oder Nr. 331 oder 332 gibt man in eine mit Speckscheiben ausgelegte feuerfeste Form, bedeckt sie mit Speckstreifen und bäckt sie etwa 1 Stunde goldbraun. Der Braten wird gestürzt und heiß oder kalt aufgeschnitten.

## 334 Gefüllter Hackbraten

Zutaten wie Rezept Nr. 330
Eier oder Essiggurken oder Räucherzunge od. Gelbe Rüben

Der Hackbraten nach Nr. 330 wird mit gekochten Eiern oder Essiggurken oder mit Streifen von weichgekochter Räucherzunge oder mit gekochten Gelben Rüben oder abwechselnd mit allem gefüllt und dann fertig gebraten.

## Wildkrapfen 335

Aus der Masse des Hackbratens Nr. 330 formt man kleine flache Krapfen, die in Ei und Bröseln oder in aufgeblätterten Haselnüssen gewälzt und auf der Pfanne goldbraun gebraten werden. Man kann sie mit geriebenem Käse überstreuen und die Krapfen nochmals in der Röhre erhitzen oder ein Kreuz von gewässerten Sardellen oder ein Spiegelei daraufsetzen. Als Beilage Blaukraut, Sauerkraut oder Salate.

Hackbratenmasse, Nr. 330,
Ei, Brösel oder Nüsse,
Fett, Käse oder Sardellen,
Eier
Garzeit: 8–10 Min.

## Pikante Wildkrapfen 336

Beliebige Wildreste (roh oder gekocht), werden mit fettem Schweinefleisch oder Speckresten zweimal durchgedreht. Man gibt Sardellenpaste, reichlich Petersilie und etwas Selleriegrün, ein Salbeiblatt und Kerbel, Salz, Pfeffer, Paprika, Würze, Eier und entsprechend Brösel darunter. Aus dieser Masse formt man kleine Krapfen, die in genügend Fett ausgebacken werden. Auf jeden Krapfen setzt man ein Kreuz von gebratenem Speck und darauf eine kleine Tomatenscheibe. Als Beilage beliebiges Gemüse.

Etwa 500 g Wildpretreste,
Speck, 125 g Schweinefleisch, 1 Teel. Sardellenpaste, Petersilie, Selleriegrün, Kerbel, Salz,
Pfeffer, Paprika, Würze,
1–2 Eier, Brösel, Fett,
Tomaten
Garzeit: 8–10 Min.

## Wildpain 337

Hierzu lassen sich sowohl rohe wie gekochte Reste, ebenso die von der Haut befreiten Bauchlappen, die gewässerte Leber, Herz, Lunge, die gewässerten Nieren und sonstige Abfälle verwenden.

Man kocht das Wildpret in Salzwasser mit reichlich Gewürz, Lorbeerblatt und Zwiebelringen weich, löst die Knochen sorgfältig aus und treibt alles mit einem Stück geräucherten Speck zweimal durch die Maschine. Diese Wildpretmasse wird mit in Fett angedünsteten Zwiebeln, die durchgedreht wurden, mit (je nach Menge) Sardellenpaste, Salz, Pfeffer, etwas Piment, Paprika und Ingwer oder Curry, Zitronenschale und Weinbrand abgeschmeckt. Man rührt 2–3 Eidotter darunter und bindet sie mit Semmelbröseln.

Dann füllt man die nicht zu strenge Masse in eine gefettete Form, in der man sie nun braten oder im Wasserbad kochen kann. Das erkaltete Pain wird gestürzt und kalt mit einer Sardellen- oder Remouladen-Soße (Nr. 377 oder 391) und mit Röstbrot aufgetragen.

Je 300–400 g Reste und
Bauchlappen, Speck, Herz,
Leber, Lunge, Nieren,
Salz, Pfefferkörner,
Lorbeerblatt, Zwiebeln,
Wurzeln, 1–2 Teel. Sardellenpaste, Pfeffer,
Piment, Paprika, Ingwer,
oder Curry, Zitrone,
1 Gläschen Weinbrand,
2–3 Eier, Brösel,
Fett, Garnitur
Garzeit: 60 Min.

## 338 Wildpasteten

Siehe »Rehpastete« Nr. 64, »Hirschpastete« Nr. 123 und 124, »Hasenpastete« Nr. 198, »Schnepfenpastete« Nr. 222. Auf dieselbe Weise lassen sich alle anderen Wildpasteten zubereiten.

## 339 Wildauflauf

500 g Wildreste, Zwiebel, Speck, Petersilie, Zitrone, Salz, Pfeffer, Thymian, Kartoffelbrei, Sauerkraut oder Tomaten, Käse, Butter
Garzeit: 30–40 Min.

Beliebige Wildreste werden mit etwas Zwiebel durchgedreht. Dann belegt man eine feuerfeste Form mit einer Schicht Kartoffelbrei und abgetropftem, weichgedämpftem Sauerkraut oder mit abgetropften Tomatenscheiben. Darauf kommt das mit kleinen Speckwürfelchen untermischte und mit gehackter Petersilie sowie etwas geriebener Zitronenschale abgemengte und gewürzte Wildpretpüree, wieder Sauerkraut oder Tomaten, neuerdings Wildpretpüree und zuletzt Kartoffelbrei. Man bestreut den Auflauf dick mit geriebenem Käse, beträufelt die Oberfläche mit zerlassener Butter und bäckt den Auflauf bei guter Hitze goldbraun. Als Beilage Salate und Spanische Soße (Nr. 386).

## 340 Semmelpastetchen

Wildbratenreste, 1 Tasse Bratensoße, Semmeln, Butter, Käse, Paprika
Garzeit: 12–15 Min.

Dazu braucht man beliebige Wildbratenreste und eine Tasse Bratensoße. Man halbiert frische Semmeln, höhlt sie leicht aus, bestreicht sie mit Butter oder Schweinefett und gibt das kleingeschnittene Wildpret mit etwas Soße hinein. Wenn zu wenig Soße da ist, verlängert man sie mit saurem Rahm, Tomatenmark und Suppenwürze. Man bedeckt das Wildpret mit einer dicken Scheibe Käse und bäckt die Pastetchen in der Röhre bei guter Hitze durch, bis der Käse geschmolzen ist. Zuletzt überstreut man sie mit Paprika.

## 341 Überbackene Wildbrötchen

300–400 g Reste, Kräuter, Soßenrest, 1 Eßl. Preiselbeeren, Zitrone, Würze, Salz, Paprika, Weißbrot, Butter
Garzeit: 10–12 Min.

Abgelöste Reste von Wildpret und Wildgeflügel werden mit reichlich gewiegten Kräutern und einem Rest Soße, dick eingekochten Preiselbeeren, geriebener Zitronenschale, Suppenwürze, Salz und Paprika vermengt und dick auf gebutterte Weißbrotscheiben gestrichen. Man bäckt die Brötchen in der Röhre goldbraun. Sie sind eine ausgezeichnete Beilage zu Gemüse oder mit Salat eine gute Vorspeise.

## Wildpaste 342

Beliebige Reste von Wildpret, insbesondere von Wildgeflügel, treibt man zweimal durch. Man gibt gerührte Butter, Schweinefett, Gänseschmalz oder durchgetriebenen Speck daran. Dann würzt man pikant mit Würze, Salz, ein wenig Majoran, Pfeffer oder Paprika; nach Belieben kann man auch etwas geschmorte Wild- oder Kalbsleber, gleichfalls durch die Maschine gedreht, dazu geben. Diese Paste dient als Brotaufstrich.

Wildpretreste, Butter,
Fett oder Speck, Würze,
Salz, Pfeffer, Majoran,
Paprika,
Leber

## Wildpretsturz 343

Dazu verwendet man gebratene oder gekochte Reste von Wild und dieselbe Menge Speck. Man schneidet alles in möglichst schöne Scheiben, die man abwechselnd mit Sauerkraut in eine feuerfeste Form schichtet. Man gießt ein Gemisch aus Rahm, Eiern, etwas Salz und Würze darüber; dann wird die Form in der Röhre braun überbacken und gestürzt. Als Beilage Bratkartoffeln und beliebiges Gemüse.

Wildreste, Speck,
Sauerkraut, 1 Tasse Rahm,
2–3 Eier, Salz, Würze
Garzeit: 30 Min.

## Wild-Pilztopf 344

Würfel von zartem Rehfleisch oder gut abgelagertem Hirsch oder Hasen ohne Fett, Haut oder Sehnen mehlt man und brät sie mit geschnittenen Zwiebeln in Butter an. Man gibt etwas Fleischbrühe und womöglich grüne Erbsen dazu und schmort das Ganze zartweich. Zuletzt fügt man geputzte Steinpilze oder gebrühte Pfifferlinge oder andere gemischte Edelpilze, reichlich Petersilie, etwas Zitronensaft, Salz und eine Spur Zucker hinzu. Das Gericht muß noch kurz durchgaren und wird mit Semmelknödeln aufgetragen.

Etwa 700 g rohes Wildpret,
Mehl, 2 Zwiebeln,
100 g Butter,
1 Tasse Erbsen, 500 g Steinpilze,
Petersilie, Zitrone,
Salz, Zucker
Garzeit: 60–90 Min.

## Wildfrikassee mit Wildklößchen 345

Nach dem Rezept Nr. 202 bereitet man ein Frikassee und verwendet dazu am besten ein Kaninchen oder einen zarten Wildvogel. Von weniger ansehnlichen Stücken oder von einem zerschossenen Vogel bereitet man nach dem Rezept Nr. 359 Klößchen, die rings um das angerichtete Frikassee gelegt werden.

Wie zu Nr. 202 und 359

## 346 Buntes Wildragout

Wildpret, Speck, Mehl, Zwiebel, Fett, Beize, Essig oder Rotwein, Pilze, Tomaten, Paprikaschoten, Kastanien, Gelbe Rüben, Salz, Pfeffer, Paprika, Muskat, Würze
Garzeit: 60–90 Min.

Beliebiges Wildpret oder Wildgeflügel, das für einen Braten zu stark zerschossen ist, oder auch beide Wildpretsorten gemischt, schneidet man roh in grobe Würfel und löst dabei die Knochen aus. Man streut etwas Mehl dazwischen und brät dann die Stücke mit reichlich gehackter Zwiebel in Fett an; wenn das Wildpret sehr mager ist, fügt man gewürfelten Speck oder fetten Schinken dazu. Dann gießt man ein wenig Wildbeize oder Essigwasser oder noch besser verdünnten Rotwein daran und schmort alles weich. Zuletzt gibt man etliche in grobe Würfel geschnittene Pilze oder Pilzköpfe, geschälte und grobgeschnittene Tomaten sowie einige gelbe und grüne, entkernte und kleingeschnittene Paprikaschoten, nach Belieben auch noch einige weichgekochte Kastanien und Gelbe Rüben hinzu. Das Ragout wird mit Essig und Zucker, Salz und etwas Paprika, ein wenig Muskat und Suppenwürze pikant süßsauer abgeschmeckt und mit Semmelknödeln aufgetragen.

## 347 Gespicktes Herz

1–2 Herzen, Speck, Salz, Pfeffer, Piment, Ingwer oder Salbei, Zwiebel, Fett
Garzeit: 30–40 Min.

Hierzu kann man das Herz von Reh, Hirsch, Wildschwein und großen Hasen verwenden.
Das Herz wird aufgeschnitten, gut ausgewaschen, von allem Fett und den Adern befreit und dann entweder leicht gespickt oder in ein Speckhemdchen gewickelt. Wenn es zu groß sein sollte, wird es halbiert. Man würzt mit Salz, Pfeffer, einer Spur Piment, nach Belieben auch mit ein wenig Ingwer oder gehackten Salbeiblättern und schmort dann das Herz mit einer aufgeschnittenen Zwiebel in Fett, wie üblich, an. Je größer es ist, desto länger braucht es natürlich, um schön zart und gar zu werden.
Die Soße wird entweder mit Würze, Kräutern oder Kapern oder mit Sardellenpaste, mit saurem Rahm oder Rotwein abgeschmeckt und über das in Scheiben geschnittene Herz gegossen.

*Leber:* Siehe Rezept Nr. 49–56, 114–117, 124.
*Milz:* Siehe Rezept Nr. 358, 362.
*Hirn:* Siehe Rezept Nr. 360.
*Niere:* Siehe Rezept Nr. 112, 161.
*Lunge:* Siehe Rezept Nr. 349.

## Wildgeflügelleber 348

Die Leber von Wildgeflügel läßt sich wie jene von Hausgeflügel verwenden. Nach kurzem Waschen und sorgfältigem Befreien von der Galle, werden die Leberchen kurz mit etwas Butter und Zwiebelringen durchgeschmort und dann erst gesalzen. Man kann auch ein wenig Bratensoße oder sauren Rahm dazugießen und das kleine Ragout mit Suppenwürze, Salz, etwas Essig und einer kleinen Spur Zucker pikant abschmecken. Es wird entweder in Muscheln oder in fertige Eierkuchen gefüllt.

Wildgeflügelleber, Butter, Zwiebel, Salz, Rahm, Würze, Essig, Zucker
Garzeit: 5–6 Min.

## Saure Wildlunge 349

Die Lunge von Wildschwein, Hirsch, Reh oder dergleichen wird in Essig-Salzwasser etwa 20 Minuten gekocht, kaltgestellt und dann in kleine Streifchen geschnitten. Man bereitet nun eine kleine, braune Schwitze, gießt sie mit dem Kochwasser auf und gibt die Lunge hinein. Das Gericht wird mit Lorbeerblatt, Salz, etwas Essig, geriebener Zwiebel, zerdrückten Wacholderbeeren, einer Prise Zucker oder Himbeersaft und Würze süßsauer abgeschmeckt; zuletzt nimmt man das Lorbeerblatt heraus. Als Beilage Knödel oder Reis.

Wildlunge, Essig, Fett, Mehl, 1 Lorbeerblatt, Salz, Zwiebel, 2 Wacholderbeeren, Zucker, Würze
Garzeit: 20 und 20 Min.

## Zunge in Rotweinsoße 350

Hierfür kann man die Lecker von Reh, Hirsch, Wildschein usw. verwenden. Die Zunge wird in Salzwasser gut weich gekocht und dann geschält. Man bereitet eine kleine, braune Schwitze, gießt sie mit Rotwein auf und schmeckt sie pikant süßsauer mit etwas Zitronensaft und Zucker sowie Suppenwürze und nach Belieben auch mit Kapern oder kleingehackter Essiggurke ab. Darin läßt man die Zunge nochmals eine kurze Weile ziehen, schneidet sie dann in Scheiben und gießt die Soße darüber. Als Beilage Reis oder Teigwaren.

Zunge (Lecker), Fett, Mehl, Rotwein, Zitrone, Zucker, Salz, Pfeffer, Würze, Kapern oder Essiggurke
Garzeit: 60–80 Min.

## Sülze aus Wildresten 351

Reste von Wild, die keine ansehnliche Mahlzeit mehr geben, können noch sehr gut zu einer Sülze verwendet werden; sie wird immer gerne gegessen.
Man bräunt eine Zwiebel in Butter und gießt dann mit etwas Wasser auf. Daran werden Suppenwurzeln, Gewürzkörner, Lorbeerblatt, Essig, Wein und Salz gegeben. Die Brühe muß sehr gut durchkochen; sie wird gesiebt,

Wildreste, Zwiebel, Butter, Wurzeln, Gewürzkörner, 1/2 Lorbeerblatt, je 1/2 Glas Essig und Wein, Salz, 6 Blatt Gelatine, Gürkchen, Kapern, Essigpilze

mit einigen Tropfen Suppenwürze gefärbt und abgeschmeckt. Hierauf gibt man auf $1/2$ Liter Brühe die aufgelöste Gelatine und rührt sie gut unter. In eine gespülte Schüssel legt man nun die feingeschnittenen Wildreste, Pfeffergürkchen, Kapern und Pilzköpfe. Zuletzt wird die gesiebte Sülze darüber gegossen und kalt gestellt. Nach dem Erkalten stürzt man die Platte und trägt sie mit Bratkartoffeln auf.

## 352 Wildpretwurst

1 Teil Wildpret,
1 Teil Speck, Wildleber,
Salz, Pfeffer, Thymian
oder Majoran, Zitrone,
Wacholderbeeren, Piment,
Koriander, Wein,
Schweinsdärme, Butter
Garzeit: 8–10 Min.

Wildpretwurst kann man aus allem möglichen Wildpret, auch von Wildgeflügel, von Lunge, Herz, Milz und dergleichen bereiten.
An zwei Teile Wildpret gibt man einen Teil frischen Speck ohne Schwarte. Das rohe Wildpret wird gehäutet, von allen Sehnen und Knochen befreit und samt der gewässerten Wildleber oder einem Stück Kalbsleber und dem Speck zweimal durch die Maschine getrieben. Man gibt Salz, Pfeffer, Thymian oder Majoran, ein wenig Zitronenschale, gestoßene Wacholderbeeren und etwas Piment oder gemahlenen Koriander dazu. Die Masse wird mit heißem Wasser oder noch besser mit Weißwein halbflüssig gemacht und in gut gereinigte Schweinsdärme gefüllt. Die Würste werden in der Pfanne in brauner Butter oder auf dem Rost gebraten. Man gibt Sauerkraut oder nur Senf und Brötchen dazu.

## 353 Wildhartwurst

2 Teile Wildpret,
1 Teil Speck, Salz,
Pfeffer, Muskat, Senfkörner, Würze, Därme

$1/3$ frischer Schweinespeck und $2/3$ völlig von allen Knochen, Sehnen und Häuten befreites Wildpret gibt man durch die grobe Scheibe des Fleischwolfes. Die Masse wird eine gute halbe Stunde mit der Hand oder 15 Minuten im Knetwerk der elektrischen Maschine durchgearbeitet und dann mit Salz, Pfeffer, Muskat, Senfkörnern und etwas Suppenwürze herzhaft abgeschmeckt. Man knetet die Gewürze noch kurz darunter und füllt die Masse luftfrei in vorbereitete Därme. Die Würste werden 8 Tage in der warmen Küche abgehangen, dann 14 Tage beim Metzger geräuchert. Sie halten sich viele Wochen frisch, wenn man sie kühl, aber frostfrei aufhängt.

## 354 Wildschinken

Siehe »Einpökeln« und »Räuchern« Seite 188 und Seite 189.

# Wildsuppen

Wildsuppen sind eine ausgezeichnete Verwendungsart der verschiedenen größeren oder kleineren Reste von Wildpret und Wildgeflügel, aber auch der Knochen und der einzelnen Eingeweide (Aufbruch). Man kann sie als ausgesprochene Suppen wie auch als eine Art von Eintopfgerichten verwenden, wenn man sie dick genug zubereitet oder dickende Einlagen wie Reis, Graupen, Teigwaren, Linsen usw. hineingibt.

## Klare Wildsuppe 355

Ganz frische Knochen von Wild schlägt man klein und brät sie in Fett mit Wurzeln und Kräutern scharf an; dann gießt man mit etwas Wasser auf, fügt Salz, Zwiebeln und nochmals frische Kräuter und Wurzeln hinzu und kocht sie langsam einige Stunden gut aus. Man siebt die Suppe ab und achtet darauf, daß vor allen Dingen von Geflügelknochen keine Splitter, wie sie Röhrenknochen bilden, in der Suppe bleiben. Man muß sie also durch ein feines Sieb oder ein Tuch gießen.
Diese Suppe wird mit Salz und nach Belieben mit ein wenig Paprika oder einem Strich Muskat, Suppenwürze und Kräutern abgeschmeckt. Als Einlage verwendet man Nudeln, Reis oder Nudeln mit in feine Streifchen geschnittenem Wildpret oder verquirlte Eier und Kräuter oder geröstete Brotscheiben oder Milzbrötchen Nr. 358 oder Wildpretklößchen Nr. 359.

Frische Wildknochen, Fett, Wurzeln, Kräuter, Salz, Zwiebel, Paprika, Muskat, Würze
Garzeit: einige Stunden

## Klare Wachtelbrühe 356

Ältere Wachteln werden vorbereitet und in Salzwasser mit genügend Suppenwurzeln zart weichgekocht. Man siebt die Brühe ab, gibt einen Würfel Rindsbouillon, das in schmale Streifen geschnittene Wachtelfleisch, natürlich nur, soweit es schön weich ist, etliche frische, in Butter geschmorte Champignons oder auch Dosenchampignons, die in Scheibchen geschnitten wurden, ein wenig Cayennepfeffer und Marsala dazu

1–2 alte Wachteln, Salz, 1 Würfel Rindsbouillon, Butter, Champignons, Pfeffer, 1 Glas Marsala
Garzeit: 1½–2 Stunden

Die Brühe, die sehr pikant schmecken muß, aber nicht versalzen sein darf, wird in kleinen Tassen serviert. Dazu reicht man Käsegebäck oder Salzstangen.

## 357 Braune Wildsuppe

Frische Wildknochen, Wildreste oder Semmeln, Fett, Mehl, Rahm, Rotwein, Majoran, Essig, Salz, Zucker
Garzeit: 60–90 Min.

Man bereitet eine Wildknochenbrühe nach Rezept Nr. 355 und dann eine braune Mehlschwitze. Sie wird mit der Brühe aufgegossen und mit reichlich saurem Rahm und Rotwein, ein wenig Majoran, Essig, Salz und einer Spur Zucker sowie Suppenwürze abgeschmeckt. Man gibt entweder geröstete Semmelwürfel oder in Streifchen geschnittene Wildbratenreste oder gekochte Nudeln oder gekochten Reis hinein.

## 358 Milzbrötchen

Wildmilz, Salz, Pfeffer, Muskat, Zwiebel, Zitrone, 1 Ei, Brösel, Weißbrot, Butter,
Garzeit: 10–12 Min.

Die Milz von Reh, Hirsch oder Wildschwein schabt man fein auf und würzt sie mit Salz, etwas Pfeffer oder Muskat, geriebener Zwiebel und Zitronenschale und fügt Ei und etliche Semmelbrösel dazu. Die Masse wird auf gebutterte, dünne Weißbrotschnitten gestrichen und goldbraun überbacken. Man schneidet die Brote in kleine Würfel und gibt sie in die fertig angerichtete Suppe.

## 359 Wildpretklößchen

Wildreste, 1 Ei, Brösel, Salz, Pfeffer, Petersilie, Zwiebel
Garzeit: 10–12 Min.

Beliebige Wildreste werden durchgedreht, gut gewürzt und mit Ei und Bröseln zu einer haltbaren Masse verknetet. Man macht einen Probekloß und kocht dann die notfalls noch mit Bröseln gefestigten Klößchen in der Suppe, bis sie tanzen, nimmt sie heraus, siebt die Suppe ab und gießt sie dann wieder über die Klößchen.

## 360 Hirnsuppe

Wildhirn, Essig, 2 Eßl. Mehl, Milch, Salz, Zitrone oder Wein, Muskat, Zucker, Würze, Brotwürfel
Garzeit: 15–20 Min.

Hirn von Hirsch, Reh, Wildschwein, Hase usw. brüht man kurz in kochendem Essigwasser, entfernt alle Häutchen und Unreinheiten und rührt oder mixt es mit Mehl glatt. Dann gießt man mit etwas Wasser und ganz wenig Milch auf und rührt diese Masse in kochendes Salzwasser oder in eine abgesiebte Wildknochensuppe ein. Zuletzt schmeckt man die Suppe mit wenig Zitronensaft oder Weißwein, einer kleinen Prise Zucker, Muskat, Salz und Würze ab und gibt geröstete Brotwürfel hinein.

## Lebersuppe

361

Gewässerte Hirsch- oder Rehleber, Wildschweins-, Dachs- oder Hasenleber, aber auch Geflügelleber schabt oder hackt man fein oder gibt sie durch die Maschine und läßt sie in Fett mit etwas geriebener Zwiebel einige Minuten kurz durchziehen. Hierauf gießt man mit Wasser oder Fleischbrühe auf, fügt Majoran, Salz und Würze hinzu und kocht die Suppe sehr gut durch. Man gießt sie durch ein grobes Sieb, würzt notfalls nochmals nach und gibt ein Stückchen Butter und entweder gekochten Reis oder geröstete Weißbrotwürfel hinein. Durch Zugabe von Rahm oder geriebenem Parmesankäse kann die Suppe noch verfeinert werden.

Leber von Wild, Fett, Zwiebel, Salz, Majoran, Würze, Butter, Reis oder Weißbrot
Garzeit: 20 Min.

## Milzsuppe

362

Die Milz vom Hirsch, Reh oder Wildschwein wird gut gewaschen und fein geschabt; man gibt geriebene Zwiebel dazu und schmort sie in Fett kurz durch. Dann wird sie mit 1–2 Eßlöffeln Mehl angestäubt, durchgerührt und mit Fleischbrühe oder Wasser aufgegossen. Man kocht die Suppe sehr gut durch und drückt sie durch ein Sieb; sie wird mit Suppenwürze, Salz, Pfeffer oder Paprika und einem Stück Butter fertig abgeschmeckt und mit Petersilie aufgetragen.

Wildmilz, 1 Zwiebel, Fett, Würze, Salz, Pfeffer oder Paprika, Butter, Petersilie
Garzeit: 20 Min.

## Ungarische Wildsuppe

363

Beliebige rohe Wildpretreste werden in haselnußgroße Stücke geschnitten. Dann schmort man gehackte Zwiebel in Fett an und gibt, wenn sie braun ist, süßen ungarischen Paprika und 1/4 Liter Wasser oder Fleischbrühe dazu. Darin läßt man das Wildpret schön weichkochen. Die Suppe wird mit ganz wenig Mehl eingedickt und nochmals mit Paprika, etwas Zitronensaft, Kümmel, Würze, einer Prise Zucker und Salz herzhaft nachgeschmeckt. Man bringt sie mit Petersilie bestreut und mit einer großen Locke von ungesüßtem Schlagrahm oder Crème fraîche zu Tisch.

Wildpretreste, 1 Zwiebel, Fett, 1–2 Teel. süßen Paprika, Mehl, Salz, Zitrone, Kümmel, Würze, Zucker, Petersilie, 2 Eßl. Schlagrahm oder Crème fraîche
Garzeit: 20 Min.

## Spanische Wildsuppe

364

Zuerst bereitet man eine klare Wildknochenbrühe, wie in Rezept Nr. 355 beschrieben. Gleichzeitig kocht man weiße Bohnen weich, siebt sie ab und gibt sie mit den in Streifen geschnittenen, gekochten oder gebratenen Wildpretresten in die Suppe. Sie wird mit etwas Mehl eingedickt und mit Tomatenmark, Öl und mit reichlich gehackten Kräutern, wie Kerbel, Basilikum, etwas Raute oder Salbei, pikant abgeschmeckt.

Wildknochenbrühe Nr. 355, Wildreste, 125 g weiße Bohnen, Mehl, Tomatenmark, 2–3 Eßl. Öl, Kräuter
Garzeit: 30 Min.

## 365 Römische Wildsuppe

Wildknochenbrühe Nr. 355
100–200 g Wildbratenreste,
Paprikaschoten,
2–3 Tomaten, 1 Tasse
gekochter Reis, Mehl,
Petersilie, Selleriegrün,
Paprika, Zucker, Zwiebel,
Speck
Garzeit: 20 Min.

Zunächst bereitet man eine klare Wildknochenbrühe nach Rezept Nr. 355; dann schmort man entkernte und in Streifen geschnittene grüne oder rote Paprikaschoten und geschälte und kleingehackte Tomaten in etwas Fett an, fügt durchgedrehte Wildbratenreste und gekochten Reis hinzu und gibt alles in die abgesiebte Suppe. Sie wird kurz aufgekocht, mit ganz wenig Mehl gebunden und mit gehackter Petersilie und Selleriegrün, einem Hauch Paprika und einer kleinen Prise Zucker abgeschmeckt. Man gibt zuletzt sehr klein geschnittenen und mit gehackter Zwiebel angeschmorten Speck hinein.

## 366 Wildpüreesuppe

Wildknochenbrühe Nr. 355
Wildreste, Wildinnereien,
Fett, Zwiebel, Mehl,
1 Glas Rotwein, Zitrone,
Zucker, Würze, Muskat,
Pfeffer, Paprika, Kräuter,
Butter oder Rahm
Garzeit: 25–30 Min.

Als erstes bereitet man eine klare Wildknochensuppe wie in Rezept Nr. 355 beschrieben; dann treibt man beliebige Wildreste, auch Herz und Leber, die gewässerten Nieren, Lunge, Milz oder Hirn sowie das gesammelte Blut von Wildpret oder Wildgeflügel, soweit alles tadellos ist, durch die Maschine oder den Mixer. Man schmort dieses Püree in Fett mit gehackter Zwiebel kurz durch und stäubt Mehl daran. Dann gießt man Wildknochensuppe auf und kocht die Suppe sehr gut durch. Sie wird mit Rotwein oder ungesüßtem Johannisbeersaft, Zitronensaft, einer Prise Zucker, Würze und einem Strich Muskat, ein wenig Pfeffer und Paprika sowie reichlich gehackten Kräutern gewürzt. Nach Belieben kann man noch ein Stück Butter oder Schweinefett oder Rahm hineingeben.

Variationen der Wildpüreesuppe Nr. 366:

## 367 Wildpüreesuppe mit Kartoffeln

In der gesiebten Wildknochenbrühe Nr. 355 kocht man fein aufgeblätterte, rohe Kartoffeln weich und würzt mit reichlich Majoran oder Thymian, etwas Salz, 1 Glas Apfel- oder Weißwein oder mit $1/2$ Tasse saurem Rahm; zuletzt gibt man in die passierte Suppe entweder etwas durchgetriebene Wildpretreste oder Wildpretklößchen Nr. 359.

## 368 Wildpüreesuppe mit Haferflocken

Anstelle von Kartoffeln wie oben kocht man Haferflocken ein.

## Wildpüreesuppe mit Käse 369

Die »Wildpüreesuppe« Nr. 366 wird noch mit 2–3 Eßlöffeln dickem Tomatenmark gewürzt und, wenn sie in die Schüssel gegossen ist, mit reichlich Parmesankäse überstreut.

## Wildpüreesuppe mit Sellerie 370

In der Wildknochensuppe (Nr. 355) kocht man eine große, aufgeschnittene Knolle Sellerie weich und gibt Selleriegrün und eine aufgeschnittene Zwiebel hinein. Man gießt die Suppe durch ein Sieb, dickt sie mit etwas Mehl ein und schmeckt sie mit durchgedrehtem Sellerie, Rahm, Weißwein, einer kaum spürbaren Prise Zucker, Würze und Petersilie ab. Die Suppe wird mit gerösteten Semmelwürfeln oder mit Wildpretklößchen aufgetragen.

## Hubertussuppe 371

1 Wildvogel, Fett, Mehl, Wacholderbeeren, Würze, Rotwein, 2–4 Eier, Zitrone, Petersilie, Zwiebel, Butter oder Rahm, Tomatenketchup
Garzeit: 60–80 Min.

Dazu verwendet man am besten einen älteren Auerhahn oder ein Birkhuhn, einen Fasan oder dergleichen, kocht den Vogel weich und schneidet aus den größeren Wildpretstücken schöne Würfel, während man den abgelösten Rest durch die Maschine treibt. Dann bereitet man eine dunkle Schwitze, die mit der Kochbrühe aufgegossen, mit zerstoßenen Wacholderbeeren, Würze, Rotwein oder Madeira abgeschmeckt und mit dem Wildpret versehen wird. Man zerschlägt nun einige Eier mit etwas Zitronensaft, gehackter Petersilie, frisch geriebener Zwiebel und Zitronenschale und gibt sie unter ständigem Rühren an die kochendheiße Suppe. Die Suppe wird zuletzt noch mit einem Stückchen Butter und etwas Tomaten-Ketchup bereichert.

## Dicke Rebhuhn- oder Fasanensuppe 372

1–2 alte Rebhühner, Wurzeln, Zwiebel, Teigwaren, Würze, Petersilie, Madeira, Butter
Garzeit: 60–80 Min.

Alte Rebhühner werden gereinigt und mit sehr viel Wurzeln, Suppengrün und Zwiebeln in Salzwasser langsam weich gekocht. Man löst das Wildpret ab und schneidet es in schmale Streifchen. Diese gibt man mit gekochten und abgetropften Fadennudeln in die Suppenschüssel und gießt dann die abgesiebte und noch mit etwas Suppenwürze abgeschmeckte Rebhuhnbrühe darüber. Zuletzt streut man Petersilie daran und gibt einen Schuß Madeira und ein Stückchen Butter hinein.

## 373 Eichelhähersuppe

2 Eichelhäher, Wurzeln,
Zwiebeln, Fett, Mehl,
Rotwein, Rahm,
1 Tasse Reis, 1 Glas Portwein,
Petersilie
Garzeit: 60–80 Min.

Von den gerupften, gereinigten und ausgenommenen Hähern löst man die Brüstchen ab; alles andere kocht man in Salzwasser mit reichlich Wurzeln weich. Die Brüstchen schneidet man in kleine Würfel, schmort sie in Butter zartweich und legt sie beiseite. Das übrige Wildpret löst man von den Knochen und dreht es mit den Wurzeln durch. Man bereitet nun eine braune Schwitze und gibt das durchgedrehte und das geschnittene Wildpret hinein und fügt noch gekochten Reis oder Bandnudeln dazu. Die Suppe wird mit Portwein abgeschmeckt und mit Petersilie überstreut.

## 374 Englische Hasensuppe

Hasen-Wildpret, Fett,
Zwiebel, 1 Lorbeerblatt,
Thymian, Petersilie,
2 Glas weißer Süßwein,
Curry, Salz, Würze,
Weißbrot
Garzeit: 30–40 Min.

Unansehnliche Wildpretteile des Hasen, wie Läufe, Hals, Kopf usw. brät man mit Fett und Zwiebeln an, fügt Lorbeerblatt, Thymian, einen Büschel Petersilie und etwas Fleisch- oder Wildknochenbrühe Nr. 355 dazu und kocht alles weich. Man löst dann das Wildpret von den Knochen, schneidet es in Streifchen und gibt es in die Suppenschüssel. Nun bereitet man eine braune Schwitze, gießt sie mit heißer Suppe auf und fügt süßen Weißwein (Haut Sauternes) und etwas Curry, Salz und Würze hinzu. Diese Suppe wird über das Hasenwildpret gegossen; als Einlage gibt man geröstete Semmelwürfel.

## 375 Knödelbogensuppe

1–2 Wildvögel,
250 g Schinken,
250 g Schweinefleisch,
je 1 Rote, Gelbe und
Weiße Rübe, 125 g Linsen,
1/2 Flasche Madeira,
1Würfel Rindsbouillon,
Salz, Pfeffer, Petersilie,
8–10 Cocktailwürstchen
Garzeit: 60–80 Min.

Mit einem beliebigen alten oder zerschossenen Wildvogel kocht man ein Stück Schinken, ein Stück Schweinsbrust und reichlich in schöne Würfel geschnittene Rote, Gelbe und Weiße Rüben gut durch. Man nimmt dann den Vogel heraus, schneidet ihn in kleine Streifen und entfernt dabei alle Knochen, Hautstücke und andere unansehnliche Teile. In der Brühe kocht man nun vorgeweichte Linsen gar, gießt Madeira daran, schmeckt die Suppe mit Rindsbouillon, Pfeffer und gehackter Petersilie pikant ab und gibt das Fleisch des Wildvogels sowie Cocktailwürstchen oder Stücke von frischgebratenen Bratwürstchen und Würfel von Schinken und der Schweinebrust hinein. Dazu frische Brezeln.

# Soßen

Soßen sind gerade beim Wild kein »Nebenbei«, sondern dessen Essenz, Geschmacksträger und würziger Akzent.
Besonders die kalten Soßen müssen es »in sich« haben; sie sollen durch die richtige Würzung das Wildaroma noch unterstreichen und können dabei ruhig auch ein wenig ins »Süße« abgleiten, denn gerade der Kontrast ist ja pikant. Vor allem durch die Wahl passender Kräuter, aber auch durch Buttermilch, ein bißchen Weinbrand, ein Glas Wein oder Gin, eine Prise Meerrettich oder etwas Himbeersaft kann man überraschende Effekte erzielen. Wenn die Farbe der Soße zu langweilig ist, greift man zu Suppenwürze oder Tomatenmark, zu Kräutern oder Kochrotwein; der Saft von Preiselbeeren und Johannisbeeren färbt ebenfalls schön. Nicht zu verachten sind überdies die vorzüglichen Soßenwürfel, die, mit etwas Bratensoße oder Wildbeize, mit Rahm oder Wein aufgegossen, eine ausgezeichnete Unterlage bilden.
Da Wildpret mager ist, enthalten die klassischen Soßen oft Butter und Rahm. Man spart Kalorien, wenn man statt dessen Buttermilch oder Joghurt verwendet und statt mit Mehl die Soße mit Eigelb oder saurem Rahm bindet oder sie einkocht.

## Gebundene Wildpretsoße 376

Wildpret, Fett, Zwiebel, Rahm oder Milch, Wurzeln, Schwarzbrotrinde oder Soßenlebkuchen, Speisestärke, Butter

Der Wildbraten wird in das bereits heiße Fett, am besten Butter, mit aufgeschnittenen Zwiebeln gegeben; man wendet das Wildpret rasch um, damit es auf allen Seiten bräunen kann und sich die Poren schließen. Ist das Fett zu kalt, so saftet das Wildpret und wird ebensowenig braun wie die Soße; man bekommt dann nur eine fade, graue Brühe! Wenn sich eine braune Kruste gebildet hat, gießt man langsam und immer wieder mit Wasser oder Fleischbrühe oder mit Rahm oder Buttermilch oder saurer Milch auf. Dann läßt man die Soße, sich allmählich vermehrend, bräunen. Man fügt rechtzeitig noch reichlich kleingeschnittene Wurzeln,

Zwiebeln, aber auch ein Stückchen Schwarzbrotrinde oder geriebenes Schwarzbrot oder einen geriebenen Soßenlebkuchen hinzu. Ein wenig angerührte Speisestärke, Soßenbinder oder braune Schwitze mit Butter geben der Soße Bindung.
Als Geschmackszutaten kann man entweder Tomaten- oder Paprikamark oder Rotwein oder Sardellenpaste oder etwas geriebenen Meerrettich oder geriebenen Käse oder gehackte Pilze beifügen. Auch kleine, starkwürzige Kräuter oder ein Gemisch aus verschiedenen Kräutern verleihen der Soße einen speziellen Charakter. Ebenso wirkt ein Spritzer Angostura Bitter apart.
Man kann sie dann nach Belieben durchpassieren oder samt Inhalt, der natürlich entsprechend kleingehackt sein muß, auftragen. Zweckmäßig wird sie zuletzt noch mit einem Stückchen Butter verfeinert.

## 377 Sardellensoße

Wildpretsoße, Sardellenpaste, 1/2 Apfel, Zucker, Petersilie

Eine gebundene Wildpretsoße wird mit Sardellenpaste, roh geriebenem, saurem Apfel, einer Prise Zucker und gehackter Petersilie abgeschmeckt.

## 378 Jägersoße

Wildpretreste,
2–3 Eßl. helle Schwitze,
2–3 Eßl. Tomatenmark,
2 Eßl. Kräuter, Würze, Pilze,
Weißwein

Wildpretreste löst man von den Knochen und wiegt sie sehr fein; man gibt eine helle Schwitze, Tomatenmark, gehackte Kräuter und Pilze, etwas Essig, Salz, Zucker, Pfeffer und Paprika hinzu und schmeckt zuletzt mit Würze und Weißwein nach.

## 379 Französische Wildsoße

1 Tasse Weinessig, 1 Zehe Knoblauch, 1 Hasenleber, 1 Tasse Hasenblut, Hasensoße, Salz, Pfeffer, Thymian, Würze, Selleriegrün

In verdünntem Weinessig kocht man zerdrückten Knoblauch, die gehackte Hasenleber und Hasenblut gut durch. Man drückt die Masse durch ein Sieb und fügt eine Tasse Hasenbratensoße, etwas Salz, Pfeffer, ganz wenig Thymian, Suppenwürze und reichlich feingehacktes, frisches Selleriegrün hinzu.

## 380 Currysoße

Wildbratensoße, 1/2 Tasse Schwitze, 1–2 Teel. Curry

In eine kleine helle Schwitze gibt man Curry und die entsprechende Bratensoße. Der Curry ordnet sich dem übrigen Geschmack unter.



*Wildente mit Orangensoße (Rezept 309)*

Hospices
Appellation
Cuvée

## Champignonsoße 381

Einige kleingeschnittene Champignons werden in wenig Butter rasch geschmort. Man bereitet dann eine kleine, weiße Schwitze und gibt die Champignons und die Bratensoße des Wildbratens, sauren Rahm oder Buttermilch und reichlich gehackte Petersilie hinzu. Zuletzt schmeckt man die Soße noch mit Zitronensaft und etwas Suppenwürze ab und legiert sie nach Belieben mit einem verklopften Ei.

Wildbratensoße, 100 g Champignons, Butter, Fett, Mehl, 1–2 Eßl. Rahm, Petersilie, Zitrone, Würze, 1 Ei

## Majoransoße 382

In eine helle, kleine Schwitze gibt man die Wildbratensoße und reichlich feingeriebenen Majoran, eine Messerspitze Pfeffer, ganz wenig Zucker, einige Tropfen Suppenwürze und noch ein Stück frische Butter.

Wildbratensoße, 1 Tasse helle Schwitze, Majoran, Pfeffer, Zucker, Würze, Butter

## Meerrettich-Paprikasoße 383

In eine durchpassierte, dicke Wildbratensoße gibt man süßen Delikateßpaprika, geriebenen Meerrettich, feingeriebene Mandeln und dicken, süßen Rahm. Man schmeckt zum Schluß noch mit etwas Zucker, Salz und Suppenwürze nach.

Wildbratensoße, 1 Teel. süßer Paprika, je 1–2 Eßl. Meerrettich und Mandeln, 2–3 Eßl. Rahm, Salz, Zucker, Würze

## Schwedische Apfelsoße 384

Einige saure Äpfel werden mit ganz wenig Wasser weich geschmort und durch ein Sieb gestrichen. Man gibt diese Masse in eine durchpassierte, dicke Wildbratensoße und schmeckt sie mit etwas geriebener Zwiebel, Salz, wenig Zucker und Suppenwürze ab. Die Soße kann kalt und warm zu Tisch gebracht werden.

Wildbratensoße, 2–3 Äpfel, Zwiebel, Salz, Zucker, Würze

## Kalte Tomatensoße 385

Etliche geschalte und halbierte Tomaten läßt man abtropfen, damit die Körner und der Saft auslaufen. Dann zerdrückt man sie fein oder püriert sie im Mixer und gibt Öl oder Mayonnaise, sehr fein gewiegte, geschmorte Pilze, Saft und Schale von 1/2 Zitrone, ein paar Tropfen Suppenwürze, ein wenig Paprika, Salz und eine Spur Zucker hinzu.

3–4 Tomaten, 2 Eßl. Öl oder Mayonnaise, 2 Eßl. Pilze, Zitrone, Würze, Salz, Paprika, Zucker

*Wildkaninchen in Currysoße (Rezept 203)*

Die Soße wird gut verrührt und kalt aufgetragen. Man kann sie auch noch mit Knoblauch würzen, indem man die Soßiere mit einer Knoblauchzehe ausreibt. Geriebener Parmesankäse schmeckt ebenfalls gut daran.

## 386 Spanische Soße

Wildsoße, 2–3 Eßl. Johannisbeer-Gelee, 5 Eßl. Rotwein, 3 Eßl. Meerrettich, Öl, 1 Likörglas Grand Marnier, Salz, Pfeffer, Muskat, Würze

An Johannisbeer-Gelee gibt man geriebenen Meerrettich, den Rotwein und etwas kalte Wildsoße oder Olivenöl sowie Grand Marnier. Man würzt mit Salz, Muskat, Pfeffer und Suppenwürze und schlägt die Soße gut durch; sie soll scharf schmecken.

## 387 Senfsoße

1 Tasse Wildpretsoße,
1 Tasse Mayonnaise,
2–3 Teel. Senf, Salz,
Pfeffer, Zucker, Kräuter

An die Mayonnaise gibt man Senf, etwas Zucker, Salz, Pfeffer, feingehackte Kräuter und eine Tasse kalte, entfettete oder fein vermixte Wildpretsoße. Man kann noch mit wenig zerdrücktem Knoblauch nachwürzen.

## 388 Kapernsoße

Butter, Mehl, 1 Glas Weißwein, Zitrone, 1 Nelke, Salz, Würze, 1–2 Eßl. Kapern, Zucker, Salz, Pfeffer

Zuerst bereitet man eine kleine, hellgelbe Schwitze aus genügend Butter und etwas Mehl; man gießt mit Wasser oder Wildbrühe und dann mit Weißwein auf. Dann gibt man eine in Scheiben geschnittene Zitrone ohne Kerne, eine zerschlagene Gewürznelke, etwas Salz und Würze dazu, kocht die Soße mit den Gewürzen gut durch und treibt sie hierauf durch ein Sieb. Sie wird mit kleinen Kapern, ein wenig Zitronensaft, Salz, einer Spur Zucker und etwas Pfeffer aus der Mühle pikant abgeschmeckt. Man kann sie warm oder halbwarm, aber auch kalt, zu Wildpasteten, zu Wildtoast und dergleichen geben.

## 389 Hamilton-Soße

1 Tasse Wildpretsoße,
3 Eßl. Johannisbeer-Gelee,
3 Eßl. Meerrettich,
2 Eßl. Senf,
1 Tasse Weichseln,
Paprika, Wein

An Johannisbeer-Gelee gibt man geriebenen Meerrettich, Senf, entkernte und sehr fein gehackte oder im Mixer pürierte Weichseln, etwas Paprika und Weißwein und womöglich noch eine Tasse entfettete, kalte Wildpretsoße.

## Cumberlandsoße 390

Dazu verrührt man Senf, Johannisbeer-Gelee, Öl oder Mayonnaise, ein wenig Zitronen- oder Orangensaft, ganz wenig geriebene Schale dieser Früchte, Salz und Pfeffer. Die Soße soll sehr würzig süßsauer schmecken.

Je Person 1 Eßl. Senf,
1 Eßl. Johannisbeer-Gelee,
1 Eßl. Öl oder Mayonnaise,
Zitrone, Orange, Salz, Pfeffer

## Remouladensoße nach Wildart 391

An Mayonnaise gibt man einige Tropfen Würze, feingewiegte Kapern oder Essiggurken, geriebene Zwiebel, Rotwein und 1/2 Tasse durchgesiebte Wildpret-Soße. Zum Schluß würzt man die Soße mit Senf,etwas Salz, Zucker, Zitronensaft und Pfeffer und stellt sie kalt.

1 Tasse Wildpretsoße,
2–3 Eßl. Mayonnaise,
1 Eßl. Kapern, Zwiebel,
1 Eßl. Rotwein, Würze,
Senf, Salz, Pfeffer,
Zucker, Zitrone

## Wacholdersoße I 392

Feingeriebenes Schwarzbrot, geriebener Pumpernickel, im Mörser zerstoßene Wacholderbeeren, etwas geriebene Zitronenschale und -saft, etwas Rotwein oder Johannisbeersaft, geschmolzene Butter oder Olivenöl, ein wenig geriebene Zwiebel, ein Strich Muskat, Salz, Suppenwürze und Thymian werden mit einer Tasse Wildbratensoße gut verkocht. Die Soße wird mit den verquirlten Eiern legiert und kann warm und kalt verwendet werden.

1 Tasse Wildpretsoße,
3 Eßl. Brot, 1 Eßl. Pumpernickel, 4–5 Wacholderbeeren, Zitrone, 2 Eier,
Rotwein, Butter, Zwiebel,
Muskat, Salz, Würze,
Thymian

## Kalte Wacholdersoße II 393

Die gekochten und passierten Eier verrührt man mit Olivenöl, etwas Zitronensaft, Salz und zerstoßenen Wacholderbeeren. Man mischt eine Tasse Wildsoße und Gin darunter und würzt noch mit etwas Suppenwürze nach.

1 Tasse Wildpretsoße,
2 Eier, 3–4 Eßl. Olivenöl,
Zitrone, Salz, 4–5 Wacholderbeeren, 1–2 Likörgläser
Gin, Würze

## Essig-Kräutersoße 394

In eine 1/2 Tasse gekochtes Essigwasser gibt man das gekochte, gehackte Ei, die feingehackte Essiggurke, gehackte Kapern, reichlich Schnittlauch, gemischte und gehackte Küchenkräuter sowie reichlich Olivenöl. Man würzt noch mit etwas geriebener Zwiebel und Meerrettich. Die Soße paßt zu allen kalten Wildpretgerichten.

Essig, 1 Ei, 1 Essiggurke,
1 Eßl. Kapern, Schnittlauch,
1–2 Eßl. Kräuter, Öl, Zwiebel,
1 Teel. Meerrettich

## 395 Reineclaudensoße

1 Tasse Wildpretsoße, 1 große Tasse Reineclaudenmark, Weißwein

Etliche Reineclauden werden in schwachgesüßtem Wasser weich gekocht und durch ein Sieb gestrichen. Man gibt eine Tasse entfettete, durchpassierte Wildbratensoße und ein wenig Weißwein dazu.

## 396 Hagebuttensoße

Je 1 Tasse Wildpretsoße und Hagebuttenmarmelade, Weißwein

Eine Tasse Hagebuttenmarmelade wird mit etwas Weißwein und Wildpretsoße vermischt und warm oder kalt aufgetragen.

## 397 Meerrettich-Schlagrahm

2–3 Eßl. Meerrettich, 1/4 l Schlagrahm, Zucker, Salz

Frisch geriebenen Merrettich gibt man mit etwas Salz und Zucker an den steifen Schlagrahm.

## 398 Feuervogel

Je 2–3 Eßl. Mayonnaise und Tomatenketchup, 1 Eßl. Senf, Zitrone, Rahm

Dies ist eine ganz besonders pikante und sehr rasch herzustellende Soße zu warmem wie zu kaltem Wild jeder Art. Zuerst rührt man Mayonnaise, ebensoviel Tomaten-Ketchup, knapp so viel nicht zu scharfen Senf, ein wenig Zitronensaft und dicken Rahm oder Crème fraîche nur ganz leicht durch, so daß die Soße gelb-, rot- und weißgestreift bleibt. Davon hat sie auch ihren Namen. Sie schmeckt sehr pikant und läßt sich nach eigenem Geschmack mehr nach der Senf- oder Mayonnaise-Seite hin abwandeln.

# Einige aparte Wildbeilagen

Wildgerichte, die ja stets eine würzige Soße bekommen, benötigen deshalb eine soßenschluckende Beilage. In erster Linie kommen Kartoffelspeisen in Frage; zu ihnen gehören neben Salzkartoffeln die fetten, goldkrustigen Bratkartoffeln sowie Kartoffelbrei. Zu einer besonders fetten Soße eigenen sich auch noch gebackene Kartoffelnudeln, ferner Kartoffelknödel der verschiedensten Art, Reis, Teigwaren, Knöpfle und Spätzle, wie man sie auch zu anderen Braten usw. kennt.
Darüber hinaus sollen hier, um die Besonderheit von Wildgerichten zu betonen, noch einige weitere Beilagen genannt sein.

## Weinkartoffeln 399

Frische, knapp fertig gekochte Salzkartoffeln werden abgegossen. Man gibt den Wein, etwas Butter und reichlich fein gehackte Petersilie darüber, schüttelt den Topf und läßt die Kartoffeln zugedeckt garziehen.

Salzkartoffeln,
1/2 Glas Weißwein,
Butter, Petersilie
Garzeit: 20 Min.

## Schweizer Rösti 400

Dieses zutateneinfache Gericht schmeckt ausgezeichnet! Zuerst werden gekochte und geschälte, kalte Kartoffeln grob aufgeraffelt und leicht mit Salz durchstreut. Dann gibt man in eine Pfanne mit möglichst hohem Rand reichlich Schweinefett oder Öl und drückt, wenn es sehr heiß ist, die Kartoffeln leicht hinein, so daß sie unten glatt aufliegen. Bei mäßiger Hitze werden sie nun schön knusprig braun gebraten; möglicherweise muß man noch einmal an der Seite etwas Fett hinzufügen, damit die Kruste nicht hängen bleibt. Man stürzt den unten goldbraunen Kartoffelkuchen im Ganzen auf eine heiße Platte, legt in Butter leicht angeschmorte Zwiebelringe und Petersilie darauf und umgibt ihn mit einem Kranz von Tomatenscheiben und Petersiliebüscheln.

Kalte Kartoffeln, Salz,
Fett oder Öl, Butter,
Zwiebel, Petersilie,
Tomaten
Garzeit: 10–15 Min

## 401 Teigwaren

Teigwaren, Salzwasser, Butter, Parmesan
Garzeit: 18–22 Min.

sollen saftig und aufnahmefähig für die Soße sein; daher darf man sie nach dem Kochen in viel Wasser nicht kalt abschrecken und dann wieder erwärmen, sondern kocht sie erst kurz vor Gebrauch, so daß man sie nur gut abtropfen muß. Nach Belieben gibt man ein Stückchen Butter darunter, kann auch noch etwas Parmesankäse dazwischen streuen und füllt die heißen Nudeln sofort in die Servierschüssel.

## 402 Reis

200–250 g Reis, Salzwasser
Garzeit: 15–18 Min.

ist zu Wildgerichten immer angebracht, aber er muß körnig und locker sein. Man kann ihn nach Belieben noch verschieden würzen.

## 403 Safranreis

200–250 g Reis, Safran, Würze, Butter
Garzeit: 15–20 Min.

Der Reis wird in Salzwasser mit einigen Fäden Safran weich gekocht und abgetropft. Man gibt Butter und Suppenwürze darunter und drückt den schön gelben Reis leicht in eine gefettete Form, aus der er auf eine Platte gestürzt wird.

## 404 Weinreis

1 Tasse Wasser, 1 Tasse Weißwein, Salz, 1 Tasse Reis, Safran, Butter, Parmesan, Muskat
Garzeit: 15–20 Min.

In Wasser und gleichviel Weißwein dämpft man den Reis körnig weich und fügt dabei Salz, eine gute Prise Safran, ein Stück Butter und zuletzt Parmesankäse hinzu. Der Reis wird auch noch mit etwas Muskat gewürzt. Er muß locker, aber doch saftig sein.

## 405 Curry-Butterreis

150–200 g Langkornreis, Butter, Zwiebel, 1–2 Teel. Curry, Würze, Salz
Garzeit: 15–20 Min.

Den Langkornreis kocht man in reichlich Salzwasser weich und tropft ihn ab. Dann läßt man ein Stück Butter mit ein wenig feingeriebener Zwiebel kurz durchschmoren und gibt den Curry sowie den gut abgetropften Reis darunter. Er wird mit Suppenwürze und nötigenfalls noch mit Salz nachgeschmeckt.

## Tomatenreis 406

An weichgekochten Reis gibt man Tomatenketchup, Würze, Salz, etwas Paprika und ein Stück Butter.

200 g Reis, 1/2 Tasse Tomatenketchup, Würze, Salz, Paprika, Butter
Garzeit: 15–20 Min.

## Paprikareis 407

Unter den gekochten Reis gibt man je eine gelbe, grüne und rote, sorgfältig entkernte und in Streifchen geschnittene Paprikaschote, die in etwas Butter weich geschmort wurde. Man würzt den Reis noch mit Salz, Petersilie, Würze und einem Stückchen Butter nach.

200 g Reis, Paprikaschoten, Butter, Salz, Petersilie, Würze
Garzeit: 15–20 Min.

## Allgäuer Reiskroketten 408

Den Reis kocht man etwa 20 Minuten in reichlich Salzwasser und tropft ihn dann ab. Daran gibt man geriebenen Emmentalerkäse, Ei, Mehl, Salz und ein wenig Muskat. Man formt runde Küchel daraus, die in Butter beiderseits hellgelb ausgebacken werden.

125 g Reis, 50–80 g Käse, 1 Ei, 1 Eßl. Mehl, Salz, Muskat, Butter
Garzeit: 20 und 10 Min.

## Pikanter Reisring 409

An den gewaschenen Reis gibt man das Tomatenmark, 3 Tassen Wasser, Salz, eine Prise Zucker und Essig sowie ein Stückchen Butter und schmort ihn bei kleiner Hitze vorsichtig gar. Dann drückt man ihn in eine Ringform und stürzt ihn auf eine Platte. In den Ring kann man ein Frikassee, ein Wildragout oder dergleichen füllen.

Je 1 Tasse Reis und Tomatenmark, 3 Tassen Wasser, Salz, Zucker, Essig, Butter
Garzeit: 25 Min.

## Leberknödel 410

Wenn kleine Mengen von Wildleber anfallen, kann man für die Suppe oder auch als Beilage zu einem Braten oder wenn das Wildpret nicht sehr weit reicht, kleine Leberknödel bereiten. Dazu rührt man das Fett mit den Eiern und gibt die Semmelbrösel, die enthäutete, durchgedrehte, beliebige Wildleber, 4 Eßlöffel Wasser, Salz und etwas feingeriebenen Majoran darunter. Nach kurzem Quellen formt man kleine Knödel daraus, die in Salzwasser gekocht werden.

200 g Wildleber, 75 g Fett, 2 Eier, 200 g Brösel, 4 Eßl. Wasser, Salz, Majoran
Garzeit: 15 Min.

## 411 Meerrettich-Knödelchen

1 Packung Kartoffelknödel,
2 Eßl. Meerrettich
Garzeit: 15–20 Min.

Eine Kartoffelmasse wird nach Vorschrift angemacht; man kann rohe oder halb und halb oder gekochte Kartoffelknödelmasse verwenden. Dazu gibt man Meerrettich aus der Tube, rührt gut durch und formt kleine, 3–4 cm im Durchschnitt messende Knödelchen, die in Salzwasser wie üblich gekocht werden. Sobald sie schwimmen, läßt man sie noch einige Minuten im leise ziehenden Wasser tanzen und siebt sie dann ab. Sie bilden eine besonders pikante Beilage zu Wild und sehen nett aus.

## 412 Kleine Grießnockerl

½ l Milch, 30 g Butter,
Salz, Muskat, 130 g Grieß,
1–2 Eier, Butter,
3–4 Eßl. Parmesan
Garzeit: 2 × 15 Min.

In Milch kocht man Butter, etwas, Salz, Muskat und Grieß ein. Man zieht den Topf vom Feuer und fügt die Eier sowie geriebenen Parmesankäse hinzu. Die Masse wird auf einem gefetteten Blech oder einem nassen Brett 1 cm dick ausgestrichen. Nach dem Erkalten sticht man Plätzchen oder Halbmonde aus, bestreicht sie mit Butter und streut etwas Käse darüber; dann bäckt man die Nockerl (Gnocchi) in der Röhre blond aus.

## 413 Große Grießnocken

½ l Milch, ½ l Wasser,
300 g Grieß, Zwiebel,
Salz, Kräuter, 2 Eier,
Butter
Garzeit: 15–18 Min.

In 1 Liter gewässerte Milch kocht man den Grieß ein und gibt etwas geriebene Zwiebel, Salz, reichlich gehackte, frische Kräuter und die Eier dazu. Die erkaltete Masse wird mit einem Löffel zu großen Nocken ausgestochen, die in Salzwasser kurz gekocht werden, bis sie schwimmen. Hierauf tropft man sie ab und reicht sie, mit etwas brauner Butter übergossen, als Beilage zu Wildpret.

## 414 Emmentaler Kartoffelnudeln

Kalte Kartoffeln, Mehl,
Salz, Thymian,
3–4 Eßl. Käse, Pfeffer,
Fett
Garzeit: 10–12 Min.

Kalte, geriebene Kartoffeln werden mit etwas Mehl und Salz verknetet; man kann auch fertige Kartoffelmasse verwenden. Dazu gibt man etwas Thymian, geriebenen Emmentaler-Käse und Pfeffer und formt kleine Taler oder Fingernudeln daraus, die in Schweinefett goldgelb gebacken werden.

## Kartoffel-Chips 415

Kartoffelchips, wie man sie fertig kaufen kann, werden in der Röhre nur rasch heißgemacht. Man kann sie gesondert oder auf der Platte zu Wildgrilladen geben.

Kartoffelchips

## Polenta 416

ist ausgekochter Maisgrieß; er schmeckt zu Wild ausgezeichnet. Jetzt gibt es vorbehandelten Polentagrieß in Packungen. Er wird nach Vorschrift eingekocht und ist nach wenigen Minuten Koch- und Quellzeit fertig. Man schneidet Scheiben daraus und gießt braune Butter darüber.

1 Packung Polenta,
Butter
Garzeit: 5–10 Min.
Garzeit: 20 Min.

## Yorkshire-Pudding 417

Mehl, Eier, Milch und etwas Salz werden zu einem halbflüssigen, glatten Teich verschlagen oder im Mixer verquirlt. Man gießt ihn 2 cm hoch in eine Bratpfanne mit reichlich und sehr heißem Fett und bäckt dann den »Pudding« bei guter Hitze rasch goldgelb. Er wird ganz frisch und heiß in Stücke geschnitten und sofort serviert.

125 g Mehl, 3 Eier,
1/2 Tasse Milch, Salz,
Fett

## Kleine Omeletts 418

Aus Eierkuchenteig mit Schnee bäckt man kleine Omeletts, die entweder zusammengeschlagen oder gerollt und halbiert werden. Man gibt sie gesondert oder auf die Platte um den Braten.

Eierkuchenteig, Fett

# Konservieren von Wild

Wenn ein Hase oder ein Reh in die Küche kommen, so macht die Frischhaltung noch wenig Sorge, denn man kann diese Stücke im allgemeinen wohl verzehren, bevor etwas verdirbt. Bei der Aussicht auf größere Jagdbeute aber ist es notwendig, sich schon rechtzeitig einen Plan für die Verwertung und Konservierung des Wildprets zu machen. Einige Stücke, die richtig vorbereitet, gut ausgeschweißt und ausgekühlt angeliefert wurden, kann man in der Decke, in der Schwarte oder im Balg noch hängen lassen; der betreffende Raum muß allerdings sehr kühl, luftig und fliegenfrei sein. Sobald man die Tiere aber aus der Decke schlägt, muß man sie sofort zerwirken und versorgen.

*Das Hängenlassen*

Haar- und Federwild kann man, wenn es noch tadellos ist, in Decke, Schwarte oder im Balg hängen lassen, damit es mürb und zart wird. Je nach dem Aufbewahrungsraum und der Jahreszeit kann großes Wild bis 3 Wochen, mit dem Haupt nach unten hängend, so verbleiben; Wildschweine dagegen dürfen nur bis längstens 8 Tage hängen. Daß Schalenwild stets nur aufgebrochen, also ausgenommen, geliefert wird, sei nochmals ausdrücklich erwähnt; bei Hasen und Kaninchen ist dies nicht nötig.
Wenn das Wild aus der Decke geschlagen, abgeschwartet oder abgebalgt ist, werden zunächst die noch großen, ausgelösten Stücke, Keulen usw. einzeln nur noch kurze Zeit am Haken luftig aufgehängt. Kein Stück darf dabei das andere berühren. Ebenso darf es nicht an einer Wand oder an einem Brett oder dergleichen anliegen, damit es allseits von Luft umspült ist. Am besten ist sogar ausgesprochener Luftzug, ebenso Frost. Dagegen sind Sonne und Temperaturwechsel oder stagnierende Feuchtluft gefährlich.
Zweckmäßig sind eine Kühlanlage, ein Eiskeller oder eine Tiefkühltruhe; im Kühlschrank kann man das Wildpret nur beschränkte Zeit lagern.

## Essigbeize

**419**

Das Wild wird zerwirkt, also in Stücke zerlegt, wobei Keulen und Schultern noch nicht in Portionen geteilt zu werden brauchen. Man schichtet das Wildpret dicht nebeneinander in ein Holzfaß oder in ein großes Tongefäß und kocht nun die Beize. Je nach der Stärke des Essigs nimmt man halb Wasser und halb Essig oder 1/3 Essig und 2/3 Wasser und gibt 1–2 aufgeschnittene Zwiebeln, etliche Nelken und Pfefferkörner, Wacholderbeeren, Selleriegrün, Lauch, einige Gelbe Rüben und Petersilie dazu.
Die Essigbeize richtet sich in ihrer Schärfe mehr oder weniger nach dem eigenen Geschmack. Sie darf aber natürlich nicht zu wenig sauer sein, damit sie genügend konservierende Kraft besitzt. Sie wird aufgekocht und erst nach völligem Erkalten über das Wildpret gegossen; es muß von der Beize ganz bedeckt sein. Hierauf deckt man den Topf oder das Faß mit einem Deckel, einem Holzbrett oder einem Tuch zu.
Das Wildpret muß nun alle 2–3 Tage einmal in der Beize umgeschichtet werden. Bei großer Hitze und insbesondere bei Witterungswechsel muß man es häufig kontrollieren, damit man keine unangenehme Überraschung erlebt.
Sollte die Beize blutig-trüb sein, so muß man sie abnehmen und durch eine neue, etwas stärkere ergänzen. Auch sie darf erst völlig ausgekühlt über das Wildpret gegeben werden.

Essig, Salz, 1–2 Zwiebeln, 2–3 Nelken, Pfefferkörner, 3–4 Wacholderbeeren, Selleriegrün, Lauch, Gelbe Rüben, Petersilie

## Rotweinbeize

**420**

4 Teile leichtes Salzwasser kocht man mit Gelben Rüben, Sellerie- und Petersiliewurzeln, reichlich Zwiebel, Gewürzkörnern und Wacholderbeeren, Lorbeerblatt, Thymian und Majoran sowie Pfefferkörnern gut durch und gibt dann 1 Teil Essig und ebensoviel Rotwein daran. Wenn die Beize nochmals kurz aufgekocht hat, läßt man sie erkalten und gießt sie über das Wildpret. Es soll nur bis höchstens 4 Tage in dieser Beize liegen bleiben.

Wasser, Salz, Wurzeln, Gewürzkörner, Zwiebel, Lorbeerblatt, Thymian, Majoran, Essig, Rotwein

## Öl-Weinbeize

**421**

Das Wildpret wird so in einen Topf gegeben, daß es diesen möglichst ausfüllt. Man mischt dann Rotwein und Olivenöl zu gleichen Teilen und gießt es darüber. Das Wildpret soll ringsum von dieser Beize umschlossen sein. Man wendet es im Verlauf von 3–4 Tagen mehrmals um. Die Beize wird zum Aufgießen verwendet, sie macht den Braten besonders zart.

Öl, Rotwein

## Milchbeize

Milch oder Buttermilch

Dazu kann man frische Voll- oder Magermilch, saure Milch und Buttermilch verwenden. Das Wildpret muß von der Milch völlig bedeckt sein. Man wendet es täglich einmal darin um und wechselt die Milch nach dem zweiten Tag. Länger als 4–6 Tage sollte das Wildpret nicht in der Milch liegen. Bei Verwendung wird es gründlich abgewaschen und getrocknet.

### *Das Einpökeln*

Dieses Verfahren ist insbesondere für schwere Rotwildkeulen, für Gamswild, aber auch für Wildschwein geeignet. Das gehäutete oder abgeschwartete und glatt zurechtgeschnittene Wildpret wird wie Schweinefleisch naß oder trocken eingepökelt.
Bei der *nassen Pökelung* kocht man für 5 kg Wildpret 1½ Liter Wasser mit 200 g Salz, 3 g Salpeter und 10 g Kandiszucker oder Würfelzucker. Die Lake wird restlos ausgekühlt und über das stramm in ein Faß oder in einen großen Topf geschichtete Wildpret gegossen. Die Lake muß das Wildpret völlig überdecken! Zuletzt wird das Wildpret noch mit einem Tuch bedeckt und mit Brett und Stein beschwert. Es hält sich mehrere Monate, soll aber nicht zu lange liegen bleiben, weil es sonst immer mehr und mehr entwertet wird. Vor allem wenn es geräuchert werden soll, darf es durch allzulange Pökelung nicht zu scharf und trocken werden.
Die *Trockenpökelung* besteht darin, daß man das Wildpret mit auf der Pfanne stark erhitztem Salz tüchtig einreibt. Am besten verwendet man dazu einen Holzspachtel oder einen Kochlöffel, um sich die Finger nicht mit dem sehr heißen Salz zu verbrennen. Das Wildpret bleibt, in einen Topf geschichtet, nur 24–36 Stunden liegen und wird dann sofort geräuchert. Diese kurze Pökelung erbringt nicht nur zeitlichen Gewinn, sondern macht das Wildpret auch zart und läßt es nicht so stark austrocknen wie die Naßpökelung, bei der sehr viel Wildpretsaft verlorengeht.

### *Das Räuchern*

Das Räuchern eignet sich hauptsächlich für die Keulen, insbesondere von größerem Rotwild und Wildschwein. Auch Kaninchen können geräuchert werden, wie aus dem Rezept Nr. 207 ersichtlich ist.
Man gibt das aus der Pökelung kommende Wildpret an einen schweren Haken oder zieht eine feste Schnur durch und behandelt es weiter wie Schweineschinken. Wenn man keine Erfahrung in dieser Art der Konservierung oder keine geeignete Räucherkammer hat, gibt man das Wildpret am besten zum Metzger, der es dann räuchert.
Das geräucherte Wildpret wird trocken und luftig hängend aufbewahrt und muß dabei vor Fliegen geschützt werden.

### *Eingemachtes Wildpret*

Schöne, geschlossene Wildpretstücke vom Reh, Rotwild oder Gemse befreit man von allen Knochen, wischt sie mit einem Tuch trocken und reibt sie mit Salz und etwas gewiegtem Wacholder ein. Man schichtet das Wildpret dann möglichst stramm und ohne Zwischenräume in einen großen Tontopf ein, wobei man immer wieder Essig darübersprengt. Zuletzt wird das Wildpret, das eine möglichst glatte Oberfläche haben soll, mit einem mit Essig getränkten Tuch belegt. Man füllt alle Leerräume, insbesondere am Rand, sorgfältig damit aus und legt ein Brett und einen schweren Stein darauf. Bei Gebrauch muß man das übrige Wildpret wieder genau so einpacken, damit es erneut glatt und ohne Zwischenräume luftdicht abgeschlossen bleibt. Es hält sich je nach Witterung 2–4 Wochen.

### *Einsülzen*

Vorübergehend, im Winter natürlich etwas länger als in der warmen Zeit, kann man Wildpret in der eigenen Sülze frisch halten. Das Einsülze-Verfahren ist vor allem für kleineres Wildgeflügel zweckmäßig.

Die Vögel werden vorbereitet, wie man es auch sonst tut. Man brät sie nahezu gar. Inzwischen kocht man aus 4–5 Kalbsfüßen, etwas Essig, reichlich Gewürzen und Zitronenschale sowie Zwiebel und Kräutern eine Sülzbrühe, die 3–4 Stunden auf dem Herd stehen muß, damit sie recht dick und leimig wird. Man schmeckt sie noch gut sauer mit Essig ab, gießt sie durch ein Sieb und entfettet sie nach dem Erkalten. Dann legt man das Geflügel in einen Topf und gießt die leicht erwärmte Sülzbrühe darüber; zuletzt gießt man etwa 1 kg erwärmtes Rinderfett darauf. Dadurch bildet sich nach dem Erstarren eine luftdichte Schicht, so daß man das Geflügel, besonders im Winter, mehrere Wochen hindurch in der Sülze frischhalten kann. Bei Gebrauch nimmt man es heraus, entfernt sorgfältig alle Sülzreste, trocknet es ab und brät es mit frischem Fett fertig. Die Fettschicht wird erwärmt, neu darübergegossen und so der Rest konserviert.

### *Wildpret in Fett*

Die schön zurechtgemachten, möglichst von den Knochen befreiten Bratenstücke von Rotwild, Reh und Gemse werden noch frisch bratenfertig zurechtgemacht, indem man sie mit Salz, Pfeffer, feingehackter Zwiebel und gewiegten Wacholderbeeren einreibt. Nach Belieben wird das Wildpret auch noch gespickt und dann in sehr heißem Fett in der Bratpfanne rasch auf allen Seiten angebraten, damit sich die Außenschicht schließt. Man legt die erkalteten Bratenstücke mit reichlich Salz, Zwiebelringen, Pfefferkörnern, Wacholderbeeren sowie etwas Thymian und Majoran in einen Topf und gießt so viel nicht zu scharfen, gekochten und ausgekühlten Weinessig darüber, daß es gut davon bedeckt ist. Dann gießt man erwärmtes Rinderfett darauf, bis die Schicht etwa 5 cm hoch ist. Das Fett muß einen glatten und am Rand anliegenden Luftabschluß bilden. Wenn man dem Topf Wildpret entnimmt, wird das Fett herausgestochen, wieder frisch eingeschmolzen und darübergegossen. Die Bratenstücke werden wie üblich fertiggemacht.

*Sterilisieren*

Wild kann gleichermaßen in Dosen wie in Gläsern sterilisiert werden. Man füllt es roh oder kurz vorbereitet ein; das Wildpret muß aber noch tadellos sein! Der geringste Geruch oder eine nur leicht fortgeschrittene Mortifikation, also schon etwas zu stark in Zermürbung übergegangenes Wildpret, verbieten die Sterilisation; es gäbe bestimmt einen Mißerfolg!
Am besten ist gut abgehangenes, aber noch tadellos frisches Wildpret; ebenso läßt sich Wildpret verwenden, das etliche Tage in Beize gelegen hat oder in ein Essigtuch gewickelt war.
Es wird in glas- oder dosengroße Portionen geteilt und nach Belieben gespickt. Man salzt es leicht ein und gibt es entweder roh mit etwas heißem Fett oder in der sehr heißen Röhre nur etwa 10 Minuten kurz vorgebraten oder vorgedämpft in das Einkochgefäß. Dann gießt man ganz wenig von der entstandenen Soße oder Brühe darüber und verschließt die Dosen oder Gläser, die unmittelbar anschließend sterilisiert werden müssen. Bei rohem Wildpret rechnet man je nach Größe von Glas oder Dose 100–110 Minuten bei 98 Grad bzw. in kochendem Wasser, bei vorgebratenem oder vorgekochtem 90 Minuten. Gulasch, Ragout, Pain, Pastetenmassen und ähnliches gibt man entsprechend vorbereitet bzw. halb vorgekocht in die Dosen oder Gläser und läßt bei Gläsern einen 3 cm hohen Rand frei. Die dazugehörigen Soßen werden zweckmäßig noch nicht mit Mehl gebunden, sondern erst bei Gebrauch fertig gemacht. Man sterilisiert Gläser 90 Minuten bei 98 Grad, Dosen ebensolange in kochendem Wasser, wobei man sie beschwert, damit sie völlig vom Wasser bedeckt sind.

*Die Tiefkühlung*

Viele Hausfrauen besitzen ein Tiefkühlmöbel, sei es eine Truhe, ein Tiefkühlschrank oder sogar eine Kühlzelle. Darin kann man Wildpret aller Art und auch Wildvögel monatelang konservieren und ist nicht gezwungen, die frische Beute schon während der Schußzeit essen zu müssen. Das Tiefgefrieren erspart auch die oft muhselige und nicht immer erfolgreiche Arbeit des Einkochens und das Fleisch bleibt zudem frischwertig.

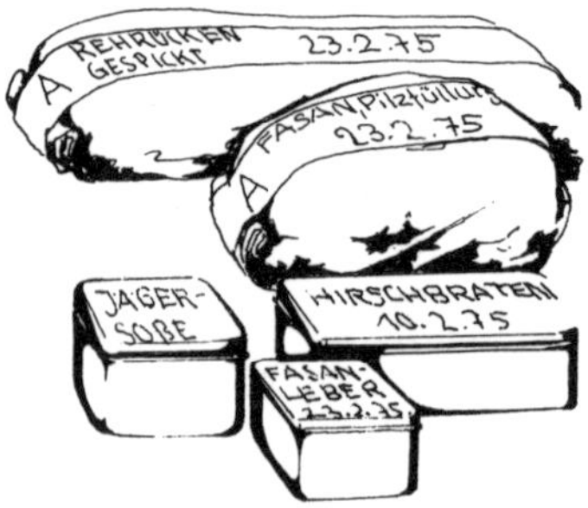


In eigenen Kühlräumen kann man das Wildpret im Ganzen beliebig lange hängen lassen; für eine Kühltruhe muß man es aber rechtzeitig in portionsgroße Stücke zerlegen. Natürlich darf man nur Wild von tadelloser Qualität einfrieren, denn es wird davon ja nicht besser und für bereits angegangenes Wildpret ist es schade um den doch immerhin kostbaren Kühlraum.

Die Portionen werden pfannenfertig vorbereitet und dann wie üblich zurechtgeschnitten oder gehäutet, gespickt usw. und aus Platzgründen auch möglichst von den Knochen befreit. Man kann Rollbraten, Rebhühner, Fasane, Perlhühner usw. nach Belieben auch mit einer pikanten Füllung versehen. Das ist besonders praktisch, wenn man zu gleicher Zeit 5–6 Wildvögel einlagern will. Man macht dann, wie bei den einzelnen Rezepten angegeben, eine größere Menge Fülle oder 2–3 verschiedene Füllmassen, füllt sie nicht zu stramm in die Vögel ein und näht die Öffnung sorgfältig zu. Bei selbstgeschlachtetem Geflügel, auch bei Wildgeflügel, fallen die Innereien an, die man entweder in ein Cellophansäckchen gibt und in die Bauchhöhle steckt oder für die Fülle verwendet.

Nun kann man einige der Wildvögel auch gleich in das Speckhemdchen wickeln; man muß sie aber dann nach spätestens 3–4 Monaten verbrauchen, denn der Speck wird bei allzulanger Lagerung leicht ranzig.

Die einzelnen Stücke bezeichnet man genau nach dem Einlegedatum; ebenso, ob es sich um Speckhüllen handelt oder nicht. Der Vogel wird dann nach Belieben gefüllt und dressiert, damit die Flügel knapp anliegen; der Kopf wird unter einen Flügel gesteckt. Zum Zurechtmachen nimmt man möglichst viele Knochen ab oder schlägt beispielsweise ein hervorstehendes Brustbein ein, damit die Tiefkühlpäckchen nicht gegenseitig die empfindlichen Alu- und Polyäthylenhüllen verletzen, wodurch der Inhalt besonders schnell austrocknen würde. Es gibt auch Trikotschläuche am laufenden Meter, die man zum Schutz der Aluhülle über die Vögel streifen kann. Sie sind besonders in kleinen Kühltruhen zweckmäßig, denn durch das notwendig häufigere Aus- und Einfüllen der Truhe kann es zu leicht geschehen, daß sich das Verpackungsmaterial gegenseitig abwetzt. Sehr günstig ist es, im Sommer gleich das passende Kräutchen, also frische Petersilie (ganz oder feingehackt), Bohnenkraut, Majoran, Estragon usw. beizulegen,

dann hat man es bei Gebrauch sofort und frisch zur Hand. Ebenso praktisch ist es für Wild oder Wildgeflügel, etliche kurz vorgeschmorte Pilze für die Soße mit einzufrosten.
Es ist, wie gesagt, sehr wichtig, jedes einzelne Päckchen genau zu beschriften, also mit Datum und genauem Gewicht zu versehen, damit man später weiß, für wieviel Personen dieser Braten oder Vogel ausreicht. Ebenso beschriftet man die Paketchen mit A oder B; das bedeutet erste oder zweite Qualität. Nie darf man die genaue Angabe des Inhalts vergessen, denn an der äußeren Form sind die eingewickelten Stücke nicht mehr zu erkennen. Der Vermerk, ob es sich um gefüllte, gespickte oder in Speckhemdchen gewickelte Stücke handelt, ist auch deshalb nötig, damit man sie rechtzeitig aufbrauchen kann. Je mehr Speck, Schinken oder sonstiges Fett, etwa bei Wildschweinbraten usw., enthalten ist, desto kürzer ist die Lagerzeit; mit 3–4 Monaten kann man aber auf jeden Fall rechnen, wenn die Temperatur genügend tief ist.
Zum Beschriften gibt es praktische Kreppklebebänder, die elastisch und kälteunempfindlich sind und die man gut bezeichnen kann; normaler Tesafilm springt beim Tiefgefrieren ab. Außerdem ist es schwierig, die Päckchen dann zu beschriften. Man bekommt alles Verpackungsmaterial, also Hostaphan- oder Alufolie, die dazugehörigen Verschlußkammern oder einen kleinen Kunstfolie-Schweißapparat zum luftdichten Verschließen der Paketchen, ebenso die genannte weiße Klebefolie in größeren Haushaltungsgeschäften, die eine spezielle Tiefkühlabteilung haben. Wenn man sorgfältig mit der Verpackung umgeht, kann man sie nach gutem Reinigen nochmals verwenden.
Die gut verpackten Wildpretstücke dürfen nun nicht mehr lange herumliegen, damit sie nicht ins Schwitzen kommen. Man gibt sie nach der entsprechenden Vorbereitung sofort in die Hülle und legt sie unmittelbar darauf in die Tiefkühltruhe. Dies muß aber so geschehen, daß nicht gleichzeitig 5 oder 6 Stück hineinkommen, weil sonst die Temperatur zu stark steigt. Deshalb gibt man ein Wildpretstück nach dem anderen zuerst in die kälteste Zone, so daß es schockartig und tief einfrieren kann. Später lassen sich diese Päckchen an beliebigen anderen Stellen lagern. Natürlich muß es sich stets um eine Truhe handeln, die mindestens über 20 Grad Kälte erzeugt. Wenn nur das Tiefkühlfach in einem Kühlschrank zur Verfügung steht, muß man zuerst prüfen, wel-

che Temperatur dieses Fach zu liefern in der Lage ist. Falls es sich hierbei nur um minus 16 Grad handelt, kann man Wild wohl eingefrieren und auch für einige Wochen frisch halten; länger als höchstens 1–2 Monate aber halten sich solche Konserven nicht.

Beim Auftauen kann man auf verschiedene Weise vorgehen. Man nimmt das Stück entweder einen Tag vor Gebrauch aus der Truhe und läßt es dann bei Zimmertemperatur langsam auftauen; dabei muß man die Hülle vorher abnehmen, damit der Inhalt nicht ins Schwitzen gerät und dadurch schlecht zu riechen anfängt. Wenn es dagegen eilt, gibt man das Tiefkühlpäckchen in handwarmes Wasser; in diesem Fall muß aber die Hülle daranbleiben, sonst wird das Fleisch zu stark ausgelaugt. Nach etwa 1 Stunde, wenn sich die Hülle gut lösen läßt, bringt man das schon bratfertig eingefrorene Stück noch halbgefroren in die vorgehitzte Röhre oder mit etwas heißem Wasser in den Topf und kann es nun wie normal zubereiten, nur muß man eben die Auftauzeit, etwa ½ Stunde, dazurechnen.

Bei Vögeln, in deren Inneres man ein kleines Cellophantütchen mit Leber, Herz und Magen gesteckt hat, muß das Auftauen selbstverständlich schon soweit vor sich gegangen sein, daß man diese Tütchen herausnehmen kann.

Zum Auftauen benötigt man je 1 cm Braten- oder Fleischhöhe 1 Stunde; ein Braten, der also 5 cm dick ist, muß 4–5 Stunden lang auftauen. Ein großer Fasan, ein Perlhuhn oder dergleichen, ein gespickter Rehrücken usw., benötigen mindestens 6–8 Stunden Auftaudauer oder, gefroren in die Röhre geschoben, 30–60 Minuten länger zum Garen.

Für Suppen, Wildpürees, übriggebliebene Soßen und dergleichen verwendet man zweckmäßig gefriergeeignete Kunststoffgefäße mit Deckel, die man zur Sicherheit noch zusätzlich mit Klebefolie versehen kann. Oder man gefriert sie in festen Behältern und füllt sie dann in Folienbeutel um, die man verschweißt.

# Behandlung der Decken und Bälge

Auch die Decken des Wildes und die Bälge der Wildvögel sind oft wertvoll.
Das Abhäuten des Schalenwildes nennt der Jäger »aus der Decke schlagen«, während man es beim Schwarzwild als »abschwarten« bezeichnet. Beim Abhäuten soll man möglichst kein Messer verwenden, um die Decke nicht zu verletzen; man schlägt sie vielmehr mit dem Ballen des Daumens vom Wildpret los, sonst wird das Fell beim Gerben wertlos. Auch beim Zerwirken des Stückes muß man achtgeben, denn es geschieht auf der ausgebreiteten Decke. Diese wird dann mit zwei Wäscheklammern, mit der Wildpretseite nach außen, aufgehängt und auf einem Scheunentor, auf einer alten Tür oder dergleichen leicht ausgespannt und aufgenagelt. Auch hier kommt natürlich die Wildpretseite nach außen. Alle Wildpret- und Fettreste schabt man mit einem stumpfen Gegenstand, am besten mit einem Holzspan, noch restlos ab, damit keine Faulstellen entstehen. Das Trocknen muß im Schatten erfolgen.
Schwarzwild und Dachs werden abgeschwartet. Dies muß Strich um Strich mit einem scharfen Messer geschehen. Bei Jungtieren läßt man allerdings die Schwarte oft am Wildpret und sengt nur die Borsten ab. Man brät dann die Schwarten mit. Etwas anderes ist es bei älteren Tieren, wenn man die Schwarte samt den Borsten beispielsweise als Vorleger oder dergleichen verwenden will.
Alle Fettreste muß man sorgfältig von den Schwarten entfernen, wozu man sie auf der Wildpretseite mit Holzasche oder Sägemehl einreibt. Dazu wird die Schwarte natürlich aufgespannt und festgenagelt.
Hasen- oder Kaninchenbälge, die zur Pelzherstellung wertvoll sind, soll man nicht verkommen lassen. Der abgestreifte Balg wird mit der Wildpretseite nach außen über ein Brett gezogen oder mit Stroh oder Holzwolle stramm ausgefüllt und dann im Schat

ten getrocknet. Diese rohen Bälge werden hierauf beim Fellhändler abgegeben.
Vom Wildgeflügel lassen sich die schönen, bunten Federn gleichfalls häufig zu ganz annehmbaren Preisen verkaufen. Sie dienen der Hutfabrikation als Garnierung, müssen aber ordentlich gesammelt und mottensicher aufbewahrt werden.

# Stichwortverzeichnis

Die Seitenzahlen der Abbildungen sind *kursiv* gesetzt.